Sociópata

Sociopata

Minha história

Patric Gagne

Tradução
Beatriz Medina

Rio de Janeiro, 2024

Copyright © 2024 by Patricia Gagne. Todos os direitos reservados.
Copyright da tradução © 2024 por Casa dos Livros Editora LTDA.
Todos os direitos reservados.

Título original: *Sociopath*

Todos os direitos desta publicação são reservados à Casa dos Livros Editora LTDA. Nenhuma parte desta obra pode ser apropriada e estocada em sistema de banco de dados ou processo similar, em qualquer forma ou meio, seja eletrônico, de fotocópia, gravação etc., sem a permissão dos detentores do copyright.

Copidesque	André Sequeira
Revisão	Daniela Vilarinho e
	Vivian Miwa Matsushita
Design de capa	Rodrigo Corral
Adaptação de capa	Beatriz Cardeal
Foto de capa	Cortesia da autora
Diagramação	Abreu's System

Dados Internacionais de Catalogação na Publicação (CIP)
(Câmara Brasileira do Livro, SP, Brasil)

Gagne, Patric
  Sociopata: minha história / Patric Gagne; tradução: Beatriz Medina – Rio de Janeiro: HarperCollins Brasil, 2024.

  Título original: Sociopath: a memoir
  ISBN: 978-65-5511-609-0

  1. Distúrbios de personalidade 2. Mulheres – Autobiografia 3. Mulheres – Saúde mental 4. Psicologia I. Título.

24-221587   CDD-920.72

Índices para catálogo sistemático:
1. Mulheres: Autobiografia   920.72
Eliane de Freitas Leite – Bibliotecária – CRB 8/8415

HarperCollins Brasil é uma marca licenciada à Casa dos Livros Editora LTDA. Todos os direitos reservados à Casa dos Livros Editora LTDA.

Rua da Quitanda, 86, sala 601A – Centro
Rio de Janeiro/RJ – CEP 20091-005
Tel.: (21) 3175-1030
www.harpercollins.com.br

Para David

Sumário

Introdução   13

PARTE I

Capítulo 1 | Garota sincera   19
Capítulo 2 | Camadas   32
Capítulo 3 | Flórida   41
Capítulo 4 | Alerta   52
Capítulo 5 | Sra. Rabbit   68
Capítulo 6 | Planejamento patrimonial   80

PARTE II

Capítulo 7 | Toques de cor   99
Capítulo 8 | Pequenos terremotos   115
Capítulo 9 | Receita   131
Capítulo 10 | Confissão   143
Capítulo 11 | Borderline   155
Capítulo 12 | Sociopata falsificada   170
Capítulo 13 | Lar   183
Capítulo 14 | Liberdade   190
Capítulo 15 | Pegadinha   197
Capítulo 16 | Abismo   204
Capítulo 17 | Órion   212

PARTE III

Capítulo 18 | Hábito rebelde		223
Capítulo 19 | Anônimo		235
Capítulo 20 | Fumaça e espelhos		247
Capítulo 21 | Exposição		261
Capítulo 22 | Companhia		268
Capítulo 23 | Transparência		281
Capítulo 24 | Killer Queen		289
Capítulo 25 | Rorschach		302

EPÍLOGO

Amor moderno   323

Agradecimentos   349

Todo santo tem passado, todo pecador tem futuro.
— Oscar Wilde

A história que você está prestes a ler é real. Embora eu tenha me esforçado ao máximo para apresentar as informações de que me lembro com exatidão, unifiquei algumas cronologias, reconstruí parte dos diálogos e juntei alguns personagens em apenas um. Alguns nomes, datas e detalhes foram alterados para proteger a identidade dos inocentes (e dos não tão inocentes assim).

Introdução

Meu nome é Patric Gagne e sou sociopata. Sou uma mãe e esposa apaixonada. Sou uma terapeuta cativante. Sou extremamente encantadora e amada. Tenho muitos amigos. Sou sócia de um clube de campo. Dou festas em todas as ocasiões que se possa imaginar. Moro numa casa confortável. Sou escritora. Gosto de cozinhar. Voto. Faço os outros rirem. Tenho um gato e um cachorro e espero na fila para buscar as crianças na escola ao lado de outras mulheres com gatos e cachorros.

Na superfície, me pareço com a maioria das mulheres dos Estados Unidos. As redes sociais confirmam minha existência como mãe feliz e parceira amorosa cujas postagens são quase narcisistas. Provavelmente, seus amigos diriam que sou gente boa. Mas quer saber?

Não suporto seus amigos.

Sou mentirosa. Sou ladra. Sou emocionalmente rasa. Sou praticamente imune à culpa e ao remorso. Sou extremamente manipuladora. Não me importo com o que os outros pensam. Não estou interessada em moral. Não estou interessada, ponto-final. As regras não influenciam minhas decisões. Sou capaz de quase qualquer coisa.

Isso soa familiar?

Se você escolheu este livro, acredito que sim. Você também pode ser um dos cerca de quinze milhões de habitantes dos Estados Unidos que, pelo que se estima, são sociopatas. Ou talvez conheça alguém dos outros milhões cuja personalidade se encaixa no espectro sociopata. E não estou falando de criminosos. Médicos, advogados, professores, carteiros... Os sociopatas se escondem por toda parte, em plena vista. Basta procurar.

E a procura começou cedo para mim. Quando menina, enquanto as outras crianças do bairro andavam de bicicleta e brincavam com os amigos, eu lia livros de mistério. A maioria com crimes reais. Era fascinada pelo lado sombrio das pessoas. *O que* as torna más? O que as torna capazes? Eu queria saber.

Assim, quando vi a palavra "sociopata", achei que tinha encontrado minha resposta. Já a tinha escutado. Porém, o que significava? O que exatamente *era* um sociopata? Supus que o dicionário me diria. Mesmo assim, quando peguei meu exemplar desgastado e amarelado de 1980 do Funk & Wagnalls, descobri que a palavra não estava lá.

Achei que era um erro. Fui ao escritório de minha mãe e abri outro dicionário, uma edição mais nova. Com certeza, "sociopata" estaria lá. Só que não estava. Vi o lugar onde *deveria* estar — bem entre "sociólogo" e "sociopolítico" —, mas faltava o vocábulo. Era como se não existisse. Contudo, eu sabia que existia. Tinha lido nos livros. Tinha visto nos noticiários. Tinha ouvido na escola. Tinha escrito em meu diário. Sabia que a definição de "sociopata" estava por aí, em algum lugar. Só precisava encontrá-la.

Em retrospecto, tudo faz sentido. Como doutora em psicologia, não posso deixar de me maravilhar com a astúcia do subconsciente, atraído por determinados temas e indiferente a outros. De acordo com Freud, nada acontece por acaso. Porém, ninguém precisa de um doutorado para saber por que escolhi esse campo. Não é preciso entender o psicanalista mais famoso de todos os tempos para captar a conexão. Não é preciso acreditar no destino para ver que meu caminho nunca poderia levar a outro lugar.

Os sinais de alerta estavam lá desde o começo. Eu sabia desde os 7 anos que havia algo errado comigo. Não dava importância às coisas como as outras crianças. Determinadas emoções, como raiva e felicidade, vinham naturalmente, ainda que de forma um tanto esporádica. Contudo, as emoções sociais — como culpa, empatia, remorso e até amor —, não. Na maior parte do tempo, não sinto nada. Assim, fiz coisas "más" para obrigar esse nada a ir embora. Era como uma compulsão.

Se você me perguntasse à época, eu a descreveria como uma *pressão*, um tipo de tensão que se acumulava na minha cabeça. Era como o mercúrio subindo devagar num termômetro à moda antiga. A princípio, era quase imperceptível, só um bipe no meu geralmente pacífico radar cognitivo. Porém, com o tempo, ficaria mais forte. A maneira mais rápida de aliviar essa pressão era fazer alguma coisa errada, algo que eu sabia, com certeza, que levaria qualquer pessoa a sentir uma das emoções que eu não sentia. E era o que eu fazia.

Introdução

Quando criança, eu não percebia que havia outras opções. Eu não sabia nada sobre emoção ou psicologia. Não entendia que o cérebro humano tinha evoluído para funcionar de forma empática nem que o estresse de viver sem acesso natural ao sentir é tido como uma das causas dos atos compulsivos de violência e do comportamento destrutivo. Eu só sabia que gostava de fazer coisas que me levavam a sentir algo, *o que quer que fosse*. Era melhor do que nada.

Hoje, adulta, sou capaz de explicar por que me comportava dessa maneira. Consigo indicar pesquisas que examinam a relação entre ansiedade e apatia; acredita-se que, subconscientemente, o estresse associado ao conflito íntimo obriga os sociopatas a se comportarem de modo destrutivo. Posso postular que a pressão que sentia era, quase com certeza, uma reação negativa à falta de sentimentos, que minha ânsia de agir era, provavelmente, o modo do meu cérebro de se jogar em alguma aparência de "normalidade". De qualquer forma, nenhuma dessas informações foi fácil de achar. Tive de caçá-las.

Ainda as estou caçando.

"Sociopata" é uma palavra misteriosa. Ela tem origem na ciência antiga, mas foi utilizada de maneira inapropriada para abranger todos os tipos de pecado. Não há uma definição única para a palavra, não mais. O vocábulo, assim como as pessoas que ele representa, virou quase um paradoxo. Um modificador metamórfico cujo significado costuma ser transmitido com rancor e causticidade, "sociopata" é um termo que provoca muito mais emoções do que análise. Por quê?

Por que a palavra "sociopata" faz as pessoas *sentirem* mais do que pensarem? Ironicamente, era o que eu queria saber muito antes de ser diagnosticada. Portanto, assumi a missão de descobrir.

Este livro é a história dessa missão, que fui levada a contar porque a experiência da sociopatia merece ser relatada. Para ser clara, não quero minimizar a gravidade do transtorno. Nem romantizá-lo. A sociopatia é uma doença mental perigosa, cujos sintomas, causas e tratamentos precisam de estudo e atenção clínica. Foi exatamente por isso que quis contar minha história: para que os indivíduos afetados pela sociopatia consigam a ajuda de que precisam há muito tempo. E, talvez ainda mais importante, para que outros sociopatas se vejam refletidos numa pessoa que tem mais a oferecer do que apenas escuridão.

É claro que nem todos se identificarão com minha experiência. É por pura sorte que consigo contá-la. Foi sorte eu ter nascido num mundo onde recebi quase todos os privilégios imagináveis. A verdade, tenho plena consciência, é que a vida seria muito diferente se minha raça e classe ou meu gênero fossem outros. Em parte, foi a sorte que me pôs num caminho para revelar o mistério dessa doença e criar uma vida em que fui afortunada e ajudei outras pessoas. Na realidade, é uma sorte que este livro exista. E é uma sorte que eu tenha entendido o valor da identificação e da representação.

A maioria dos sociopatas não é como os personagens dos filmes e das séries. Não se parecem com os assassinos de *Killing Eve* ou *Dexter* nem com os antagonistas unidimensionais sugeridos por muitos romances policiais. São mais complexos do que os exemplos ficcionais apresentados no livro *The Sociopath Next Door*. Diagnosticá-los exige mais do que os "testes de sociopatia" publicados em revistas coloridas, e não é possível entendê-los com os "tutoriais de sociopatia" no YouTube.

Acha que conhece um sociopata? Aposto que sim. Porém, também aposto que é a última pessoa que você imaginaria. Ao contrário da crença popular, os sociopatas são mais do que os marcadores de personalidade que apresentam. São crianças em busca de compreensão. São pacientes à espera de validação. São pais que procuram respostas. São seres humanos que precisam de compaixão. Infelizmente, o sistema os frustra. As escolas não os reconhecem. Os profissionais não os tratam. Eles não têm a quem pedir ajuda.

Sentir-se representado é importante. Ofereço minha história porque ela ilustra a verdade que ninguém quer admitir: a escuridão está onde menos esperamos. Sou uma criminosa sem ficha na polícia. Sou mestre nos disfarces. Nunca fui pega. Raramente me arrependi. Sou amistosa. Responsável. Invisível. Eu me misturo perfeitamente. Sou uma sociopata do século XXI. E escrevi este livro porque sei que não estou sozinha.

PARTE I

CAPÍTULO 1

Garota sincera

Sempre que pergunto à minha mãe se ela se lembra da vez que, na segunda série, furei a cabeça de uma colega com um lápis, a resposta é a mesma:

— Vagamente.

Acredito nela. Porque muito sobre minha infância é vago. De algumas coisas, me lembro com absoluta clareza. Como o cheiro das árvores do Redwood National Park e da nossa casa na colina perto do centro de São Francisco. Céus, eu amava aquela casa. Ainda consigo me lembrar dos 43 degraus até meu quarto no quinto andar e das cadeiras da sala de jantar em que eu subia para furtar cristais do lustre. No entanto, outras coisas não são tão claras. Como a primeira vez que invadi a casa do vizinho quando estava vazia. Ou de onde peguei o medalhão com um L inscrito.

A joia contém duas fotos em preto e branco que nunca me dei ao trabalho de remover e ainda não consigo deixar de admirar. Quem eram essas pessoas? De onde vieram? Gostaria de saber. Acho possível que eu tenha achado o medalhão na rua, mas é muito mais provável que o tenha furtado.

Comecei a roubar antes de falar. Pelo menos, acho que sim. Não me lembro da primeira vez que peguei alguma coisa, só que, com 6 ou 7 anos, tinha uma caixa cheia de objetos no armário.

Em algum lugar dos arquivos da revista *People* há uma foto de Ringo Starr comigo no colo. No registro, estamos no quintal da casa dele — não muito longe de onde nasci em Los Angeles, cidade em que meu pai atuava como executivo do ramo da música —, e estou, literalmente, roubando os óculos do rosto dele. Claro que não fui a primeira criança a brincar com os óculos de um adulto. Porém, com base nos que estão em minha estante, tenho certeza de que fui a única a furtar um par de um Beatle.

Para esclarecer: eu não era cleptomaníaca. Cleptomaníaco é quem tem uma vontade persistente e irresistível de pegar coisas que não lhe pertencem. Eu sofria de um tipo diferente de vontade, uma compulsão causada pelo desconforto da apatia, a ausência quase indescritível de emoções sociais comuns, como vergonha e empatia. De qualquer forma, eu não entendia isso naquela época. Eu só sabia que não sentia as coisas do mesmo jeito que as outras crianças. Não me sentia culpada quando mentia. Não tinha compaixão quando os colegas se machucavam no recreio. Em geral, eu não sentia nada. E não gostava do jeito desse "nada". Assim, fazia coisas para substituir o nada por... algo.

Começava com o impulso de fazer aquele nada parar, uma pressão incansável que se expandia até se infiltrar em todo o meu eu. Quanto mais eu tentava ignorar, pior ficava. Os músculos se contraíam, o estômago dava um nó. Apertado. Mais apertado. Era claustrofóbico, como ficar presa dentro do cérebro. Presa dentro do vácuo.

Minhas reações conscientes à apatia começaram triviais. Furtar não era algo que eu necessariamente *quisesse* fazer. Só era o modo mais fácil de interromper a pressão. A primeira vez que fiz essa conexão foi no primeiro ano, sentada atrás de uma garota chamada Clancy.

A pressão vinha aumentando havia dias. Sem saber exatamente por que, eu estava frustrada, com vontade de fazer algo violento. Queria me levantar e derrubar a carteira. Pensei em correr até a pesada porta de aço que se abria para o pátio e prender meus dedos nas dobradiças. Por um minuto, achei que poderia mesmo fazer isso. Até que vi a presilha de cabelo de Clancy.

Ela estava com duas, um lacinho cor-de-rosa de cada lado. A da esquerda tinha escorregado. *Pegue-a*, ordenaram meus pensamentos, *e você se sentirá melhor.*

A ideia parecia muito estranha. Clancy era minha colega. Eu gostava dela e, com certeza, não queria roubá-la. Contudo, queria que meu cérebro parasse de pulsar, e parte de mim sabia que isso ajudaria. Assim, com cuidado, estendi a mão e soltei o prendedor de cabelo.

A presilha cor-de-rosa estava quase solta. Sem minha ajuda, provavelmente, cairia sozinha. Só que não caiu. Com ela na mão, me senti melhor, como se parte do ar fosse liberada de um balão cheio demais.

A pressão evaporou. Eu não sabia por que, mas não me importei. Tinha encontrado uma solução. Foi um alívio.

Esses primeiros atos de desvio estão codificados em minha mente como coordenadas de GPS que traçam o rumo da consciência. Ainda hoje, me recordo de onde encontrei a maior parte das coisas que não me pertenciam quando criança. Porém, não consigo explicar o medalhão com o L. Por mais que tente, não me lembro de onde o consegui. Eu *me lembro* do dia em que minha mãe o achou no meu quarto e quis saber por que eu estava com ele.

— Patric, você tem de me dizer onde conseguiu isso — pediu ela.

Estávamos em pé ao lado de minha cama; uma das fronhas do travesseiro estava amassada contra a cabeceira, e eu me sentia consumida pela ânsia de endireitá-la. Contudo, mamãe não desistia.

— Olhe para mim — disse ela, segurando meus ombros. — Em algum lugar por aí, há uma pessoa triste que se ressente com a falta desse medalhão. Pense em como essa pessoa deve estar se sentindo.

Fechei os olhos e tentei imaginar o que a pessoa sem medalhão estava sentindo. Não consegui. Não senti nada. Quando abri os olhos, percebi que minha mãe sabia.

— Querida, me escute — falou ela, ajoelhando-se. — Pegar o que não lhe pertence é roubar. E roubar é muito, muito feio.

Mais uma vez, nada.

Mamãe parou, sem saber o que fazer. Inspirou fundo e perguntou:

— Você já fez isso antes?

Fiz que sim com a cabeça e apontei o armário, onde lhe mostrei meu estoque de contrabando. Juntas, examinamos a caixa. Expliquei o que era cada coisa e de onde tinha vindo. Quando a caixa ficou vazia, mamãe se levantou e disse que devolveríamos cada item ao verdadeiro dono, o que para mim não era um problema. Não temia as consequências e não sofria com remorso, outras duas coisas que eu já tinha descoberto que não eram "normais". Devolver os objetos atenderia a meu propósito. A caixa estava cheia, e esvaziá-la me daria espaço para guardar as coisas que eu ainda roubaria.

Depois de olharmos tudo, mamãe me perguntou:

— Por que você pegou essas coisas?

Pensei na pressão na cabeça e na sensação de que precisava fazer coisas ruins às vezes.

— Não sei — respondi.

Era verdade. Eu não fazia ideia do que provocava essa sensação.

— Bom... Você se arrepende? — perguntou ela.

— Sim — falei.

Também era verdade. Eu *estava* arrependida. Porém, me arrependia de ter que roubar para deixar de fantasiar sobre violência, não porque eu tivesse magoado alguém.

Parecia que mamãe queria deixar o problema para trás.

— Amo muito você, querida — disse ela. — Não sei por que você pegou todas essas coisas, mas quero que me prometa que vai me contar se fizer algo assim outra vez.

Confirmei com um gesto de cabeça. Minha mãe era o máximo. Eu a amava tanto que foi fácil cumprir a promessa. No começo, pelo menos. Nunca achamos o dono do medalhão, mas, com o passar dos anos, melhorei em imaginar como ele deve ter se sentido ao perceber que o objeto tinha sumido. Provavelmente, é bem parecido com o modo como eu me sentiria, hoje, se alguém o tirasse de mim, embora não tenha certeza.

A empatia, como o remorso, nunca foi natural para mim. Fui criada na Igreja Batista. Sabia que deveríamos nos sentir mal se cometêssemos pecados. Minhas professoras falavam de "sistemas de honra" e de algo chamado "vergonha", mas eu não entendia por que essas coisas eram importantes. Compreendia o conceito intelectualmente, mas não eram coisas que eu *sentia*.

Como dá para imaginar, minha incapacidade de compreender habilidades emocionais básicas transformava em desafio o processo de fazer e manter amigos. Não que eu fosse má ou algo assim. Eu era apenas diferente. E nem sempre os outros apreciavam meus atributos ímpares.

Era o começo do outono; eu acabara de fazer 7 anos. Certo dia, fui convidada para uma festa do pijama na casa de uma amiga. Ela se chamava Collette e morava a alguns quarteirões de nós. Cheguei à casa dela usando minha saia favorita, rosa e amarela. Era aniversário dela e insisti em levar o presente, um carro conversível da Barbie embrulhado em papel iridescente.

Ao me deixar lá, mamãe me deu um grande abraço. Estava ansiosa com nossa primeira noite separadas.

— Não se preocupe — disse ela ao me entregar a mochila e o saco de dormir Holly Hobbie. — Está tudo bem se precisar voltar para casa.

Eu não estava preocupada. Na verdade, estava empolgada. Uma noite inteira em outro lugar! Mal podia esperar.

A festa foi divertida. Nós nos empanturramos de pizza, bolo e sorvete e, depois, vestimos o pijama. Fizemos um baile na sala de estar e brincamos no quintal. Perto da hora de dormir, a mãe de Collette anunciou que era "hora do silêncio". Ela pôs um filme na TV da sala, e todas nós posicionamos os sacos de dormir em círculo. Então, uma a uma, as meninas adormeceram.

Quando o filme terminou, eu era a única acordada. Lá, no escuro, estava ciente de minha falta de sentimentos. Analisei minhas amigas imóveis; era inquietante vê-las de olhos fechados. Senti a pressão aumentar em resposta ao vazio e tive vontade de bater na menina a meu lado com a maior força possível.

Que estranho, pensei. Eu não *queria* machucá-la. Ao mesmo tempo, sabia que com isso eu relaxaria. Balancei a cabeça contra a tentação e me arrastei aos poucos para fora do saco de dormir, afastando-me dela. Então, fiquei em pé e comecei a andar pela casa.

Collette tinha um irmão chamado Jacob, que ainda era um bebê. Seu quarto, no segundo andar, possuía uma varanda que dava para a rua. Em silêncio, subi a escada e entrei no quarto. Ele dormia, e o fitei por um tempo. Parecia tão miudinho no berço, muito menor do que minha irmã caçula. Havia um cobertor enrolado no canto. Peguei-o e o ajustei em torno de seu corpinho.

Depois, voltei minha atenção para as portas da varanda. O ferrolho fez um *clique* quase inaudível quando as abri e saí para o escuro. Dali, conseguia ver quase toda a cidade. Fiquei na ponta dos pés e me inclinei para a frente para olhar a área, observando o cruzamento no quarteirão seguinte. Reconheci o nome da rua e vi que estava a um quarteirão da minha. Percebi que, em poucos minutos, poderia chegar andando até minha casa.

De repente, soube que não queria mais ficar ali. Não gostava de ser a única acordada e *realmente* não gostava de estar tão livre. Em casa, tinha mamãe para me manter na linha. Mas ali? Quem me impediria? De quê? Fiquei inquieta.

Estava escuro quando saí pela porta da frente, e adorei. Fazia eu me sentir invisível, e a pressão que sentia evaporou instantaneamente. Pisei na calçada e comecei a viagem para casa, fitando as casas enquanto andava. Como eram as pessoas que moravam dentro delas? O que estavam fazendo? Gostaria de descobrir. Desejei *ser* invisível para observá-las o dia todo.

O ar era revigorante e a neblina cobria as ruas enquanto eu seguia para casa. "Tempo das bruxas", minha mãe gostava de dizer. No cruzamento, puxei da mochila o saco de dormir e o enrolei sobre o meu corpo, como uma echarpe enorme. A distância era maior do que eu esperava, mas não me importei.

Olhei para o outro lado da rua e notei uma casa com a porta da garagem aberta. *O que há lá dentro?*, me perguntei. Então pensei: *Posso descobrir.*

Eu me encantei com a mudança de clima quando saí da calçada. Parecia que as regras tinham desaparecido com a luz do dia. No escuro, com todo mundo adormecido, não havia restrições. Eu poderia fazer qualquer coisa. Poderia ir a qualquer lugar. Na casa de Collette, aquela ideia me deixou pouco à vontade. Contudo, naquele momento, a mesma situação teve o efeito oposto. Eu me senti poderosa e no controle. E me perguntei por que havia diferença.

O luar iluminava meu caminho enquanto eu andava na direção da garagem aberta. Entrei e parei para olhar em volta. Uma perua bege estava estacionada de um lado e deixava espaço para vários brinquedos e badulaques. *Deve haver crianças aqui*, pensei. Meu tornozelo roçou na prancha de um skate. Parecia lixa.

Resisti à tentação de pegá-lo; fui até o carro e abri a porta atrás do carona. O brilho suave da luzinha clareou a garagem; entrei e fechei a porta. Parei e esperei que algo acontecesse.

O silêncio dentro do veículo era ensurdecedor, mas gostei. Lembrei-me do filme *Super-homem* e da visita de Christopher Reeve à Fortaleza da Solidão. "É como minha câmara", sussurrei. Imaginei que ficava mais forte a cada segundo que passava.

Lá fora, uma luz em movimento atraiu meu olhar, e vi um carro passar. Era um sedã escuro, e apertei os olhos enquanto o observava. "O que *você* está fazendo aqui?" Decidi que o carro era um inimigo.

Abri rapidamente a porta e saí nas pontas dos pés, a tempo de ver o sedã dobrar a esquina. *General Zod*, pensei em desafio. Então, atravessei a rua correndo até onde tinha deixado minhas coisas. Quando me abaixei para pegá-las, senti o cheiro conhecido do sabão em pó e decidi que estava na hora de ir para casa. Fui pela calçada, mais perto das árvores. Acelerei e me vi ziguezagueando com alegria pela segurança das sombras. *Por que as pessoas têm medo da noite?*, me perguntei alegremente enquanto andava. *É a melhor parte do dia.*

Quando cheguei ao pé da colina que ia para minha casa, estava exausta. Eu me arrastei pela ladeira íngreme, puxando a mochila atrás de mim como um trenó. A porta lateral estava aberta e consegui entrar sem bater. Subi a escada em silêncio até meu quarto, tentando não acordar meus pais. Contudo, instantes depois de me enfiar na cama, minha mãe entrou correndo pela porta.

— PATRIC! — berrou ela, batendo no interruptor de luz. — O QUE VOCÊ ESTÁ FAZENDO AQUI?

A reação dela me espantou, e comecei a chorar. Com esperança de que mamãe entendesse, expliquei tudo o que tinha feito, mas só piorei a situação. Ela começou a chorar também, os olhos arregalados de medo, as lágrimas escorrendo pelas bochechas.

— Querida — disse ela finalmente, me puxando para perto. — Nunca, *jamais* faça uma coisa dessas outra vez. E se alguma coisa acontecesse? E se você não conseguisse chegar em casa?

Concordei com a cabeça, embora nenhuma dessas preocupações me perturbasse genuinamente. Mais do que tudo, estava confusa. Mamãe tinha dito que eu podia voltar para casa na hora que quisesse. Então, por que estava tão aborrecida?

— O que eu quis dizer é que buscaria você — explicou ela. — Prometa que nunca mais fará uma coisa dessas.

Prometi, mas não tive a oportunidade de provar durante vários anos. Logo descobri que os pais viam com maus olhos coleguinhas que iam a festas do pijama só para ficarem inquietas no meio da noite e decidirem voltar a pé para casa sozinhas. A mãe de Collette não gostou nem um pouco quando descobriu o que fiz e não escondeu seu desprezo. Depois que ela contou aos outros pais meu número de desaparecimento, os convites para festas pararam de chegar. Porém, não foram só os pais que ficaram receosos. As outras crianças também sentiam que alguma coisa em mim não estava certa.

— Você é esquisita — disse Ava.

É uma de minhas poucas lembranças do primeiro ano. Havia uma casa de bonecas do tamanho das crianças no canto da sala e estávamos brincando de "casinha". Ava era uma colega. Era justa e amável, e todos gostavam dela. Essa era uma das muitas razões para ela assumir o cargo de "mãe" sempre que fazíamos esta brincadeira. No entanto, eu preferia um papel diferente.

— Sou o mordomo — avisei.

Ava me olhou, confusa.

Pelo que eu tinha entendido assistindo à televisão, mordomos tinham o melhor emprego do mundo. Podiam desaparecer por bastante tempo sem explicação. Tinham acesso irrestrito aos casacos e às bolsas de todo mundo. Ninguém questionava suas ações. Podiam entrar num cômodo sem ter de interagir com quem quer que fosse. Podiam ouvir atrás da porta. Era a profissão ideal, pelo menos para mim. Contudo, minha explicação não fez sentido para todo mundo.

— Por que você é tão esquisita? — perguntou Ava.

Ela não disse isso para ser desagradável. Era mais uma afirmação, uma pergunta que eu sabia que não precisava responder. Porém, quando a olhei, notei em seu rosto uma expressão muito peculiar que eu nunca tinha visto. Era uma mistura de confusão, certeza e medo. Ela não era a única. As outras crianças me olhavam da mesma forma. Isso me deixou cautelosa, como se elas vissem em mim algo que eu não percebia.

Ansiosa para mudar de assunto, sorri e fiz uma reverência.

— Perdoe-me, madame — disse na minha melhor voz de mordomo.

— Mas, se ajo de forma esquisita, é porque alguém matou a cozinheira!

Foi uma distração que eu já tinha aperfeiçoado: choque com um toque de humor. Todos riram e gritaram quando a brincadeira assumiu um tom empolgante, ainda que macabro, e minha "esquisitice" desapareceu com o vento. De qualquer modo, eu sabia que era apenas um artifício temporário.

Além da propensão a roubar e desaparecer, algo em mim deixava as outras crianças pouco à vontade. Eu sabia. Elas sabiam. Embora pudéssemos coexistir em paz como colegas de sala, raramente me incluíam nas atividades depois da escola. Não que eu me importasse; adorava ficar sozinha. Contudo, depois de um tempo, minha mãe começou a ficar preocupada.

— Não gosto de ver você passando tanto tempo sozinha — disse ela.

Era uma tarde de sábado, e ela tinha subido para ver como eu estava depois de várias horas quieta.

— Tudo bem, mãe — falei. — Eu gosto.

Mamãe franziu a testa e se sentou em minha cama, pondo, sem pensar, um guaxinim de pelúcia no colo.

— Só acho que seria bom você chamar alguns amigos para brincar. — Ela fez uma pausa. — Quer convidar alguém da escola? Que tal Ava?

Dei de ombros e olhei pela janela. Vinha tentando calcular quantos lençóis seriam necessários para fazer uma corda até o chão. Naquela semana, eu tinha visto algo chamado "escada de emergência" no catálogo das lojas Sears e ficara obcecada com a ideia de criar a minha. Não sabia direito o que fazer com ela, só sabia que precisava dela. Infelizmente, mamãe estava me distraindo.

— Não sei — respondi. — Quer dizer, Ava é legal. Talvez no mês que vem.

Mamãe pôs o guaxinim de lado e se levantou.

— Bom, os Goodman vêm jantar aqui hoje — disse ela com animação. — Então, acho que hoje à noite você vai brincar com as meninas.

Os Goodman moravam em nosso quarteirão e eram amigos de meus pais. As duas filhas deles eram o terror do bairro, e eu as detestava. Sydney era agressiva, Tina uma idiota. Viviam se metendo em encrenca, geralmente, por causa de alguma coisa provocada por Syd; eu achava o comportamento delas irritante. Claro que eu não estava em condições de julgar. Porém, na época, eu justificava minha repulsa. Do meu ponto de vista, tudo se resumia à intenção. Embora minhas ações, às vezes, fossem questionáveis, eu não quebrava as regras porque gostava; eu agia daquela forma porque não via opção. Era um meio de autopreservação, de impedir que coisas piores acontecessem. As ações das Goodman, por outro lado, eram ruins, irresponsáveis e para chamar a atenção. As coisas más que gostavam de fazer não tinham propósito algum além da crueldade pela crueldade.

Minha irmã Harlowe era quatro anos mais nova do que eu. Dividíamos o andar mais alto da casa com Lee, a babá, uma mulher adorável de El Salvador. A babá Lee ficava no quarto ao lado do nosso. Normalmente, na hora em que os Goodman nos visitavam, ela estava pondo Harlowe para dormir. E eram raras as vezes que Syd não tentava fazer algo abominável com elas.

— Vamos entrar no quarto da Lee e jogar água na cama dela! — sibilou Syd naquela noite, quando estávamos em meu quarto.

Eu já estava incomodada.

— Isso é burrice — falei. — Ela vai saber que fomos nós, e aí? O que você vai conseguir com isso? Ela vai contar a nossos pais, e aí vocês terão que ir embora.

A presilha que furtara de Clancy estava numa de minhas tranças. Comecei a puxá-la quando pensei: *Talvez jogar água não seja uma ideia tão ruim no fim das contas.*

Syd tinha aberto uma fresta na porta e espiava lá fora.

— É, mas agora é tarde demais, porque ela já está no quarto. Deve ter posto Harlowe para dormir. — A menina se virou. — Vamos acordá-la!

Tina ergueu o olhar da revista e bufou em aprovação. Fiquei perplexa.

— Por quê?

— Porque aí Lee vai pôr ela pra dormir de novo! E toda vez que conseguir, acordamos ela de novo e de novo! Vai ser muito engraçado!

Para mim, não soava engraçado. Para começar, ninguém ia mexer com minha irmã. Eu não sabia direito a distância entre o quinto e o quarto andar, mas estava disposta a, "sem querer", empurrar Syd e a irmã pela escada, se necessário. Quanto à babá Lee, eu não queria que ela saísse do quarto. Eu sabia que, no segundo em que minha irmã dormia, Lee ligava para a família e passava horas conversando. Isso significava que eu podia ouvir meus discos do Blondie sem perturbação.

Na época, eu tinha desenvolvido uma certa fixação em Debbie Harry. Ficava vidrada em tudo o que fosse do Blondie, principalmente

Parallel Lines. Na capa do disco, Debbie está em pé, de vestido branco, com as mãos na cintura e um olhar feroz. Adorava essa foto e queria ser igual a ela. Tanto que, se você analisar os álbuns de fotografias de minha mãe, vai achar mais de um ano de fotos em que estou claramente tentando imitar essa postura emblemática.

Debbie Harry não sorria na capa do disco, e decidi que também não sorriria — por nada. Infelizmente, depois de um episódio especialmente desastroso com o fotógrafo da escola que resultou comigo dando um pontapé num tripé, mamãe decidiu que Debbie Harry era uma "má influência" e jogou fora todos os discos do Blondie. O fato de que eu os recuperara da lixeira e os ouvia à noite ainda não fora percebido por Lee.

Decidi mudar de tática.

— Que tal o seguinte — sugeri. — Vamos lá no quintal espionar nossos pais pela janela.

Eu sabia que Syd estava irritada. Meu plano não envolvia torturar alguém e, portanto, era comparativamente sem graça. Ao mesmo tempo, a ideia de espionar nossos pais era tão empolgante que nem ela conseguiu resistir. Tina também pareceu animada.

Depois de alguma negociação, Syd concordou. Abrimos um pouquinho a porta do meu quarto e passamos em fila indiana pelo quarto de Lee. Finalmente, descemos até a lavanderia e destranquei a porta que dava para a lateral da casa. O ar da Califórnia estava gelado e doce ao mesmo tempo.

— Tudo bem — falei. — Vão por aqui e eu encontro vocês no deque dos fundos.

Elas pareciam nervosas. O quintal, além de absolutamente escuro, também era, em essência, inexistente, porque a maior parte da casa era sustentada por colunas de madeira que mergulhavam trinta metros morro abaixo. Um passo mal dado, e elas cairiam até lá embaixo.

— Vocês não estão com medo, estão? — perguntei com minha cara mais preocupada.

Tina respondeu primeiro.

— Vai te catar! — gritou ela, enquanto sumia pelo lado da casa com uma Syd relutante atrás.

Assim que saíram de vista, voltei para dentro de casa e tranquei a porta. Então, subi de volta até meu quarto, apaguei a luz, me deitei e liguei a vitrola. Estava calma e bem satisfeita comigo. Sabia que deveria me sentir mal pelo que tinha feito, só que não. Escutei Blondie sem interrupções.

Quase uma hora se passou quando vi a sombra de minha mãe na parede da escada. Joguei os fones no chão e consegui abaixar o volume pouco antes de ela passar pela porta.

— Patric, você trancou Syd e Tina lá fora? — perguntou ela.

— Tranquei — respondi com franqueza.

Vi que mamãe não sabia o que dizer.

— Bom, os Goodman estão muito aborrecidos — contou ao se sentar na cama. — Elas se perderam no escuro e não sabiam como entrar de novo. As duas poderiam ter se machucado, querida. — Ela fez uma pausa e acrescentou: — Acho que nunca mais voltarão aqui.

— Ótimo! — respondi empolgada. — Tina sempre toma banho na minha banheira com todas as luzes apagadas, o que é *loucura*, e Syd sempre traz comida aqui para cima e espalha por toda parte. As duas são muito chatas!

Mamãe balançou a cabeça e suspirou.

— Bom, obrigada por me dizer a verdade, querida. — Ela me beijou no alto da cabeça. — Mas você está de castigo. Não vai sair nem ver televisão por uma semana.

Fiz que sim com a cabeça e aceitei meu destino em silêncio. Era um pequeno preço a pagar.

Mamãe se levantou e tinha chegado à escada quando a chamei de volta. Ela se virou e voltou para meu quarto.

Respirei fundo antes de confessar:

— Peguei os discos do Blondie no lixo depois que você jogou eles fora. Escuto toda noite, embora não devesse fazer isso.

Mamãe ficou parada, sua forma glamurosa contra a luz do corredor.

— Eles estão... aqui? No seu quarto?

Fiz que sim novamente. Mamãe foi até a vitrola, onde *Parallel Lines* ainda girava em silêncio. Ela me olhou e balançou a cabeça. Então, um a um, recolheu os discos e os enfiou debaixo do braço antes de me dar outro beijo. Afastou o cabelo de meu rosto e de minha testa.

— Obrigada por me contar, minha garota sincera — disse ela. — Agora, boa noite.

Mamãe saiu do quarto e desceu a escada enquanto eu rolava para o lado e me aninhava nos travesseiros. Esfreguei os pés sob as cobertas como um grilo. Eu me sentia segura e contente. A vitrola continuava funcionando, e o som repetitivo era tranquilizante. Observei o prato vazio dar voltas e mais voltas e, por um segundo, questionei a sabedoria de revelar o segredo e perder meus discos do Blondie. Ainda assim, percebi que sorria ao adormecer.

CAPÍTULO 2

Camadas

Há poucas coisas que meu pai goste tanto quanto um bolo de chocolate em camadas. Quando era menino no Mississippi, Lela Mae, a empregada de meus avós, preparava um bolo desses para ele toda semana. Quando fazíamos uma visita no Natal, eu ficava hipnotizada pelo cheiro do bolo — e por Lela Mae, de uniforme e avental branco, elevando-se à porta da cozinha, guardando a entrada como se aquele fosse seu feudo.

Minha mãe também era do sul do país. Nascida e criada na Virgínia, entendia a importância do ritual e dava um imenso valor a cuidar da casa ao estilo sulista. Assim que soube dos bolos, adotou a tradição como se fosse dela.

Eu costumava observá-la à mesa da sala de jantar, em São Francisco, enquanto, com uma linha de costura, cortava cada camada em metades.

— Assim, fica perfeitamente plano — dizia ela.

Eu adorava passar o tempo com mamãe naquela sala. Ficava deitada sob a mesa e lia livros enquanto ela cortava e punha recheio e cobertura nos bolos. Com o tempo, aquilo se transformou em confessionário. Eu lhe contava tudo o que acontecia na escola e confessava todos os comportamentos que achava questionáveis. Ela me dizia se minhas ações (ou reações) tinham passado dos limites e explicava de que maneira endireitar as coisas. Como minha capacidade de avaliação não era exatamente confiável, mamãe e eu achávamos melhor que eu contasse tudo a ela.

— Você agradeceu aos Patel pelo açúcar? — perguntou.

Mamãe tinha me mandado à casa dos vizinhos com uma xícara de manhã cedo.

— Não, eles não estavam em casa — respondi.

Mamãe parou o que estava fazendo e me olhou.

— Então como você conseguiu o açúcar? — questionou ela.

— Peguei no pote.

Eu soube que os Patel não estavam assim que cheguei à entrada da garagem. Por alguma razão, eles não a usavam, e, quando estavam em casa, a perua verde-ervilha estava sempre lá. Naquele dia, não.

Eu tinha certeza de que a porta de correr de vidro estaria destrancada, então, fui até a lateral da casa e dei um puxão nela, que se abriu, como imaginei. Entrei e me servi do pote de açúcar sobre a bancada; no caminho, parei para brincar com Moses, o cachorro da família.

— Sei que você disse que não poderíamos, mas será que podemos ter um cachorro? — perguntei. — Ele poderia brincar com Moses se ficasse entediado.

Mamãe me fitou, horrorizada.

— Se os Patel não estavam em casa quando você foi lá — perguntou ela devagar —, como você entrou?

Contei a mamãe minha expedição. Quando terminei, ela cobriu o rosto com as mãos.

— Não, querida — disse ela, finalmente erguendo o olhar. — Não. Você não pode entrar na casa das pessoas quando elas não estão lá.

Fiquei confusa.

— Por que não? Eles não se importam. Vamos lá o tempo todo. Tudo bem, desde que a gente não pegue nada.

— Mas você *pegou* alguma coisa — disse ela, claramente aborrecida. — O açúcar.

Naquele momento, fiquei muito confusa.

— Mas você *me disse* para pegar o açúcar.

Mamãe soltou o ar com força.

— Eu lhe disse para *pedir* o açúcar. Não para ir lá e se servir sem a permissão deles. Não faça mais nada parecido. Isso está muito, muito errado. Você entende?

— Entendo — menti.

Eu não entendia. Achava que pedir açúcar aos Patel era uma formalidade. Eles não se importavam e eu os tinha poupado do incômodo de atender à porta e da conversa fiada. Quem gosta disso? Eu é que não. Contudo, também sabia que não poderia explicar isso à minha mãe. Ela valorizava muito a franqueza. "Na dúvida, diga a verdade", ela gostava de me ensinar. "A verdade ajuda os outros a entenderem." Só que eu não tinha certeza de que concordava.

Quando criança, eu vivia num estado de dúvida constante. Dúvidas sobre o que deveria sentir ou não. Dúvidas sobre o que fazia. Dúvidas sobre o que queria fazer. Dizer a verdade a respeito dessas incertezas parecia uma boa ideia *em teoria*, mas, na prática, descobri que, em geral, piorava a situação. Eu nunca sabia que informação provocaria uma reação negativa. Eu parecia oscilar o tempo todo entre os polos da franqueza e da mentira, e nunca sabia onde ia parar. Isso era ainda mais verdadeiro quando se tratava de mamãe. Irritá-la era algo que eu não queria arriscar. Ela era minha bússola emocional e eu confiava nela para me guiar. Com minha mãe a meu lado, eu não precisava me preocupar com o que sentia nem em escolher o certo ou o errado. Contudo, quando ela se zangava, eu sentia que estava sozinha. E, naquela época, estar sozinha não era um lugar seguro.

Mamãe suspirou de novo e colocou outro pedaço de linha em torno de outra camada de bolo.

— Conclusão: só podemos ir à casa dos Patel quando eles estiverem lá. E, não, não é legal mesmo que você não pegue nada.

Concordei com a cabeça e decidi não confessar todas as viagens que fiz até a casa deles sempre que mamãe nos deixava, minha irmã e eu, sozinhas com babá Lee. Como essa regra era tecnicamente nova, não vi razão para aplicá-la de forma retroativa.

Parecia que mamãe ia dizer mais alguma coisa, mas ela foi interrompida pelos passos pesados de meu pai na escada. Ouvimos os armários da cozinha se abrirem e se fecharem antes que a porta da sala de jantar se escancarasse e ele entrasse com pressa.

— Alguém viu minha pasta? — perguntou papai.

Ele passou por nós e começou a vasculhar a sala de estar. Eu o ouvi sufocar um espirro e me perguntei se estaria ficando resfriado. Torci que não. Íamos patinar no gelo naquela noite.

Desde o embargo do Blondie, fiquei obcecada por *Castelos de gelo*, um filme sobre uma patinadora no gelo cega. Fiquei empolgada para experimentar, num rinque de verdade, alguns passos que vinha treinando vendada, de meias no assoalho de madeira; mas se papai, se papai ficasse resfriado, seria um empecilho grave ao plano.

— Está lá em cima, no escritório — disse mamãe. — Por que você precisa dela? O jantar está quase pronto, é sábado. Vamos levar as meninas para patinar.

Havia um toque de irritação na voz dela. Papai ergueu os olhos e cobriu o rosto com as mãos.

— Ah, querida, esqueci! — falou, indo até ela. — Bruce ligou e preciso correr para o estúdio.

Meu pai era um astro em ascensão no setor musical, o que muitas vezes exigia horários de trabalho prolongados e não convencionais.

Papai me olhou.

— Sinto muito, querida. — Então, perguntou a mamãe: — Podemos ir outra noite?

Mamãe olhou pela janela em silêncio. Achei esquisito, mas parece que papai não notou. Em vez disso, ele seguiu para a porta e gritou por sobre o ombro:

— Compenso na semana que vem!

Mamãe ficou imóvel por um momento; então, se levantou e entrou na cozinha, deixando o bolo inacabado sobre a mesa. Fui atrás dela, sem saber o que fazer. Na cozinha, ela ficou junto à pia e fitou o nada. A luz do início da noite despejava-se pela vidraça das portas de correr da sala íntima. Anos depois, mamãe me diria que detestava aquela hora do dia e que foi na época em que moramos em São Francisco que o ódio começou. De qualquer forma, nunca pensei assim. Para mim, a chegada do crepúsculo sempre foi mágica, uma introdução às trevas. Naquele dia específico, eu lembro que minha mãe estava muito bonita com a luz refletindo na bancada e no rosto dela. Eu me aproximei por trás e a abracei. Não sabia o que dizer.

A situação não mudou por algum tempo. Papai quase nunca voltava para casa antes da meia-noite, e minhas interações com ele se resumiam a beijos rápidos no carro antes da escola e passeios ocasionais nos fins de semana. Não que eu me importasse muito. Na verdade, era quase bom; eu adorava ter mamãe e minha irmã só para mim.

Eu adorava ter uma irmã, ponto. Tinham me falado que os pais temem o ciúme e a rivalidade entre irmãos, mas essas coisas nunca foram um problema para nós. Eu não gostava mesmo de ser o centro das atenções. Quando Harlowe chegou, tive alguém para dividir o foco. E gostava de ter uma amiga que apreciava minha propensão às travessuras. A desobediência unilateral às regras estava tipicamente no primeiro plano de qualquer interação entre nós, e continua assim até hoje. Minha irmã me entregava uma xícara, eu a jogava no meio da escada. Harlowe entrava na banheira e apontava a espuma de banho, eu esvaziava a garrafa e ligava os jatos da hidromassagem. Cada ação causava uma reação histérica. Mamãe adorava. Porém, o som frenético das risadas de Harlowe nem sempre reverberava bem com meu pai.

— O que vocês estão fazendo? — perguntou ele um dia, entrando em meu quarto de forma inesperada.

Em geral, ele gostava de brincar conosco, mas naqueles tempos parecia só querer dormir quando estava em casa, o que não era muito frequente. Papai passava muito tempo no trabalho e não demorou para minha mãe ficar deprimida. Em alguns dias, chorava por coisas mínimas. Em outros, se irritava e ralhava conosco por razões que eu não entendia. Fiquei ansiosa, confusa e, pela primeira vez, sem conseguir recorrer à sua orientação. Tinham se passado semanas desde que ela fizera um daqueles bolos, e nenhum momento parecia bom para falar com ela sobre o que eu andava fazendo. Como furtar.

Eu vinha pegando mochilas na escola. Eu nem as queria e, quase sempre, acabava devolvendo. Era mais uma compulsão, algo que eu fazia para aliviar a tensão. Quando via uma mochila largada, pegava. Não importava onde estava nem de quem era; o importante era pegar. Era fazendo o que eu sabia que não era "certo" que eu liberava a pressão, que me dava uma sacudida para combater a apatia. Porém, passado um tempo, parou de funcionar. Não importava quantas bolsas pegasse, eu não conseguia mais gerar aquela sacudida. Sentia apenas um nada. E comecei a notar que o nada tornava mais extrema a ânsia de fazer coisas ruins.

Era muito parecido com a última vez que vi Syd. Estávamos em pé na calçada esperando para ir para a escola quando ela começou a me irritar. Queria passar a noite em nossa casa, mas não tinha permissão.

— A culpa é toda sua — reclamou ela. — Se não tivesse pregado aquela peça estúpida em nós, poderíamos ir para sua casa e eu poderia brincar com seus brinquedos. Você sempre estraga tudo.

— Sinto muito — respondi, embora não sentisse.

Eu estava contente porque Syd não podia nos visitar. Minha cabeça doía. A pressão vinha aumentando sem parar, e parecia que nada a aliviava. Eu estava emocionalmente desconectada, mas também estressada e um tanto desorientada. Era como se estivesse enlouquecendo e só quisesse ficar sozinha.

De repente, Syd chutou minha mochila, que estava a meus pés, derrubando tudo no chão.

— Quer saber? — perguntou ela. — Não me importo. Sua casa é horrível e você também.

O ataque não fazia sentido; ela tinha feito isso inúmeras vezes para chamar minha atenção. Porém, dessa vez, escolheu o dia errado para provocar uma briga. Ao olhar Syd, eu soube que não queria vê-la nunca mais. Imaginei que a mensagem tinha sido clara quando a tranquei fora de minha casa no meio da noite. Mas estava óbvio que eu precisava de uma mensagem mais direta.

Sem dizer uma palavra sequer, me abaixei para recolher minhas coisas. Na época, usávamos estojos; o meu era cor-de-rosa com Hello Kitty estampada e cheio de lápis nº 2 bem apontados. Peguei um, me levantei e o enfiei na lateral da cabeça dela.

O lápis rachou, e parte dele alojou-se no pescoço de Syd, que começou a gritar, e as outras crianças, compreensivelmente, se descontrolaram. Enquanto isso, eu estava em transe. A pressão tinha sumido. E, ao contrário das outras vezes em que fiz coisas más, o ataque físico a Syd resultou em algo diferente, um tipo de euforia.

Feliz e à vontade, eu me afastei da cena. Durante semanas, tinha praticado todo tipo de comportamento subversivo para fazer a pressão sumir, e nada dava certo. Mas, naquele momento, com aquele único ato violento, todos os vestígios de pressão foram erradicados. Não só sumiram como foram *substituídos* por uma sensação profunda de paz. Era como se eu tivesse descoberto um caminho rápido para a tranquilidade, com partes iguais de loucura e eficácia. Nada disso fazia sentido, mas eu não me importava. Perambulei num estupor por algum tempo. Então, fui para casa e contei calmamente a minha mãe o que tinha acontecido.

— O QUE DIABOS PASSOU POR SUA CABEÇA? — quis saber meu pai.

Naquela noite, eu estava sentada na minha cama. Meus pais estavam à minha frente e exigiam respostas. Contudo, eu não tinha nenhuma.

— Nada — disse eu. — Não sei. Só fiz.
— E não se arrepende?
Papai estava frustrado e irritado. Acabara de voltar de outra viagem de trabalho, e ele e mamãe já tinham brigado.
— Sim! Disse que me arrependi! — exclamei. Eu tinha até escrito uma carta de desculpas a Syd. — Então, por que todo mundo ainda está tão zangado?
— Porque você não se arrependeu — sussurrou mamãe. — Não de verdade. Não em seu coração.

Então ela me fitou como se eu fosse uma desconhecida. Aquele olhar me paralisou. Era a mesma expressão que vira no rosto de Ava no dia em que brincávamos de casinha. Era um olhar de reconhecimento confuso, como se dissesse "há algo estranho em você. Não consigo identificar direito, mas *sinto* isso".

Minha barriga se contraiu como se eu tivesse levado um soco. Detestei o jeito como minha mãe me olhou naquela noite. Ela nunca tinha feito aquilo, e quis que ela parasse. Vê-la me estudar daquela maneira era como ser observada por alguém que não me conhecia. De repente, fiquei furiosa comigo por contar a verdade. Não tinha ajudado ninguém a "entender" o caso. No máximo, deixou todo mundo mais confuso, inclusive eu. Ansiosa para endireitar a situação, me levantei e tentei abraçar mamãe, mas ela ergueu a mão para me deter.

— Não — disse ela. — Não.

Mamãe me fitou com dureza por um bom tempo e saiu. Observei papai ir atrás dela, as silhuetas diminuindo enquanto eles desciam a escada. Enfiei-me na cama e desejei ter alguém que eu pudesse machucar para sentir o que senti depois de furar Syd. Contentei-me comigo mesma e apertei o travesseiro contra o peito, enterrando as unhas no antebraço.

— *Se arrependa!* — sibilei.

Continuei a arranhar minha pele e trincar os dentes, buscando o remorso com todas as forças. Não consigo me lembrar por quanto tempo tentei, só que fiquei furiosa e desesperada quando finalmente desisti. Exausta, caí de costas na cama. Olhei meu braço, que sangrava.

Depois do incidente com Syd, mamãe se afastou de todo mundo. Durante semanas, ela mal saía do quarto e, quando saía, parecia triste. Era babá Lee que cuidava de tudo. Eu a adorava. Ela era bondosa e

Camadas

gentil e sempre lia para nós quando já deveríamos estar dormindo. Mas do que eu realmente precisava era minha mãe.

A euforia que senti depois de furar Syd foi, ao mesmo tempo, desconcertante e tentadora. Queria senti-la outra vez. Queria *ferir* outra vez. Só que *não* queria. Eu estava confusa e assustada e precisava que minha mãe me ajudasse. Não sabia como tudo dera tão errado. Só percebia que a culpa era minha e que precisava dar um jeito de melhorar a situação.

Certo dia, eu estava lá em cima em meu quarto pensando nisso quando senti a lufada de um aroma conhecido.

Bolo de chocolate.

Ela devia ter acabado de tirar as camadas do forno. Isso significava que logo as poria no congelador para esfriar e, depois, as levaria à sala de jantar para fatiar e rechear. Naquele instante, eu soube exatamente o que fazer.

A caixa dentro do armário tinha se enchido outra vez. Livros, doces de supermercado, discos do escritório de meu pai, canecas de café da sala dos professores, um par de sapatos; coisas variadas que furtei para liberar a pressão. Puxei a caixa do esconderijo e a pus sobre a cômoda. Isso. Era com *isso* que eu faria as pazes com minha mãe.

Se ela estava fazendo bolo outra vez, devia ser porque se sentia melhor. Eu lhe contaria tudo o que tinha feito, e ela me ajudaria a resolver, me daria um grande abraço e me chamaria de garota sincera. Minha caixa mental ficaria vazia, e eu teria um espaço limpo para trabalhar. A pressão, a dúvida, o estresse, o desejo de ferir, tudo isso sumiria no segundo que eu confessasse. Eu me sentaria no chão ao lado da mesa e treinaria os discursos de desculpas enquanto ela terminava o bolo, só que dessa vez eu tentaria *realmente* falar sério. Ela ficaria muito orgulhosa de mim.

Desci a escada em silêncio, arrastando a caixa atrás de mim. Levei algum tempo, mas cheguei ao térreo para espiar a sala de jantar sem ser vista. O cheiro do bolo de chocolate era muito forte e doce, igualzinho à minha mãe.

Segurei a caixa com mais força ao me inclinar no corredor. Já tinha na cabeça uma imagem do que veria: mamãe de sapatilhas e vestido cor de pêssego dando os toques finais no recheio da primeira camada do bolo. Eu tinha tanta certeza dessa visão que perdi o ar ao avistá-la sentada à mesa chorando em silêncio. Todas as luzes estavam apagadas.

Suas mãos tremiam, e a linha estava frouxa quando ela tentou, sem muito empenho, cortar uma camada do bolo. A mesa estava coberta de restos de fatias anteriores, todas cortadas de forma irregular e deixadas de lado. Quanto tempo ela ficou ali sentada? Nunca vou saber.

Seu rosto estava manchado, o avental molhado de lágrimas. Ela hiperventilava e a cabeça dava minúsculas sacudidelas a cada respiração forte. Pulei para trás e fiquei paralisada, sem saber o que fazer. Nunca a vira assim. A tristeza parecia consumi-la. Na sala de estar, ouvi um grito sufocado quando mais uma camada de bolo não deu certo. Então ouvi a porta da sala de jantar se abrir e ela voltar para a cozinha. Olhei para baixo e soube que minha caixa precisava desaparecer.

O som da batedeira explodiu na cozinha quando mamãe começou a fazer outro bolo. Abaixei-me e, com cuidado, peguei a caixa. Então, subi de volta até meu quarto e parei no andar do quarto de meus pais. Abri a porta dupla e fui até o baú de madeira no pé da cama deles. Eu sabia que aquele era o esconderijo de minha mãe, e só levei alguns segundos para encontrar *Parallel Lines* escondido dentro de um cobertor. Enfiei o disco debaixo do braço e subi até meu quarto, abrindo a porta suavemente com o pé. Não me dei ao trabalho de pegar os fones dessa vez quando liguei a vitrola. Mamãe estava distraída demais para notar o que eu estava fazendo.

É como ser invisível, pensei.

O som de Debbie Harry preencheu o quarto enquanto eu empurrava a caixa de volta para dentro do armário. Dois dias depois, me livrei dela: despejei o conteúdo na lata de lixo em frente à casa de Syd. Então, voltei para casa sem um fiapo de remorso sequer.

CAPÍTULO 3

Flórida

— Olhos para baixo, senhores! — gritou o guarda. — Olhem para cima e vão para o buraco!

Eu segurava com força a mão de minha irmã. Às 22h30 de um dia de aula, andávamos por um corredor ladeado de celas na prisão estadual perto de casa. Poucos metros à frente, minha mãe conversava com nosso tio Gilbert, chefe dos guardas. Vários funcionários andavam ao lado e atrás de nosso grupo enquanto seguíamos para a torre central.

— Esse é o chamado bloco de honra — disse o tio Gilbert. — Os presos daqui apresentam bom comportamento e têm permissão de ficar soltos neste setor da penitenciária. A porta das celas não fica sempre trancada como a dos outros.

Eu sabia de que outros ele falava. Durante a cerca de uma hora, mais ou menos, em que ficamos dentro da penitenciária, minha irmã, minha mãe e eu visitamos as instalações e seus habitantes, todos homens, inclusive o setor de "infratores perigosos", onde os presos ficavam confinados numa sala interna por trás de paredes de vidro grosso. Tio Gilbert não quis que ficássemos perto do vidro, porque muitos homens tinham sido presos por crimes violentos. Ele não explicou especificamente quais, mas o tom de voz lembrou o de papai quando insistia que tapássemos os olhos nas partes "sexy" dos filmes.

— Mas, se estão curiosas — disse ele —, deixo vocês olharem pelo espelho ou na TV da outra sala.

O espelho unilateral permitia um ponto de vista próximo e pessoal; no entanto, a câmera me dava uma visão de cima que eu preferia. Um policial chamado Bobby estava sentado atrás de uma parede de monitores e me mostrou como usar o sistema. Examinei a sala, afastando e aproximando o foco para dar uma boa olhada em cada preso. O que tinham feito para ficar trancados assim? Eu sabia que era alguma coisa má. Mas o quê? Perguntei a Bobby.

— Estupro, homicídio, incêndio criminoso, esse tipo de coisa.

Tio Gilbert soltou um pigarro. Era o sinal de que Bobby precisava ir com mais cuidado. Ele assentiu com a cabeça rapidamente e inclinou-se para me olhar nos olhos.

— A questão é a seguinte — disse, apontando os homens. — Esses caras fizeram coisas problemáticas. Mas não foi só isso. O problema é que não se arrependem. Não tiveram medo de fazer, para começar. *Por isso* estão aqui.

— Ah — respondi, embora ainda não tivesse entendido.

— Os homens nesta prisão? — acrescentou Bobby. — Eu diria que oitenta por cento são sociopatas.

Foi a primeira vez que ouvi a palavra.

— Ah — repeti. — O que é sociopata?

— Alguém que não se sente mal com o que faz — respondeu o policial. — Nenhuma vergonha. Não se assusta facilmente. Nunca sente culpa. Não tem medo de ser pego e faz a mesma burrice repetidas vezes.

— Hmmm... — balbuciei, olhando os homens de novo. — É mesmo?

Bobby fez uma pausa.

— Veja — disse, tirando a carteira do bolso e deixando-a sobre a mesa. — Digamos que eu saia por alguns minutos e deixe minha carteira aqui.

Fiz que sim com a cabeça, entretida.

— Você olharia o que tem dentro? Tiraria alguma coisa enquanto eu estivesse fora?

— Não — menti.

Bobby riu.

— É claro que não! E se *tirasse* algo de dentro dela, aposto que se sentiria muito mal com isso, não é?

— *Muito* mal — respondi.

— Certo — concordou o policial. — É porque você não é sociopata! O sociopata *pegaria* minha carteira. Além disso, não se sentiria mal. Provavelmente, voltaria na semana que vem e faria de novo! Não conseguiria se segurar, porque esse tipo de pessoa não tem medo das consequências.

Engoli em seco. Aquilo significava que havia um nome para alguém como eu? De certo modo, entendia que um policial do turno da noite da penitenciária não era a melhor pessoa a quem perguntar.

Bobby inclinou-se para a frente, apertou um botão e berrou no intercomunicador:

— Rogers! Tire as mãos do vidro!

Um dos presos se afastou do espelho unilateral, balançando a cabeça e sorrindo para as câmeras.

— Aquele sujeito adora irritar os outros — explicou ele.

Usei a câmera para ver Rogers mais de perto.

— Policial Bobby? — perguntei. — Todos os sociopatas acabam presos?

— Provavelmente — respondeu ele —, a não ser que sejam muito inteligentes.

Fitei os homens atrás do vidro, todos morando juntos numa gaiola.

— E se começarem uma grande briga e se matarem? — questionei.

— Aí já pagaram sua dívida com a sociedade — respondeu ele com um suspiro satisfeito.

Não entendi direito, mas concordei com a cabeça e voltei a olhar para a tela.

— Patric — chamou minha mãe. — Vamos logo com isso, querida. Sua irmã precisa ir ao banheiro.

Mamãe teve a ideia de visitar a penitenciária alguns meses antes. Tio Gilbert trabalhava no turno da noite durante a semana e sempre contava histórias sobre o Departamento Correcional da Flórida, o que atiçou nosso interesse.

Depois de sairmos da sala de controle, fizemos uma "experiência de prisão" na solitária e conhecemos o bloco de honra. Enquanto subíamos a escada até a torre central, olhei os presos lá embaixo. Devia haver centenas de homens ali. O fato de a única coisa que os separava de nós serem cinco guardas de meia-idade me impressionou.

Nessa época, eu tinha 11 anos e morava na Flórida havia dois.

— Faça as malas — tinha dito mamãe pouco depois do incidente do ataque com lápis. — Vamos visitar a vovó no fim de semana.

Foi assim que mamãe nos informou que ia se separar de meu pai e se mudar para a Flórida. Sem saber disso, fiz as malas para um fim de semana.

A situação lá foi esquisita desde o começo. Para começar, minha mãe se recusava a admitir que tinha largado meu pai e que éramos moradoras permanentes do Estado do Brilho do Sol. E continuou assim mesmo depois de papai enviar o carro (e o resto das coisas dela) para que mamãe pudesse procurar uma casa nova. Percebi que ela nem sempre falava a verdade. E isso foi frustrante. *Então também posso mentir*, pensei mais de uma vez, *porque me meto em encrencas dos dois jeitos*.

Passado um tempo, mamãe percebeu que sua decisão de prolongar as "férias" da família não estava fazendo bem a mim e à minha irmã. Para compensar parte da culpa, ela relaxou algumas regras até então inflexíveis. Até me deixou ter meu primeiro animal de estimação, uma fêmea de furão chamada Baby. Eu adorava Baby. Além de minha irmã, ela era minha única companheira real — e bem feroz. Ela era uma malandra indisciplinada de personalidade cativante e tinha uma queda por objetos brilhantes. Era uma ladra de nascença. Na verdade, era comum ela percorrer a casa de minha avó à noite em busca de joias — brincos, colares, qualquer coisa que pudesse pegar com a boca — e levá-las para o quarto minúsculo que eu dividia com minha irmã para acrescentá-las ao tesouro que guardava embaixo de minha cama.

Toda manhã, era como o Natal. Eu acordava e me sentava no chão para inspecionar o que minha Mamãe Noel de quatro patas tinha trazido. As coisas de que eu gostava, guardava. As de que não gostava, deixava.

— Muito bem, Baby! — falei certa manhã, erguendo um brinco com pingente de ouro.

Dei um beijo no furão, enterrei o nariz em seu pescoço e inspirei profundamente. Tinham me dito que os furões eram animais pouco populares por causa de seu cheiro, mas eu adorava o cheirinho da Baby. Aquele aroma terroso me lembrava os livros da biblioteca pública. Ela mordiscou meu cabelo, mostrando que queria brincar.

Pus o brinco quando me levantei e olhei meu reflexo no espelho. Então, peguei Baby e a coloquei na mochila. Ela se espalhou toda.

— Está pronta? — perguntei a ela. — Vamos!

Uma das vantagens de morar na Flórida era a falta geral de supervisão. Na época, minha avó era a principal responsável e bastante tranquila quanto à liberdade das crianças. Contanto que minha irmã e eu aparecêssemos periodicamente e prometêssemos não ir a mais de dois quarteirões de casa, ficávamos por nossa conta.

Quando o "fim de semana" na casa da avó se transformou em meses, voltei aos modos conhecidos de lidar com minha pressão interna.

Furtava dinheiro das bandejas de doações da igreja. Jogava animais atropelados no quintal de uma senhora desagradável que morava mais abaixo na rua. Invadia uma casa vazia a alguns quarteirões e passava o tempo livre lá, absorvendo o silêncio.

    Adorava aquela casa. Sempre que entrava, me sentia instantaneamente à vontade. O vazio do espaço combinava com o modo como me sentia por dentro, e gostava do equilíbrio. Também gostava que, embora vazia, a casa parecia cheia. Ficava horas sentada sozinha naquela imobilidade frenética. A falta de sentimento, que normalmente me estressava, tinha o efeito oposto dentro do ambiente vazio. De um modo esquisito, aquilo me lembrava o Gravitron. O brinquedo favorito dos frequentadores de parques de diversões não tem assento nem cinto de segurança. Os usuários ficam presos à parede pela força centrífuga. Eu adorava. Girava e girava várias vezes, perplexa com o operador da máquina, sentado numa cabine de controle no centro da roda.

    Certa vez, perguntei à minha mãe:

— Por que ele não fica tonto?

— Porque está exatamente no centro — explicou ela. — Não é afetado pelo giro.

Era assim que me sentia quando ia até essa casa. Sabia que estava desobedecendo a algum código adulto, e esse conhecimento me transformava no operador no centro do brinquedo. À minha volta, a casa pulsava, horrorizada por ter sido violada, mas eu ficava calma em seu centro, em paz e no controle. Tirava Baby da mochila para que explorasse; então, me sentava no solário e lia meus livros. Era o êxtase.

    É claro que eu sabia que não devia entrar em casas que não fossem minhas e que precisava contar aquilo à minha mãe. Afinal de contas, queria ser sincera. Queria estar *segura*. Entretanto, sempre que tentava confessar, ela ficava aborrecida. Nunca havia uma boa hora para conversar com mamãe na Flórida. Naqueles tempos, parecia que ela queria me evitar. Recusava-se a discutir qualquer coisa remotamente desconfortável. E estou falando de coisas óbvias, como o fato de que, absoluta e positivamente, não estávamos morando com papai em São Francisco e parecia que nunca voltaríamos. Mesmo depois que encontrou um lugar para morarmos — uma pequena casa geminada perto da praia —, mamãe se recusava a falar algo específico sobre os planos de longo prazo.

— Mãe, por que estamos numa escola nova? — perguntei enquanto ela parava o Mercedes na fila de carros desconhecidos em frente ao colégio, alguns meses depois de nos mudarmos para a casa geminada.

— Não sei — respondeu ela. — Só imaginei que seria mais divertido do que ficar o dia todo sentada em casa enquanto seu pai e eu tentamos ajeitar as coisas.

— E quem vai tomar conta de Baby? — perguntei, já com saudades de meu furão. — Ela vai ficar muito entediada sem mim.

— Vou garantir que ela receba muita atenção enquanto você estiver longe — prometeu mamãe. — Enquanto isso, que tal você fazer novos amigos?

— *Novos* amigos? — perguntei. — Eu nem tenho *velhos* amigos.

— Bom — comentou mamãe com esperança. — Talvez desta vez seja melhor.

Só que não foi. A escola podia ser nova, mas *eu* era a mesma. As outras crianças eram bem legais, mas imediatamente percebi que sentiram que eu era diferente. Claro que minhas "revelações" comportamentais não eram muito sutis.

— Você já deu um beijo de língua? — quis saber um garoto chamado Ryan.

Estávamos almoçando no refeitório, cerca de um mês depois de mamãe nos matricular na nova escola.

— Não — respondi.

— Por que não? — insistiu Ryan.

— Porque minha mãe morreu.

No segundo em que disse isso, comecei a rir. A resposta nem fazia sentido. Não me lembro por que disse aquilo, só tinha certeza de que acabaria com a conversa. E acabou, juntamente com qualquer probabilidade de sumir do radar. A expressão de Ryan, como a das outras crianças à mesa, logo mudou. Todos me deram o mesmo olhar. Eu já o tinha visto.

A notícia do falecimento de minha mãe logo chegou à diretora, que me chamou à sua sala.

— Patric — disse ela, sentando-se perto demais de mim no sofá. O rosto estava cheio de preocupação. — Soube que sua mãe faleceu. É verdade, querida?

— Não — respondi, ansiosa para acalmá-la. — Ela não está morta.

— Ah — falou, franzindo a testa. — Então por que você *disse* que ela estava?

Não soube o que responder. Era uma mentira burra, muito atípica para mim. Eu sabia que era um erro, assim como sabia que, provavelmente, resultaria em muita atenção indesejada. Mesmo assim, menti. Não chegaria a ponto de dizer que não *ligava* para a repercussão; só sabia que ela não me incomodaria. Mesmo na época, eu entendia que havia uma diferença.

— Bom, estávamos falando sobre a pior coisa que poderia acontecer — expliquei. — E foi o que eu disse. Minha mãe morrer seria a pior coisa.

A diretora fez um gesto solene de concordância com a cabeça e abriu um sorriso.

— Isso faz mais sentido — concordou ela. — Você e sua irmã são meninas muito doces.

Ela estava metade certa. Harlowe *era* uma menina doce. Embora estivéssemos na escola havia poucas semanas, minha irmã já desabrochava. Tinha ido brincar várias vezes na casa dos outros e era a menina mais popular de sua turma. As pessoas se sentiam atraídas por Harlowe. Ela era como Dorothy de *O mágico de Oz*, que fazia novos amigos aonde quer que fosse. Já eu era como uma Wandinha Addams loira e com um furão, repelindo todos em meu caminho.

Às vezes, eu tentava me encaixar — agir de forma "normal", como as outras crianças em volta —, só que nunca durava. Por um lado, minha exposição ao comportamento e às reações convencionais limitava-se à família, e eu não conseguia fingir por muito tempo. O mais importante era que eu não tinha ninguém que me ensinasse. Minha dificuldade para me adaptar era parecida com a dificuldade de ler de um garoto da minha turma. Ele era ótimo em matemática e música, por exemplo, mas tinha uma deficiência de aprendizado que tornava difícil para ele interpretar as letras. Tinham designado uma instrutora especial para trabalhar com ele até que melhorasse.

Talvez seja isso que eu tenha, pensei certo dia. *Uma deficiência de* sentimento.

Pensei nos homens dentro da penitenciária e me perguntei se sentiam algo parecido. Era como se a variedade plena de emoções fosse algo que todos simplesmente *tinham*. Alguns sentimentos me vinham naturalmente, como raiva e felicidade. Outros não eram tão fáceis. Empatia, culpa, vergonha e ciúme eram como um idioma que eu não conseguia falar nem entender.

Haveria um instrutor especial que auxiliasse? Eu sabia que as crianças que precisavam de mais ajuda deveriam falar com a professora. Porém, eu não poderia fazer isso. A sra. Ravenel, minha professora do sexto ano, era a mais cruel da escola, tanto que os alunos malcomportados eram mandados para *ela* de castigo, não para a diretora. Ela demonstrava tolerância zero por crianças diferentes.

— Então, o que você quer? — perguntou, certa vez, a um menino negro do terceiro ano que foi mandado para nossa sala por falar demais. — Quer que eu leve você lá fora e o pendure na árvore pelos polegares? É o que você quer?

O jovem começou a chorar e tremer. Todas as outras crianças na sala riram, mas eu fiquei furiosa.

Pendurar numa árvore?, pensei. *Por falar?* Embora a sra. Ravenel nos dissesse que crianças "assim" precisavam aprender uma lição, eu achava que não fazia sentido. Talvez me faltasse a conexão emocional com os conceitos de certo e errado, mas eu sabia que eles existiam. O que aquela professora fazia estava errado. Ela magoava uma criança usando a emoção. Pior ainda, gostava de fazer isso.

Melhor ser como eu, pensei.

Foi a primeira vez que percebi que o medo não poderia ser usado contra mim. Não que eu fosse imune a ele, mas o meu era amortecido. Eu entendia que não era assim com a maioria das crianças. Embora meus colegas vivessem com pavor constante da sra. Ravenel, seu comportamento grotesco nunca me intimidou. Embora meus primos tivessem medo de sair de casa após escurecer, eu não tinha problema nenhum em perambular sozinha pelo bairro. E, enquanto minha irmã brincava tranquila em nosso quarto depois da escola, eu invadia casas próximas. Poderia ter sido flagrada? É claro. Temia as consequências? Não. Eu decidira que o medo devia ser uma emoção inútil. Tinha pena de quem parecia ter medo de tudo. Que desperdício! Ficava contente de seguir minhas próprias regras e viver com impunidade. Não via propósito em ficar apreensiva.

Tudo isso mudou quando encontrei o homem com os gatinhos.

— Acabei de encontrá-los — disse ele. — Quer um?

Era fim de tarde, depois da escola, minha irmã e eu estávamos brincando na frente de casa. Naquela época, mamãe decidiu tirar licença de corretora de imóveis e ficava muito tempo fora, uma escolha que não se alinhava muito bem à narrativa "não estamos aqui permanentemente". Em vários dias de semana, ela mandava Harlowe e eu para a casa de minha avó depois da escola para conseguir estudar. Em geral, passávamos o exílio no pátio dos fundos, mas, naquele dia, decidimos colher flores no jardim da frente. Sem ninguém prestando atenção, podíamos colher as que quiséssemos, inclusive os botões das roseiras de minha avó, que não deveríamos tocar.

— De que cor são? — perguntei.
— Bom, de que cor você gosta? — Ele parecia genuinamente amistoso.
— Preto — disse com total certeza.

Sempre quis um gato preto. E Baby gostaria também! Imaginei nós três nos divertindo como nunca na casa vazia — meu furão e meu gato brincando felizes no quintal enquanto eu ficava no solário observando.

O homem perguntou a Harlowe:
— E você, de que cor gosta?

Ela agarrou minha mão e não olhou para ele, me puxando suavemente de volta para casa.

— Ora, você não precisa ter medo de mim, querida! — afirmou ele, voltando a atenção para mim. — Acontece que tenho dois gatinhos pretos. Um para cada uma de vocês. Estão logo ali na esquina. Querem dar uma olhada?

— Claro! — respondi sem hesitar.

Entretanto, Harlowe não aceitou. Segurou minha mão com mais força e começou a andar para trás.

— Não — disse ela baixinho.

Não? Estava maluca? Aquele homem oferecia dois gatinhos pretos de graça e ela não aceitaria? Eu sabia por quê. Ela estava apavorada. De qualquer forma, esse problema não era meu. Puxei os dedos do aperto forte de sua mão e lhe dei um beijo na testa.

— Volto já.
— Não! — gritou Harlowe outra vez.

Só que não lhe dei atenção. Lá fui eu atrás do homem, que desceu a rua na direção do cruzamento.

— Eles estão bem ali, à esquerda — disse ele.

Dei uma olhada em minha irmã quando dobrei a esquina. Ela estava em pé no meio da rua, o rosto cheio de medo. *Por que ela está tão assustada?*, me perguntei. E a pergunta me incomodou.

Quando me virei para olhar Harlowe outra vez, não consegui mais vê-la. Já estávamos em outra rua, onde ficava a casa em que eu me escondia. Vi uma van estacionada na entrada da garagem. O homem acenou para que eu o seguisse quando foi naquela direção.

— Lá está minha van — afirmou. — Na frente de casa.

Foi aí que percebi. Eu sabia que ninguém morava naquela propriedade. Era minha casa vazia. Ele mentia, e eu tinha cometido um erro terrível. Estava em perigo.

A porta da van estava aberta, e havia uma mulher sentada no banco de trás, ao lado de uma caixa de papelão.

— Venha dar uma olhada! — chamou ela. — São tão fofinhos!

Contudo, não precisei dar outro passo para saber que não havia gatinho nenhum dentro daquela caixa. O que eu *tinha* que fazer era garantir que o casal não soubesse que eu tinha descoberto.

Era tarde demais para correr. O homem estava atrás de mim e bloqueava qualquer fuga para a rua. Instintivamente, aproveitei minha falta de sentimento. Fingi a expressão mais amável possível e me virei para ele com um belo sorriso.

— É sua esposa? — perguntei. — Que gracinha! Está fazendo companhia aos gatinhos para que não se sintam sozinhos!

O homem inclinou a cabeça, sem saber o que pensar. Acenei para ela e cochichei para ele:

— Como ela se chama?

Seu sexto sentido lhe dizia que não confiasse em mim. Vi no rosto do homem. Ele me dava aquele *olhar*. Porém, apesar do instinto, ele sorriu de novo e se virou para o outro lado.

— Anna — chamou ele —, pode vir até aqui para nossa nova amiguinha olhar os gatinhos?

Mas eu já tinha sumido. Comecei a correr no segundo em que o homem virou a cabeça, e o som zangado de sua voz quando gritou atrás de mim eliminou qualquer dúvida de sua verdadeira intenção.

Aprendi naquele dia: o medo pode ser útil.

Flórida

No alto da torre da prisão, fitei pela janela os homens reunidos lá embaixo. Eles me encararam de volta.

— Tio Gilbert, os sociopatas têm medo? — perguntei.

Ele pensou um minuto antes de responder.

— Tenho quase certeza de que têm — respondeu. — Mas acho que não do mesmo jeito que nós.

Fiquei perplexa.

— Bom, alguém já perguntou pra eles?

Tio Gilbert apontou os homens no pátio.

— Perguntar a *eles*? — Ele deu uma risadinha. — Não em meu turno. Por quê? Você quer ir lá embaixo falar com eles sobre seus sentimentos?

— Quero! — respondi, me levantando da cadeira. — Posso ir agora?

— Sem chance! — interrompeu minha mãe.

— Por que não?

— Porque é *perigoso* — disse ela. — Além disso, está tarde e temos que ir.

Mamãe sorriu e mudou de assunto.

— Lembre-se: amanhã é aniversário do Paul e vamos levá-lo à praia. Podemos acordar cedo e preparar uma cesta de piquenique. Que tal?

Pareceu chato. Gostava de Paul, um piloto de avião que tinha uma queda pela mamãe. Porém, eu detestava a praia. Esperava não ficar muito tempo lá. Na última vez que fomos, um desconhecido se aproximou e me mostrou o pênis enquanto todos nadavam. Eu me lembrei, então, de *Castelos de gelo*, fingi que era cega e agi de forma desorientada, até ele ficar genuinamente perturbado e se afastar.

Dei de ombros para minha mãe, olhei para os homens lá embaixo e fiz um último exame. *O que separa alguém como eu de alguém como eles?*, pensei.

De repente, fiquei desesperada para descobrir.

CAPÍTULO 4
Alerta

— Baby morreu.

Eu estava na sala assistindo à televisão quando mamãe deu a notícia. Isso foi vários meses depois da visita à penitenciária. Harlowe tinha encontrado nosso bichinho de estimação frio e sem vida no chão, e, naquele momento, minha irmãzinha estava lá em cima chorando copiosamente

— Patric, você me ouviu? — perguntou mamãe, irritada.

Eu tinha ouvido, só não sabia direito o que fazer. A notícia da morte de Baby foi um choque que não se abrandou. Só ficou chocalhando dentro da cabeça. Pisquei algumas vezes, fiz que sim para minha mãe e continuei assistindo à televisão.

Depois de um profundo suspiro para transmitir que minha falta de reação era inaceitável, ela subiu para consolar Harlowe. E, pelo que me lembro, foi a primeira vez que senti inveja. Queria estar lá em cima chorando também. Desejei muito estar no banheiro, caída no chão, aos prantos, ao lado de minha irmã, enquanto ondas de pesar autêntico passavam por nós. Eu sabia que "deveria", pelo menos, ficar tão visivelmente arrasada quanto minha irmã. E por que não ficava?

Olhei meu reflexo no vidro da porta de correr. Fechei os olhos e me concentrei até sentir lágrimas se acumulando atrás das pálpebras. Então, olhei de novo. *Assim está melhor*, pensei.

A garota com lágrimas escorrendo pelo rosto do outro lado do vidro parecia alguém que tinha acabado de perder um animal de estimação. Parecia alguém que precisava de consolo. Contudo, eu sabia que a garota no meu lado do vidro não conseguia ficar assim. Pelo menos, não sem esforço consciente. Pisquei, e minha concentração se rompeu. As lágrimas sumiram. Voltei minha atenção para a televisão.

Dizer que não senti nada não é verdade. Eu amava Baby mais do que quase tudo no mundo. O fato de ela estar morta era inconcebível para mim. Ainda assim, nós estávamos ali, e ela, não. Quando tentei explicar essa falta de emoções, comparei-a a ficar ao lado de uma montanha-russa. Posso ouvir as pessoas no brinquedo. Posso ver os mergulhos e as curvas da pista. Posso sentir o aumento da adrenalina quando o carrinho começa a subida íngreme. Quando o primeiro carro chega ao topo da montanha, sugo o ar nos pulmões e exalo com força, as mãos sobre a cabeça, observando a queda até lá embaixo. *Entendo*. Só que não sou eu quem sente.

Eu percebia que minha mãe não sabia o que fazer com uma criança como eu. Como qualquer responsável decente, ela esperava uma criança normal com reações normais. O fato de eu não conseguir dar o que ela queria me deixava num estado que comecei a chamar de "estresse entalado". Isso também me lembrava uma montanha-russa, mas não tinha nada a ver com o modo como eu vivenciava o brinquedo. Em vez disso, era a sensação *antes* da partida, quando a contenção dos ombros era abaixada até o fecho. Para os outros, essa contenção representava proteção. Segurança. Não para mim. Eu detestava o modo como me prendia. Sem conseguir me esconder se precisasse. Sem conseguir respirar. Era a claustrofobia que surgia sempre que eu percebia que não sentia o que os outros esperavam que eu sentisse.

Foi assim que eu fiquei na noite em que Baby morreu. Eu conseguia ouvir minha irmã chorando. Conseguia imaginar as ondas de pesar. Só que não estava no mar com elas. Não que me faltasse o sentimento, mas eu estava separada dele, como de meu reflexo na porta. Conseguia ver minhas emoções, mas não estava conectada a elas.

Desliguei a televisão. Talvez não conseguisse exprimir (ou vivenciar) meus sentimentos do mesmo modo que os outros, mas sabia que assistir a reprises de *Dallas* enquanto meu primeiro bichinho de estimação estava morto na sala ao lado só me causaria problemas. Fui até a lavanderia, onde supus que o cadáver de Baby estava. Talvez, se a visse com meus próprios olhos, eu sentisse mais... o quê? Eu não sabia. Mamãe tinha coberto o furão com um pano de prato com tema festivo, e árvores de Natal alegres delineavam seu corpo miúdo.

Ela devia estar com frio, pensei. *Estava ao lado da secadora para se aquecer*. Eu me abaixei e ergui o pano devagar. Baby ainda estava ali, os olhos levemente abertos. Baixei a cabeça e soltei o ar, pensando: *Isso é horrível*.

Olhei Baby novamente e admiti que ela parecia, ao mesmo tempo, familiar e estranha.

— Isso não é você — falei para ninguém em particular.

Não mais. Eu me ajoelhei e cheirei o pescoço dela, tentando sentir seu aroma pela última vez. Até isso estava diferente. Todas as coisas que tornavam Baby única tinham sumido. Seu corpo, antes vivo e delicioso, parecia vazio de significado. Era como uma roupa velha que ficou para trás ou uma das milhões de conchas vazias espalhadas na praia. Eu me senti estranhamente calma com isso.

Deixei meu bichinho e comecei a subida lenta até meu quarto. A morte de Baby me deixou num beco sem saída. Eu detestava que mamãe ficasse aborrecida, mas não sabia o que fazer para que ela entendesse. Eu não *escolhia* me comportar desse modo. Era apenas uma reação, *minha* reação natural. Suponho que eu tivesse fingido; seria bem fácil para mim fingir estar emocionada e produzir lágrimas ao lado de Harlowe. Porém, eu não *queria*. Seria uma mentira. E mentir, eu tinha prometido a mamãe, era algo que eu não faria.

Nas últimas semanas, eu andava pisando em ovos com mamãe. Tudo começou quando fui dormir na casa da minha amiga Grace. A princípio, tudo correu bem. Eu gostava de estar fora de casa; a independência era empolgante e libertadora. Entretanto, quando nos deitamos e eu soube que todos dormiam, tudo começou a mudar.

O silêncio era uma tentação da qual não conseguia escapar. Em geral, algo acontecia para me manter distraída — uma conversa entreouvida, o som da mãe de Grace indo de lá para cá no andar de baixo, o ruído da televisão no quarto no fim do corredor. Naquela noite, porém, só havia quietude. Senti quando a pressão começou a aumentar. *Você pode fazer o que quiser*, disse a voz em minha cabeça.

Era verdade. No escuro, com todos dormindo, eu estava em completa liberdade. Poderia tirar a bicicleta de Grace da garagem e dar uma volta à meia-noite pela vizinhança. Poderia espionar os vizinhos. Sem nenhum adulto com que lidar nem minha irmã para cuidar, nada me impedia de fazer algo abominável. *Só que não quero fazer algo abominável*, pensei, zangada. Esfreguei os pés sob as cobertas. Em geral, isso me ajudava a relaxar. Naquela noite, não fez nenhum efeito.

— Isso é foda — disse em voz alta.

Sorri com a audácia do palavrão. As palavras soavam muito estranhas saindo de minha boca.

Você adora, disse a voz dentro de minha cabeça.

Era verdade. Eu adorava *mesmo*. A voz em minha cabeça não vinha de alguma personalidade alternativa. Era *minha* voz — *meu* lado sombrio. Senti que o calor da possibilidade diabólica me preenchia, e a frustração deu lugar à empolgação. Oportunidades como essa não acontecem o tempo todo. Embora eu não estivesse necessariamente animada para fazer uma exploração noturna de sabe-se lá onde, também sabia que não conseguiria me controlar. Era uma sensação muito específica. Lembrava como me sentia quando meu quarto ficava bagunçado. Mesmo sem vontade, eu *tinha* que arrumá-lo. E, naquele momento, eu *tinha* que aproveitar a oportunidade de sentir alguma coisa.

É assim que aqueles caras na penitenciária se sentiam antes de serem presos?, refleti. Como se *tivessem* de fazer coisas que não deveriam, mesmo quando não *queriam* necessariamente? Pensei neles dormindo nas celas minúsculas. De onde estava sentada, não parecia tão ruim. *Agora é fácil pra eles*, pensei. Detidos, seu lado sombrio não poderia mais forçá-los a fazer as coisas que não queriam fazer — diferentemente de *mim*. Não como *naquele momento*. De um jeito estranho, estavam livres. Quase tive inveja.

Minha cabeça balançou de leve quando uma solução entrou em foco. Eu não tinha que fazer coisas ruins naquela noite nem em nenhuma outra noite, aliás. Eu só precisava ir para casa. Lá, sob os olhos vigilantes de mamãe, eu não poderia me meter em encrencas, nem se quisesse. E *não* queria. Só precisava ser contida. Só precisava ser *sincera*.

Com um suspiro de alívio, me esgueirei para fora da cama e fui até onde tinha guardado mochila. Peguei caneta e papel, rabisquei um bilhete e o apoiei na mesinha de cabeceira de Grace. Quando o lesse, ela acharia que passei mal no meio da noite e voltei para casa. *Sinceridade seletiva*, pensei.

Peguei minha mochila e, com um suspiro satisfeito, fui até a porta. A casa de Grace ficava a poucas portas da minha, e achei que mamãe não se aborreceria. *Eu poderia ter feito algo mau*, pensei ao sentir o ar fresco da noite. *Em vez disso, decidi fazer a coisa certa. Ser uma boa menina.* Mal podia esperar para contar à mamãe.

Quando entrei, ela estava encostada na bancada da cozinha, conversando com Paul. Os dois riam e, por um segundo, pensei que estavam felizes porque eu tinha voltado. Mas bastou uma olhada no rosto dela para saber que estava errada.

— Por quê? — perguntou mamãe quase gritando. — POR QUE VOCÊ ESTÁ AQUI?

Tentei explicar, mas a cena logo se tornou um caos (por parte dela) e uma confusão (por minha parte). Paul tentou mediar, mas mamãe acabou largando a taça de vinho no chão e correndo escada acima até o quarto, chorando. Paul foi atrás, gritando. Enquanto isso, fiquei ali paralisada, colada em meu lugar perto da porta da frente, sem saber o que fazer.

— Eu deveria ter mentido — sussurrei.

Com base na reação de mamãe, teria sido a escolha mais inteligente. *A escolha mais segura*, observou meu lado sombrio.

Limpei a sujeira enquanto pensava nas opções. Deveria voltar para a casa de Grace? Deveria tentar falar com mamãe outra vez? Quando terminei, decidi que voltar não seria uma boa ideia. Assim, subi em silêncio a escada até meu quarto, na esperança de me enfiar na cama sem ninguém notar. Quando cheguei ao segundo andar, ouvi minha mãe chorar por trás da porta do quarto dela.

— Eu-não-sei-o-que-fazer-com-ela — disse entre soluços. — Não-sei-o-que-fazer.

A porta estava entreaberta. Pela fresta, vi mamãe no lado da cama, balançando o corpo com desespero. Paul, também sem saber o que fazer, acariciava suavemente a parte de trás da cabeça dela enquanto mamãe hiperventilava.

Pulei para longe da porta como se tivesse me queimado, não conseguia suportar mais um segundo daquela imagem. Me lembrei de vê-la chorando em São Francisco. Fui para meu quarto, fechei a porta e fiquei completamente imóvel. No silêncio, achei que conseguia sentir cada célula do corpo. Todos os cinco sentidos estavam ativados, e notei que tinha parado de respirar. Era assim que as pessoas normais se sentiam quando ficavam com medo? Desconfiei que sim. Contudo, na minha cabeça, eu não sentia medo. Não estava apavorada. Então, o que era? Fiquei em pé no silêncio à procura da palavra certa para descrever o que sentia até que, de repente, ela apareceu.

Alerta.

Não era medo. Era vigilância. Eu estava profunda e estranhamente alerta. Tinha um problema grave que precisava de solução imediata. Não poderia renunciar completamente à proteção e à orientação de minha mãe porque sentia que precisava disso para controlar meu comportamento. Por outro lado, sabia que a orientação dela tinha um preço, e esse preço era a confiança. Se mamãe achasse que eu era desonesta — mesmo que não fosse —, eu a perderia como minha bússola.

Fechei os olhos e recordei as vezes, em São Francisco, que me deitava sob a mesa de jantar e lhe contava meus segredos. Quando ela me chamava de garota sincera, eu sabia que estava em segurança.

"Na dúvida, diga a verdade." Recordei o mantra de minha mãe em São Francisco. "A verdade ajuda os outros a entenderem."

No dia seguinte, quando Paul foi embora, entrei no quarto de mamãe. Embora já passasse do meio-dia, as cortinas ainda estavam fechadas, a luz, apagada. No canto, a televisão estava ligada, mas sem som. As imagens silenciosas lançavam adagas de luz pelo quarto escurecido. Fui até a cama onde minha mãe estava deitada e me olhando. Parecia que tinha passado a noite chorando. O rosto dela estava vermelho e manchado, as olheiras eram escuras.

— Mamãe... — comecei, mas ela me interrompeu.

— Escute bem, Patric, escute com atenção — pediu, a voz rouca. Mamãe parecia apavorada. — Você nunca mais vai sair escondida de casa, de *nenhuma* casa. E nunca, jamais, minta para mim.

Fiz que sim com a cabeça, desesperada para que ela entendesse.

— Mas eu não menti! — protestei com um guincho.

Mamãe olhou as mãos. Vi que ela procurava as palavras.

— Veja — continuou, sem conseguir encarar meu olhar que implorava. — Sei que você é... diferente.

— Eu sei — sussurrei. — Sei que eu não deveria fazer as coisas, mas faço mesmo assim. Sei que deveria me importar, mas não me importo. *Quero*, mas... não consigo evitar. Não sei o que está errado comigo.

Ficamos alguns segundos em silêncio, a luz da televisão colorindo os travesseiros brancos com vários tons pastéis. Fitei-os e fiquei momentaneamente hipnotizada pelos tons piscantes. *Queria ser um travesseiro*, pensei.

— Não posso garantir sua segurança se você não me contar a verdade — disse mamãe, segurando minha mão e me olhando diretamente nos olhos. Então, me prometa, me prometa que nunca vai mentir nem descumprir uma promessa outra vez. Prometa que será sincera, e não só com as palavras, mas com as ações também.

Olhei para ela, entendendo completamente o que ela queria dizer.

— Tudo bem — respondi. — Prometo.

Eu falei sério. A partir daquele dia, fui ao meu limite para não ser desonesta sobre nada. Comecei até a contar quantas garfadas consumia no jantar, para o caso de mamãe querer saber quanto eu tinha comido. Eu me esforcei muito para ser perfeita. Fiz o possível e o impossível para dizer a verdade, como prometi. Minha reação à morte de Baby foi a reação sincera. Então por que estava em pé em meu quarto, sozinha e com problemas outra vez?

Na manhã seguinte, para variar, fiquei contente de estar na escola. De forma parecida à da paz que sentia em meu quarto, era bom estar perto de gente que não esperava que eu estivesse triste. Nenhum colega ou professor sabia que Baby tinha morrido, e eu não precisava me forçar a parecer aborrecida. Passei o dia como se não houvesse nada errado, porque, até onde me dizia respeito, não havia.

Naquela tarde, na saída, fiquei aliviada ao ver o carro de minha avó dobrar a esquina. Provavelmente, mamãe ainda estava zangada, e o tempo no carro com minha avó foi um alívio. Conversamos alegremente no caminho de casa. Supus que ela não sabia de Baby e tudo estava normal. Porém, quando entramos na nossa rua, notei algo estranho: o carro de mamãe estava estacionado na entrada da garagem. Por que vovó me buscou se mamãe não estava ocupada?

Saí do carro e corri até a entrada da casa geminada. Antes que eu a empurrasse, a porta se abriu de repente. Minha irmã sorria no outro lado com um picolé na mão, que me entregou.

— Bem-vinda, Kaat! — disse ela, usando o apelido que, inexplicavelmente, inventou no verão anterior. — Vamos brincar de Barbie?

Sorri para ela e aceitei o picolé. Por sobre o ombro de minha irmã, vi mamãe na cozinha preparando algo para comer. Ela ainda não tinha notado minha presença.

— Mãe — chamei, entrando. — Por que você não foi me buscar hoje?

Ela não se virou da bancada na qual fatiava cuidadosamente um tomate.

— Porque estava ocupada com sua irmã — respondeu.

— Fazendo o quê? — perguntei, olhando Harlowe. — Picolés?

Mamãe fez que não e pôs o tomate numa vasilha.

— Na verdade, enterramos Baby.

Fiquei paralisada. Uma raiva fria subiu do chão e se alojou em meu estômago. Deixei o picolé sobre a bancada, o corante vermelho manchando na mesma hora a fórmica branca.

— O que... — gaguejei. — O QUÊ?!

Mamãe pousou a faca e se virou.

— Bom, ontem parecia que você não se importava muito — disse ela, soando quase presunçosa.

A declaração dela foi como um soco em meu estômago, e a raiva subiu para minha garganta.

— Você está mentindo — falei baixinho, mal me controlando.

Mamãe deu um passo em minha direção.

— O que foi que você disse? — perguntou ela, pronta para começar um sermão.

Encarei-a nos olhos, a reação absurda dela me deixando ainda mais zangada. Sem conseguir controlar a raiva, agarrei o objeto mais próximo, uma jarra de vidro, e o joguei com a máxima força na parede atrás da cabeça dela.

— VOCÊ É UMA MENTIROSA! — gritei.

A jarra explodiu contra a parede e cobriu minha mãe de minúsculos caquinhos de vidro. Harlowe começou a chorar. Saí da cozinha pisando duro e fui para o meu quarto, mais decidida a cada passo. Chega. Para mim, chega. Mau comportamento, bom comportamento, franqueza, mentiras; nada disso importava. *Tudo* me causava problemas. E eu estava cansada de tentar o tempo todo obedecer às regras que sempre mudavam sem uma boa razão. A partir daquele momento, faria o que *eu* quisesse. O que tinha a temer? Nada, isso mesmo.

Cheguei no meu quarto e bati a porta. Só tive alguns segundos de tranquilidade: a porta foi escancarada e minha mãe entrou. Não tinha dado tempo para eu voltar a me controlar.

— Patric! — gritou ela. — O que há de errado com você?!

— O que há de errado *comigo*?! — gritei de volta, tremendo de raiva. — Você tirou minha irmã menor da escola para enterrar o *meu* animal de estimação. E QUER SABER O QUE ESTÁ ERRADO COMIGO?

Havia uma mancha de sangue na bochecha de mamãe, onde ela foi cortada por um caco de vidro. Ela a limpou com a mão ao dar outro passo à frente.

— Achei que você não se importava.

Só que ela disse isso com muito menos confiança.

— Vai à *merda*.

Foi a primeira vez que disse um palavrão na frente dela, e ainda mais *para* ela. Mas não me importei.

— Você ficou com raiva porque não reagi do jeito que *você* queria. Ficou com raiva porque *nunca* reajo do jeito que *você* quer. — Mamãe baixou o olhar, como se minhas palavras tivessem atingido o alvo. — Você fez isso para me punir. Você fez isso porque sou *diferente*.

Ela me olhou. Caquinhos de vidro cintilavam em seu cabelo como diamantes.

— Achei que isso lhe ensinaria uma lição — disse ela, ousando parecer chocada.

— E que lição é essa? — perguntei, andando na direção dela. — Que devo ser mais igual a todo mundo? Igual a *você*?

Ri com sarcasmo e balancei a cabeça com pena fingida.

— Você é uma mentirosa que insiste para que os *outros* digam a verdade. Você trapaceia, mas exige que todo mundo jogue segundo as regras. — Fiz uma pausa para criar um efeito, depois zombei. — Prefiro estar *morta* a ser igual a você.

Minhas palavras caíram como a lâmina da guilhotina. O rosto de mamãe empalideceu, e ela recuou na direção da porta. A expressão dela tinha mudado para aquele *olhar*.

— Você... — disse ela, quase sem conseguir respirar, até que gritou. — É um PESADELO. NÃO SAIA DO QUARTO!

Mamãe bateu a porta e desceu a escada correndo. Esperei tempo suficiente para ter certeza de que ela tinha ido mesmo e, como uma forma de afronta, saí do quarto. O sangue bombeava ferozmente por minhas veias enquanto eu andava pelo corredor. Aquilo me eletrizava.

Eu tinha adorado o confronto. O resto da família evitava conflitos, mas eu não. Achava empolgante e até delicioso. Neles, me sentia poderosa.

Quer tirar algo de mim?, pensei, andando calmamente até o quarto dela. *Quer me tirar algo precioso e garantir que eu nunca mais o veja?* Fui até a cômoda onde ela guardava suas coisas favoritas. *Também posso fazer isso.* Na gaveta de cima estava um par de brincos de rubi que minha mãe tinha desde criança. Minha bisavó lhe tinha dado, e estava entre suas posses mais preciosas. Levei-os até o banheiro, joguei no vaso sanitário e dei a descarga.

De volta ao meu quarto, me encostei na porta e fitei a parede oposta. Minha raiva se dissipava, assim como toda a frustração e a pressão que vinham se acumulando desde a morte de Baby. Eu não sentia nada. Só que, naquele momento, como dentro da casa vazia, eu gostava dessa sensação de nada. Era relaxante. Eu queria *abraçá-la*.

Com minha mãe já irritada, eu não precisava me preocupar com reações "certas" ou "erradas". Não precisava me preocupar com o estresse que vinha de tentar ser normal. Sozinha em meu quarto, não precisava fingir reações falsas para exibir sentimentos que não tinha. Estava *livre* de emoções, expectativas, pressão — de tudo!

— Posso simplesmente ser quem eu sou — sussurrei.

Uma fala de Jessica Rabbit, em *Uma cilada para Roger Rabbit*, veio à minha mente: "Não sou má, é que me desenharam assim". Eu me identificava. Também só tinha sido desenhada assim. Não tentava magoar ninguém nem criar problemas de propósito. Só queria que minha mãe entendesse.

— Não é culpa minha não sentir do mesmo jeito que os outros. Então, o que eu faço?

Olhei para a cama e percebi que estava exausta. Assim, desmoronei sobre o edredom.

Várias horas depois, acordei de repente. O quarto estava escuro, a casa em silêncio. *O que está acontecendo?*, pensei. *Que horas são?* Então lembrei. O furão. A briga. Os brincos. Suspirei e rolei de lado. Na outra cama, Harlowe dormia. Passava da meia-noite. Mamãe deve ter entrado em algum momento para colocá-la na cama. Esfreguei o rosto e me sentei, a gravidade da situação começando a aparecer.

O som de sussurros rompeu minha concentração. As vozes vinham do quarto de minha mãe. Ela estava ao telefone.

— Eu só estava tentando provocar uma reação. — Eu a ouvi dizer, chorando baixinho ao telefone. — Sei que fiz tudo errado, mas não sei o que fazer. Parece que ela não *sente*. Parece que ela não se *importa*... com nada!

Minha mente disparou. Pisei no corredor e me esgueirei até a porta de mamãe, bem junto à parede para ela não me ver.

— Baby *morreu* — continuou ela. — Harlowe está tristíssima desde que aconteceu. Mas Patric? Nada! E não é só isso! Esta tarde, ela jogou uma jarra em mim. Mês passado, me ligaram da escola porque ela trancou algumas crianças no banheiro. NÃO SEI O QUE FAZER!

Fiz uma careta. Tinha me esquecido do banheiro. Naquele dia, a pressão na escola estava insuportável. Vinha crescendo havia semanas, e, por alguma razão, má ação alguma parecia aliviar a tensão. Na sala de aula, era como se eu não conseguisse respirar. Parecia que o espaço estava encolhendo, e um pensamento conhecido borbulhou na superfície: "E se não parar?".

Essa era uma pergunta que me perseguia com frequência. No fundo da mente, eu me perguntava: *Se eu não conseguir controlar a pressão, o que vai acontecer?* Pensei nos homens dentro da prisão, depois me lembrei do dia em que furei Syd com o lápis — a rapidez com que a pressão passou e como me senti incrível —, e tentei afastar dos pensamentos a tentação desse alívio.

Não, disse a mim mesma. *Não. Não. Não.*

Minha cabeça parecia inchada enquanto eu me remexia zangada na aula. Na esperança de que o ar fresco limpasse a mente, pedi licença para ir ao banheiro. Nisso, um grupo de garotas do sétimo ano que também ia ao banheiro seguiu pelo corredor à minha frente. Quando todas entraram, a porta pesada de metal se fechou atrás delas com ruído.

Fiquei no corredor. Acima da maçaneta havia um ferrolho que trancava a porta por fora. Sempre achei isso interessante. Por que alguém trancaria um banheiro *por fora*? Mas o mais importante era: o que aconteceria se *eu* o trancasse?

O corredor era aberto, apenas com uma cobertura, e o ar estava fresco quando avancei. Envolvi o grande ferrolho com os dedos e percebi que minha mão parecia minúscula contra o cabo de metal. Eu teria força suficiente para girar aquele ferrolho? A princípio, não consegui. Então me lembrei de que as portas de correr de nosso pátio tinham que ser empurradas para a frente um pouquinho para o ferrolho entrar. Me encostei na porta e senti o tambor começar a girar. Torci-o devagar até ouvir um clique. Então, recuei.

As meninas não demoraram a perceber que estavam presas, mas, para mim, foi uma eternidade arrebatadora. Fazia lembrar o salto na cama elástica gigantesca da aula de ginástica. Minha parte favorita foi aquele milissegundo em que subi tão alto quanto podia, mas ainda não tinha começado a descer. Foi uma liberdade diferente de todas as outras. Num instante, toda a pressão sumiu. No lugar dela, senti calma. Senti um *barato*. E, dessa vez, não havia ninguém sangrando.

As meninas começaram a bater na porta e gritar. Eu as escutei com interesse distante. Por que alguém teria medo de ficar trancado dentro do banheiro? Estava ponderando exatamente sobre isso quando fui surpreendida por uma voz no corredor.

— O que *exatamente* está acontecendo aqui?

Virei-me e vi a sra. Genereaux, professora do sétimo ano. Ela passou correndo por mim e, com pressa, destravou o ferrolho. As meninas saíram todas ao mesmo tempo, o rosto molhado de lágrimas.

— Você fez isso? — perguntou ela, quase gritando comigo. — Você trancou essa porta?

A justaposição entre a paz intensa em que estava imersa até então e a cena confusa que se desenrolava no corredor me deixou atipicamente descuidada. Tentei gaguejar uma negação, mas não adiantou. Minha culpa era óbvia. Antes de eu me recompor, a sra. Genereaux agarrou meu pulso e marchou comigo até a sala da diretora.

Mais tarde, sentada junto à mesa da recepção esperando minha mãe ir me buscar, tive uma estranha sensação de perplexidade. Nunca tinha sido pega daquele jeito. *Eu não estava pensando*, disse a mim mesma. E o perigo de permitir que a pressão subisse por tanto tempo ficou visível. *Isso me deixou desleixada*, percebi gravemente. *Me tornou* perigosa.

Refleti de novo sobre os homens trancados na penitenciária e na resposta do policial Bobby quando perguntei se todos os sociopatas acabavam na cadeia.

— Provavelmente. A não ser que sejam muito inteligentes.

É o que tenho de ser, decidi. *Muito inteligente.*

Causar dor (ou angústia) era um método instantâneo e garantido de eliminar a pressão. Eu não sabia por quê. Só sabia que a libertação depois de furar Syd foi a melhor sensação que já tive. Não era só que eu não ligasse. Era que eu não ligava por não ligar. Era uma pipa voando alto no céu, além do alcance da pressão, do estresse entalado, das expectativas de emoção. Mas, de certo modo, eu sabia que havia um risco inerente em me permitir que fizesse algo tão amoral. Para começar, era perigoso. Pior ainda: era viciante.

Mesmo tão jovem, eu entendia: gastava parte muito grande de minha energia na tentativa de manter a pressão sob controle. Sucumbir às compulsões mais sombrias não exigia esforço nem energia. Céus, eu amava aquela libertação. Era como se conseguisse flutuar numa onda de submissão. Esse sentimento tinha nome?

— Rendição.

A palavra apareceu em meus lábios como se falada por outra pessoa, e eu soube que era verdade. Ao mesmo tempo, estava confusa. *Rendição a quê?*, me perguntei. Ao lado sombrio? Às vontades "más"?

Em pé diante do quarto de mamãe, estava desesperada para entender. Meus pensamentos foram interrompidos quando ela soluçou ao telefone.

— Tenho medo — gaguejou — de ter que mandá-la para um internato.

Meus olhos se arregalaram. Internato? Ela ficou calada enquanto a pessoa no outro lado falava. Suspirei e baixei a cabeça.

Para ser justa, sempre alimentei o desejo secreto de ser mandada para um internato. O Miss Porter's, em Connecticut, por exemplo, parecia um lugar excelente para enfrentar a adolescência. Afinal de contas, eu estava prestes a começar o Fundamental II. Não tinha elaborado exatamente os detalhes, mas conseguia me imaginar num uniforme xadrez bem passado, com tranças bem-feitas que escondessem dúzias de grampos com os quais poderia abrir fechaduras. *Um novo começo*, pensei. Um novo lugar onde eu pudesse me esconder em plena vista. Parecia maravilhoso. Ainda assim, odiava a ideia de deixar minha mãe. Apesar do que gritara com raiva e da paz que senti depois da briga, eu a amava. Receava um mundo sem sua orientação, mesmo que, relutante, começasse a perceber que essa orientação era apenas ilusória. Ela nunca se aplicaria adequadamente a alguém como eu.

Por que ela não entende?, pensei, frustrada. Talvez, se eu não sentisse que precisava fingir o tempo todo que era como as outras pessoas... talvez, se eu não sentisse que precisava me *esconder* o tempo todo dos outros... eu não tivesse o estresse. Talvez não sentisse a pressão. Não teria ânsia de ser má. *Por que ela não consegue entender?*

Porque ela é incapaz de entender, respondeu meu lado sombrio. Na mesma hora, eu soube que era verdade. Uma pessoa como minha mãe, uma pessoa normal e com escrúpulos, nunca entenderia como era ser alguém como eu. Ela jamais se identificaria com não sentir qualquer coisa. Nunca conseguiria compreender minha compulsão por magoar os outros ou fazer coisas ruins. Ninguém conseguiria. Apesar da insistência de mamãe de que queria sempre a verdade, ela não conseguia aceitá-la. No fundo, eu sabia que era injusto continuar a colocá-la naquela posição.

De repente, percebi que precisava usar o banheiro. Tentando ser o mais silenciosa possível, me esgueirei até o vaso e levantei a tampa. Foi aí que vi os brincos, um ao lado do outro, lá no fundo. A água não tivera força para levá-los embora. Mergulhei a mão e os peguei. Enquanto os enxugava, me enchi de compreensão por minha mãe.

Ela não sabe, pensei. *Não é justo com ela.*

Voltei ao corredor. A porta de mamãe não estava mais aberta. Ela deve ter me ouvido no banheiro e a fechou. Pressionei a orelha contra a madeira e soube que ela ainda estava ao telefone, só que não conseguia distinguir o que dizia. Não importava. Eu já sabia o que tinha que fazer. Encarei os brincos e me lembrei da sensação gostosa de quando pensei que os tinha destruído. *Eu estava muito descontrolada. Mas aí fiz algo mau e me acalmei.* E o que é pior: *gostei* desse sentimento.

Eu sabia que, provavelmente, isso era um mau sinal. Só que não me sentia mal. Como na hora em que mamãe me disse que Baby estava morta, muitos dos meus sentimentos pareciam fora de mim, como uma sombra na parede. E as emoções que *realmente* reverberavam (como felicidade e raiva), em geral, eram passageiras, como se eu conseguisse ligá-las e desligá-las em um interruptor.

Fechei os dedos. O pino dos brincos se enterrou na palma de minha mão, e os deixei ali. Olhei de novo para a porta fechada do quarto de minha mãe e senti uma onda de tristeza. Percebi que sentia falta de uma conexão emocional com alguém, por mais que fosse tênue. Talvez eu não me separasse fisicamente de mamãe, mas nunca mais conseguiria lhe dizer a verdade. Não toda a verdade, pelo menos. E me perguntei: *o que vou fazer sem ela?*

A ideia de ser psicologicamente separada de minha mãe me deixou muito inquieta, mas tirei o desconforto da cabeça. *Não*, pensei com severidade, *você não pode mais confiar nela. Não é culpa dela, mas você continuará pagando o preço se a situação permanecer igual.* Era verdade. Minha mãe me levou até onde pôde, mas, como um carro que não foi preparado para uma jornada tão árdua, começava a dar problema. Mamãe não entenderia nem aceitaria quem eu era. E eu nunca mudaria. Só teria de esconder dela meu verdadeiro eu.

Fechei os olhos, me encostei na porta do quarto dela e descansei a cabeça nas mãos.

— Amo muito você, mãe — sussurrei. — Mas não posso cumprir minha promessa.

Alguns minutos depois, voltei para o meu quarto. Harlowe ainda dormia. Abri as portas do armário que dividíamos e me enfiei no espaço dos fundos onde, atrás de uma grade de ventilação quebrada, guardava meus tesouros favoritos. Puxei a grade e ela se soltou, revelando toda a tralha que reuni com o passar dos anos. Coloquei os brincos entre os óculos do Ringo Starr e o chaveiro que furtei de uma professora de quem não gostava. A audácia do brilho dos rubis parecia protestar contra a injustiça de seu novo local de descanso.

Amanhã, raciocinei, *pedirei desculpas.* Eu explicaria à minha mãe que eu tinha demorado para processar a morte de Baby e que estava fora de mim quando falei com ela daquele jeito. E mamãe, já se sentindo culpada pelo que tinha feito, aceitaria as desculpas. Acreditaria que minhas lágrimas eram autênticas, desde que eu as forçasse a escorrer. Depois disso, decidi, começaria a agir como a menina que ela queria que eu fosse. E guardaria as trevas para mim.

Era assim que eu me manteria em segurança. Abraçaria minha independência em vez de fugir dela. Deixaria de tentar mudar minha natureza. *Em vez disso*, decidi, *só preciso descobrir um jeito de ser invisível.*

O alívio com essa decisão foi instantâneo. Sorri quando meus pensamentos voltaram à libertação intensa que tinha sentido mais cedo. Sem o estresse de forçar reações normais e sem a ansiedade da pressão crescente, eu poderia simplesmente existir. Gostei bastante. Eu gostava de ser... *eu*. Gostava de ser livre. *Talvez, ficar sozinha não seja tão ruim, afinal de contas*, pensei. Na verdade, eu conseguia fazer boas escolhas. *E, para provar,* refleti, *colocarei os brincos de volta quando puder entrar no quarto da mamãe sem ela perceber.* Porém, quando repus a grade e me esgueirei para fora do armário, parte de mim protestou contra essa decisão. Mamãe podia ter se convencido de que só tentava ajudar, mas o que ela fez foi cruel, para não dizer premeditado. "As ações têm consequências", ela vivia dizendo. Meu lado sombrio concordava. Considerando o que tinha feito com Baby, talvez mamãe merecesse perder aqueles brincos.

Pare com isso, disse a mim mesma, afastando a escuridão. *Você está por conta própria agora. Tem que ser mais inteligente.*

Exausta, voltei para a cama. Na parede à minha frente havia uma janela que dava para uma cerca e, além dela, estava o mar. Encarei a janela e observei um gato andando pelo alto da cerca.

Gostaria de ser um gato, pensei, sonolenta. Então, sem perceber, adormeci.

CAPÍTULO 5

Sra. Rabbit

Alguns meses depois, nos mudamos de novo. Mamãe decidiu que a casa geminada era "sufocante demais". Queria algo diferente. Assim, depois de uma busca exaustiva, escolheu uma casa maior e melhor. "Esse", disse ela, seria "nosso lar para sempre".

Gostei da casa nova. Tinha piscina, três quartos no mesmo andar — eu não precisaria mais dividir um com minha irmã — e ainda ficava perto o bastante da praia para eu contar as ondas toda noite antes de dormir. Meu quarto, com a janela gigantesca que dava para a rua, parecia um mundo próprio. Na noite em que nos mudamos, me sentei na cama e fiquei horas olhando lá fora. Aquilo me fazia lembrar a passagem secreta de Lucy até Nárnia em O *leão, a feiticeira e o guarda-roupa*. *É como minha própria entrada particular*, pensei. *Eu poderia cruzá-la, se quisesse. E eu queria mesmo.*

Assim como minha compreensão reduzida da emoção, o conceito de limites era confuso para mim. Além disso, solidificou meu entendimento de que eu era muito diferente das outras pessoas da mesma idade. Parecia que a maioria das crianças entendia de maneira inata a ideia de limite. Entendia quando parar e quando andar. Tinha uma conexão emocional com o certo e o errado. Porém, isso nunca acontecia comigo, principalmente quando se tratava de regras que eu considerava sujeitas a interpretação. Como furtar. E mentir. E invadir nossa antiga casa para pegar algo de que precisava.

Aconteceu uma semana depois de nos mudarmos. Eu estava sentada em meu quarto, abrindo caixas, quando percebi que meu medalhão não estava lá. Decidida a localizá-lo, desmontei o quarto todo. Em determinado momento, a realidade ficou clara: eu o tinha deixado atrás da grade de ventilação do antigo armário.

Horrorizada, corri até a cozinha, onde minha mãe guardava a louça do café da manhã.

— Mãe — falei — tenho que voltar na casa geminada. Esqueci uma coisa no armário.

— Não dá, querida — disse ela com tristeza, balançando a cabeça com empatia. — Quando a gente se muda, tudo o que ficou para trás pertence aos novos donos. Há uma lei. Sinto muito, meu bem.

Voltei ao quarto pisando forte, sufocando a vontade de gritar. *Foda-se a lei*, pensei. E foda-se minha mãe por não ser mais proativa, mais *criativa*. Aquele medalhão era meu. Eu não o deixaria para trás. Sabia que nunca seria encontrado. Ao contrário de todas as outras coisas atrás da grade, eu o pusera sob um tijolo solto, como uma camada extra de segurança. Eu o escondera tão bem que até *eu* tinha me esquecido de que estava lá quando recuperei todos os meus tesouros na noite antes de partirmos.

— Filha da *puta* — sibilei baixinho.

Normalmente, eu era meticulosa. Não cometia erros como esse. Não punha as coisas no lugar errado, não perdia a noção do tempo NEM ME ESQUECIA DE PEGAR A ÚNICA COISA QUE REALMENTE ME IMPORTAVA NAQUELA MERDA DE ESCONDERIJO EM MEU QUARTO ANTES DE ME MUDAR. Murmurei essa última parte para mim enquanto chutava uma caixa de lixo na garagem. Uma campainha de bicicleta rolou pelo chão e, quando a vi, uma solução me veio à mente.

A casa geminada ficava a poucos quarteirões. Olhei pela janela e vi a rua principal que conectava nosso novo bairro à entrada do antigo condomínio. *Não é muito longe*, pensei. *Consigo resolver isso sozinha.* E foi o que fiz.

Pouco tempo depois, eu estava debaixo da janela do banheiro nos fundos da casa. Sabia que a tranca estava quebrada. Minha irmã tinha estragado o ferrolho, e mamãe nunca se deu ao trabalho de consertar. "É uma janela tão pequena", disse. "Acho que nenhum homem mau conseguiria entrar."

O vidro se abriu com facilidade, e sorri ao me içar para dentro. Mamãe tinha razão. Um "homem" mau não se espremeria pelo vidro minúsculo. Mas uma *menina* má com certeza conseguiria. Deslizei pela parede até pôr o pé no chão e então esperei, alerta. Parecia não haver ninguém em casa. *Perfeito*, pensei.

Olhei o relógio. Tinha prometido a mamãe que só ficaria fora por meia hora. Até aquele momento, tinham se passado dez minutos. *Isso me dá dez minutos para pegar o medalhão e dez para voltar para casa*, calculei, utilizando meus conhecimentos matemáticos. Bastante tempo.

Espiei pela porta para examinar a cozinha e a sala de estar. Havia muitas caixas e móveis fora de lugar, mas nenhuma pessoa. Saí do banheiro e avancei pelo corredor, atravessei a sala de jantar e subi a escada.

A porta de meu velho quarto estava fechada, e, por um segundo, senti uma onda de nostalgia, recordando como era antes de nos mudarmos. Fiquei tão absorta no devaneio que não me ocorreu verificar o quarto antes de entrar. Abri a porta e me espantei ao ver uma menina sentada no chão. Sobre o colo, tinha um fichário verde com um cavalo na capa. Ela coloria os cascos brancos com um tom de rosa-vivo.

Inspirei com força, e, igualmente espantada, a menina me encarou. Parecia ter a minha idade.

— Quem é você? — perguntou.

— Sou Patric — respondi, me recompondo. — Eu morava aqui.

A menina piscou várias vezes.

— Sou Rebecca — disse ela, hesitante.

Sorri para deixar nós duas à vontade.

— Desculpe ter assustado você! — Ri e levei a mão ao coração, me inclinando de leve para a frente. Era um maneirismo que aprendi com Harlowe de que todos pareciam gostar. — Chamei, mas ninguém atendeu.

Rebecca me deu um sorriso tímido.

— Ah — disse ela. — Tudo... bem. Meus pais devem ter deixado a porta aberta. Foram ao mercado... mas voltam logo.

Ela acrescentou essa última parte depressa, e vi que estava nervosa. Mas eu, não.

— Ótimo. — Dei alguns passos cautelosos na direção do armário e pus a mão na porta de correr. — Sabe, este era meu quarto. Achei que tinha tirado tudo antes de nos mudarmos.

Enquanto falava, abri a porta.

— Mas, hoje de manhã, percebi que tinha esquecido uma coisa. Assim, achei melhor vir buscar. — Entrei no armário, me ajoelhei e abri a grade de ventilação. — Ei, Rebecca! — chamei. Queria ficar de olho nela para garantir que não faria nenhuma burrice. — Dê uma olhada nisso.

Ela apareceu à porta a meu lado.

— O que é *isso*? — perguntou, olhando o buraco na parede.

— Eu usava isso aqui como esconderijo secreto — expliquei. — Você pode usar também, se quiser.

Rebecca ficou atrás de mim quando removi o tijolo solto e, com cuidado, recuperei o medalhão. Fechei a mão em torno da joia e a apertei. Meu alívio foi avassalador.

— Uau — disse ela. — Isso é incrível.

Com cuidado, recoloquei a grade e me levantei.

— É — respondi. — É um segredo incrível.

Esperei que Rebecca dissesse alguma coisa, mas ela só fez que sim com a cabeça. Depois de alguns segundos de impaciência, sorri com educação e andei até a porta.

— Bom — falei. — A gente se vê.

Rebecca sorriu.

— A gente se vê.

Acenei e saí do quarto andando de costas. Então, desci correndo a escada, saí pela porta da frente e voltei para minha mãe desavisada a poucos segundos do fim do prazo.

Naquela noite, com o medalhão seguro no novo esconderijo, fui dormir pensando na minha aventura. *Isso foi incrível*, lembrei. E a razão, teorizei, era porque minha missão não fora causada pela sensação de pressão. Essa coisa "má" não era algo que eu *tivesse* que fazer. Ao contrário. Era algo que eu *queria* fazer. Sabia que o que tinha feito era tecnicamente errado, mas não me importei. Não me senti mal com aquilo. Na verdade, queria fazer de novo.

Eu começava a entender por que fazer coisas más me levava a sentir... *algo*. Embora por pouco tempo, aquilo me conectava ao modo como eu imaginava que todos se sentiam o tempo todo. Oculta sob a superfície, eu tinha sempre a vontade de espreitar, furtar ou perseguir, às vezes, até de machucar. Não porque *quisesse*, mas porque uma parte de mim entendia que assim eu me sentiria melhor. Aquilo me fazia sentir, ponto.

Meu comportamento moderadamente mau era uma forma de autopreservação, uma tentativa desajeitada de me impedir de fazer algo realmente mau. Na maior parte das vezes, esse comportamento ocorria de forma aleatória. Como tentava manter a ligação com minha mãe, eu tomava cuidado para nunca fazer essas coisas, a não ser que *tivesse* que fazer. Mas, naquele momento, era diferente. Sem o fardo de precisar ser "boa" para minha mãe, a ideia de liberdade era empolgante. O problema era que eu não tinha muita certeza de como modular minhas ações. Sozinha e sem nada nem ninguém para me deter, eu tinha consciência de que meu lado sombrio poderia ir longe demais. E se, em vez de me esforçar tanto para vencer meu lado sombrio, eu optasse por um acordo?

Minha mente viajou até a fazenda de meu avô no Mississipi e os cavalos selvagens que ele treinava para montaria.

— No começo, eles ficam loucos — explicou vovô certa vez.

Estávamos em pé num cercado gramado perto do estábulo. Havia um cavalo jovem parado perto da cerca, e observei meu avô se aproximar dele, passando, com cuidado, o cabresto em torno de seu pescoço. O animal refutou, mas depois se acalmou.

— Eles dão coice — sussurrou vovô. — Dão pinote. Tentam nos jogar no chão. Mas, com insistência, a gente consegue conquistar a confiança deles.

Ele puxou o cabresto devagar e fez o animal baixar suavemente a cabeça.

— A gente começa a fazer pressão para que eles aprendam a ceder — demonstrou ele, enfiando a mão no bolso e tirando um punhado de cubos de açúcar. — O importante é recompensar o progresso deles para incentivar a obediência.

O cavalo mastigou com entusiasmo o petisco, e dei uma risadinha.

— E é assim — continuou ele, piscando um olho — que a gente doma um cavalo.

Sentada no quarto, decidi que usaria essas etapas para lidar com meu lado sombrio. Só que eu não queria domá-lo, e sim *amansá-lo*. Decidi começar naquela noite.

Saí da cama e abri a janela gigantesca. O som do oceano preencheu meus ouvidos quando o vento entrou, dando beijos de ar salgado em meu rosto. Como eu esperava, era quase impossível resistir à vontade de me esgueirar e sumir na noite. Mas aguentei firme. Por alguns segundos, só fiquei ali parada, apreciando a satisfação de minha disciplina. Então, me forcei a voltar para a cama.

A situação continuou assim durante semanas. Quando o sol se punha, eu fechava a porta do quarto, apagava a luz, abria a janela e olhava para fora. Por algum tempo, isso bastou. Então, certa noite, decidi afrouxar as rédeas.

Era meio da semana, e a casa estava em silêncio. A balada "Sweet Jane", dos Cowboy Junkies, tocava baixinho na caixa de som prateada sobre a cômoda. Atravessei o quarto e, quieta, abri a janela cantarolando. "Largas janelas celestes parecem sussurrar para mim…"* Era uma de minhas atividades favoritas: reescrever as letras de melodias de que eu gostava. Com tantas músicas escritas sobre a emoção, muitas vezes, eu tinha dificuldade de me identificar. No entanto, com a troca de algumas palavras aqui e ali, descobri que era muito mais divertido cantar junto. "Largas janelas celestes parecem sussurrar para mim", cantei de novo, "e sorrio".

Subi no parapeito, empurrei a tela e fiquei de lado no peitoril. Encarei a rua. O luar traçava uma linha pelo centro de meu corpo e iluminava o lado esquerdo com um brilho claro.

— Metade luz, metade sombra — falei com um sorriso.

O equilíbrio era revigorante.

Inclinei o corpo para trás e fitei a calçada no outro lado do jardim, espiando todas as pessoas que andavam à noite. Nossa rua, tão perto da praia, tinha bastante tráfego de pedestres. Devia haver umas doze pessoas passando por ali naquela noite. Só que eles não podiam me ver. Escondida na sombra do grande carvalho do jardim da frente, eu era invisível até para quem olhasse diretamente em minha direção. Mas lá estava eu, observando.

Quem são essas pessoas?, sempre quis saber. O que faziam? Aonde iam? Gostaria de descobrir. Então, percebi: *talvez eu possa*.

Era o homem com o pastor alemão. Eu o tinha visto várias vezes, e o achava muito interessante. Seria casado? Teria filhos? Onde morava? Não poderia ser longe; ele passava ali quase todo dia. Observei-o atravessar a rua diante de nossa casa. Então, sem realmente pensar, fui

---

* A letra original da música diz: "Heavenly wine and roses / Seem to whisper to me when you smile". Em tradução livre: "Vinhos e rosas celestiais / Parecem sussurrar para mim quando você sorri". [N. E.]

baixando meu pé de onde descansava contra o lado de fora da janela e o desci até o chão. A ação foi muito mais simples do que eu previa. Parei e esperei que algo se seguisse, como um pico de empolgação ou a voz de minha mãe gritando comigo para entrar. Só que nada aconteceu. Eu estava por conta própria.

Virei o corpo e baixei o outro pé. Os jardineiros tinham espalhado cobertura vegetal entre os arbustos sob a janela de meu quarto, e os pedacinhos pareciam molhados sob meus pés nus. Me ocorreu que eu precisava de sapatos. *Eu devia pegar um par*, pensei. Mas o homem e o cachorro andavam depressa, e eu não tinha muito tempo. Assim, fui.

Uma sensação calma pulsava lentamente dentro de mim enquanto eu o seguia. *É tão gostoso de sentir*, pensei. E apertei o passo.

Ele estava em pé num cruzamento, algumas casas mais abaixo na rua, e eu não queria perdê-lo. Quando virou a esquina e não o vi mais, comecei a correr. A bainha da camisola ficou molhada quando acelerei pelos gramados, pegando um atalho pelo terreno dos vizinhos, até que voltei a vê-lo. Ele subia a entrada de carros de uma casa na rua atrás de mim. Nunca a tinha visto. A porta da garagem estava aberta. E assim ficou mesmo depois que o homem entrou e foi à cozinha, onde uma mulher o esperava. De onde eu estava, dava para ver tudo que acontecia na sala de estar. Balancei a cabeça. *Por que as pessoas deixam as cortinas abertas com a luz acesa depois que escurece?*, pensei. Era um convite. O homem beijou a mulher, que punha um bebê no cadeirão. *Eles são uma família*, observei.

Eu me aproximei para ver melhor. O bebê era menino ou menina? Não dava para saber. Dei mais alguns passos até estar a apenas centímetros da janela. A mulher abria uma garrafa de vinho, o homem sorria para ela. Tudo parecia muito normal e maravilhoso. *Um dia serei exatamente como eles*, pensei.

— EI! — gritou alguém. — O que você está fazendo?

Eu me virei e vi um casal idoso mais abaixo na rua. Os dois passavam por minha janela várias vezes por semana ao lado de um homem mais novo que imaginei ser filho deles. Eu me afastei da janela. A lua cheia deixou com um tom de branco brilhante minha camisola azul-clara, e o homem ficou pouco à vontade. Ele não esperava ver uma menina. Pisquei e levei o indicador aos lábios.

— Psssssiu! — sussurrei jovialmente. — Estamos brincando de esconde-esconde.

Então lhes dei um sorriso travesso e comecei a correr. A lateral do quintal dava em uma praça que eu sabia que ficava bem perto de minha casa. A lua iluminava o caminho, e, num instante, eu entrava de volta pela janela de meu quarto.

Naquela noite, na cama, fiquei satisfeita comigo. Permiti que meu lado sombrio se divertisse um pouco, mas mantive o controle o tempo todo. Impus fronteiras — *meus* limites. Meus lados claro e escuro não conflitavam mais, mas coexistiam. Ainda assim, precisava descobrir algumas coisas.

Invadir nossa antiga casa geminada e perseguir desconhecidos depois da hora de dormir não eram coisas "certas" a fazer. Isso eu sabia com certeza. Mas quem é que decidia? *Quem está sendo magoado?*, me perguntei. Se a disciplina e os limites mantinham meu lado sombrio sob controle, as ações prejudiciais seriam as únicas realmente "más".

— Todo o resto — disse a mim mesma —, faz parte do jogo.

Peguei um caderno e uma caneta sobre a mesinha de cabeceira e comecei a escrever uma lista.

Regras de Patric

Escrevi.

Nº 1: não machucar ninguém.

Fitei a página por alguns segundos e me recostei na cama, satisfeita. Podia ser apenas uma regra, mas, para mim, era o começo de um importantíssimo código de conduta. Apesar de ter dado um jeito de manter sob controle a maior parte de meus piores impulsos, eu entendia muito bem que os embates físicos com outras pessoas tiveram o impacto mais nítido sobre a pressão em minha mente. Fosse furar Syd com o lápis ou trancar as garotas no banheiro, sabia que, ao fazer essas coisas ruins com os outros, eu me sentia *viva*.

Ao mesmo tempo, sabia que machucá-los não poderia ser uma solução de longo prazo. Essa também era uma decisão baseada na autopreservação. Os atos de violência, por mais eficazes que fossem para reduzir a pressão, atraíam atenção demais e aumentavam a probabilidade de me pegarem. *Preciso encontrar algo menos extremo*, pensei. Na verdade, até o Fundamental II, minhas opções eram limitadas. Quando criança, os furtos e as invasões ocasionais foram minhas únicas válvulas de escape para reduzir a pressão. Naquele momento, mais velha e sem o cabresto da consciência de minha mãe, poderia experimentar outros métodos.

Nos meses seguintes, continuei a sair escondida e a perseguir vários desconhecidos pelo bairro. Como esse método de quebrar as regras tinha limites, assumi que eu estava aprendendo a manter a disciplina e fazendo tudo por conta própria. (O fato de que, em essência, eu perseguia as pessoas como um lunático mal-ajambrado nunca entrou em questão.)

"O que as pessoas não sabem não pode magoá-las" se tornou meu mantra. De acordo com esse sistema de crenças, recorri ao autoengano como camada natural de proteção. Mentir sempre foi fácil para mim, e não só por causa de meu temperamento. A meu ver, a desonestidade era a escolha lógica para alguém como eu. "Na dúvida, diga a verdade. A verdade ajuda os outros a entenderem." Porém, quanto mais eu pensava, menos acreditava nisso. Como criança que nunca sentia remorso e raramente tinha medo, a verdade quase nunca ajudava os outros a me entenderem. Em geral, deixava as pessoas *mais* confusas e me causava *mais* problemas. Os outros tendiam a se zangar quando eu lhes dizia a verdade. Mentir, por outro lado, sempre me manteve em segurança.

Essa estratégia de vida me lembrava do pique-bandeira, brincadeira que fazíamos na escola. O grupo era dividido em dois times, cada um de um lado do campo, e eles tinham uma bandeira para esconder dentro de sua "base". Identificar essa base era a única maneira de encontrar a bandeira do time adversário. E o jeito mais óbvio de descobrir sua localização, deduzi, era mentindo.

— Ei — disse a um garoto chamado Everett enquanto andava casualmente rumo ao time adversário. — Onde está a bandeira? Está na minha vez de tomar conta dela.

Everett me encarou.

— Do que você está falando? — perguntou. — Você não está no meu time!

— Do que *você* está falando? — respondi, as mãos na cintura. — Você acha que eu estaria aqui parada se não fosse de seu time?

Revirei os olhos para Everett, que tinha começado a debochar de mim.

— Não importa — falou ele. — Você é uma *garota*.

— É exatamente essa a razão, seu idiota. — Me virei para olhar por sobre o ombro, indicando com o queixo os que, na verdade, eram meus colegas de time. — Eles nunca vão pensar que deixaríamos uma garota tomar conta da base.

Everett sorriu maliciosamente e me levou até a bandeira. Esperei até ele chegar a uma distância segura, enfiei-a no bolso e, calmamente, voltei ao outro lado do campo.

— Espere cinco minutos e diga que a encontrou atrás dos arbustos — falei ao entregar a bandeira ao capitão de meu time.

Ele me olhou, incrédulo.

— Você não quer o crédito?

— Não — respondi, balançando a cabeça. — Só quero vencer.

Era assim que eu me sentia sobre a vida. Não desejava atenção nem reconhecimento. Só queria atingir meu objetivo, levar a vida em *meus* termos. Claramente, mentir era a melhor maneira. Era como ter um superpoder que só recentemente me permiti usar. Ser desonesta não me deixava apenas invisível; eu ficava *invencível*. Com isso, todas as coisas que eu sabia sobre mim, mas não conseguia mudar — coisas como não me arrepender nem sentir medo —, não poderiam ser usadas contra mim.

Descobri que adorava ficar sozinha com meus segredos, quase mais do que qualquer outra coisa. Adorava ficar sozinha, ponto. Só quando ficava sozinha podia ser eu mesma — e verdadeiramente *livre*.

No Fundamental II, tínhamos três aulas depois do almoço, todas comandadas por professoras com excesso de trabalho e exaustas bem antes do meio-dia. *Aposto que ninguém vai notar que não estou lá*, pensei certo dia. *Eu poderia nem ir*. Assim, naquela tarde, foi o que fiz.

Em vez de ir para o refeitório almoçar com os outros alunos, desapareci, cortando caminho despreocupada pelo estacionamento até chegar à rua, onde me maravilhei ao ver como tinha sido fácil. Fiquei atenta ao telefone quando cheguei em casa. Supus que alguém da escola alertaria minha mãe. Sem dúvida, alguém tinha percebido que eu havia sumido e ligaria para casa. Mas ninguém ligou.

Mesmo depois de passar semanas fazendo isso, o telefone jamais tocou. Sem nada que me detivesse, decidi fazer de minhas tardes uma rotina. Eu ia às aulas para entregar os trabalhos e fazer as provas.

Mas, na maioria dos dias, saía em busca de algo mais interessante para fazer. Nas primeiras vezes, só fui para casa. Era bom ter o lugar todo para mim. Passado um tempo, ficou óbvio que eu precisava criar um plano melhor a longo prazo. *Preciso de uma base*, pensei.

Eu estava escondida debaixo da cama, esperando que mamãe saísse após ela aparecer em casa numa de minhas tardes de folga. Naquela época, ela era uma corretora de imóveis bem-sucedida e passava quase a semana toda mostrando casas a possíveis clientes. A porta de meu quarto estava entreaberta, e eu via os pés dela indo de lá para cá no corredor até que, finalmente, ouvi a porta da garagem se fechar e soube que a barra estava limpa.

Observei pela janela o carro se afastar e fui ao escritório, onde eu sabia que ela guardava uma lista de todas as casas à venda. Passei uma parte enorme da infância visitando imóveis vazios com minha mãe. Entediada, não prestava muita atenção. Porém, nunca esqueci como entrávamos. Em todas as portas da frente, minha mãe pendurava uma caixinha, trancada por senha, que continha as chaves. De vez em quando, ela deixava que eu ou Harlowe inseríssemos o código.

"09127", lembrei.

A partir daí, continuei a sair cedo da escola. Só que, em vez de ir para casa, ia a alguma propriedade vazia da lista de minha mãe e entrava usando o código e a chave. Aquelas tardes estão entre as mais felizes da minha vida.

Às vezes, as casas eram imensas, com pisos de madeira lustrosos, banheiras de mármore e água quente. Outras vezes, eram minúsculas, com carpete mofado, limo no papel de parede e sem energia elétrica. As instalações eram irrelevantes. Só o que importava era que eu estava relaxada e inalcançável, e ninguém sabia a verdade, só eu.

"Por que as pessoas têm tanto medo de ficar sozinhas?", perguntei certo dia em voz alta. Estava deitada no chão de uma casa à beira-mar. O ar marinho entrava pela janela aberta, e eu não conseguia imaginar nada mais maravilhoso. Eu estava quase bêbada de felicidade. Ainda assim, uma verdade incômoda atormentava meus pensamentos. Eu sabia que estava fazendo algo contra as regras, mas não conseguia me forçar a me importar.

Estar nesta casa não magoa ninguém. E não sinto *que é ruim,* pensei. *Então, quem vai dizer que é?*

Era a mesma coisa que matar aula. Minha escola era uma pocilga famosa. Brigas, sexo, drogas, bastava escolher. O lugar era terrível, e todo mundo sabia. *Então, por que é "ruim" que eu saia?*, me perguntei. Escolhi me retirar de um ambiente de merda e não magoava ninguém no processo. Como isso poderia estar errado? Não fazia sentido. Pensei, mais uma vez, em Jessica Rabbit.

— Não sou má — sussurrei. — É que me desenharam assim.

Haveria mais alguém "desenhado" do mesmo jeito que eu? Ou, talvez mais importante, haveria alguém no mundo que gostasse de uma pessoa como eu? Não era a primeira vez que me perguntava isso. Apesar de meu conforto com a solidão, eu não podia deixar de pensar que a vida seria mais divertida se eu tivesse alguém em quem realmente confiar. Muitas meninas da escola tinham namorado. Será que algum dia eu também teria? O amor romântico seria possível para alguém como eu? E, se fosse, eu me importaria?

Eu logo ia descobrir.

CAPÍTULO 6

Planejamento patrimonial

Conheci David no acampamento de verão quando tinha 14 anos.

Minha mãe me matriculou num programa de artes criativas quando me recusei a ir para o mesmo acampamento que Harlowe.

— Você não vai passar o dia todo sozinha em casa durante o verão — disse ela. — Portanto, ou vai para o acampamento ou terá que trabalhar comigo.

Surpreendentemente, adorei. O programa acontecia numa das casas de inverno de John D. Rockefeller, o magnata do petróleo. Algumas semanas depois de chegar, ouvi o boato de que o próprio Rockefeller tinha supervisionado a construção de uma série de túneis secretos sob a casa que levavam a vários prédios da cidade. Fiquei obcecada com esse boato e precisava descobrir se era verdadeiro.

Na sala da administração, havia uma gaveta cheia de documentos relativos à casa. Decidida a pôr as mãos neles, comecei a passar todo o tempo livre por lá. Certo dia, eu estava jogando tempo fora lá dentro, na esperança de uma oportunidade de bisbilhotar, quando um menino dolorosamente lindo entrou pela porta.

— Como vai? — perguntou ele.

Fiquei sem fala. David era um pouco mais alto do que eu, com cabelo que combinava com os olhos castanho-escuros e um bronzeado destacado pela camiseta branca simples. Usava bermuda cor de pêssego desbotado e uma grande bolsa de academia pendurada no ombro. Fiquei pensando se eu era pequena o bastante para me espremer lá dentro e ele me levar aonde fosse.

— Patric — disse a diretora do acampamento ao entrar na sala e interromper meu bizarro devaneio. — Este é David. Hoje é o primeiro dia dele.

— Legal — respondi, da forma mais casual que pude.

A diretora foi para outra sala e nos deixou a sós. David sorriu para mim. Voltei minha atenção para a gaveta onde os documentos históricos estavam guardados. Aproveitei a oportunidade, abri-a rapidamente e retirei um conjunto de plantas baixas. Então, me virei para David, abri um largo sorriso e enfiei a papelada antiga na mochila.

— Primeira vez aqui? — perguntei.

— É... — respondeu ele, me olhando com desconfiança.

A diretora voltou e entregou a ele um kit de boas-vindas e um mapa do local.

— Patric — disse ela —, se importa de mostrar o lugar para o David?

— Claro que não — respondi.

— Você está em boas mãos, rapaz — falou a diretora com um sorriso. — Provavelmente, Patric conhece isso aqui melhor do que eu!

Ela estava certa. Obcecada com o boato do túnel, eu tinha percorrido cada centímetro da propriedade nas últimas semanas. Geralmente, eu fazia minhas incursões na hora do almoço ou mais tarde, quando ninguém estava prestando atenção. Mas, graças à chegada inesperada de David, daquela vez eu tinha uma desculpa para perambular pelo terreno sem levantar questionamentos.

Juntos, de caderno na mão, percorremos a propriedade, e eu expliquei os três andares da casa, anotando os cômodos e as estruturas que encontrava nas plantas.

— Você é mesmo meticulosa — observou David.

Já fazia uma hora da "visita guiada", e eu ainda não lhe mostrara nenhum ponto da propriedade realmente ligado ao acampamento.

— Bom, é uma planta complexa — expliquei enquanto o guiava por outro corredor de portas fechadas. — É importante saber se orientar.

— Ainda assim, acho que não preciso ver todos esses cômodos. — Então, acrescentou: — Não que eu me importe. Não é todo dia que posso passear com uma garota tão bonita.

O comentário dele me pegou desprevenida. Ninguém fora da família já tinha me chamado de linda. Estudei David com curiosidade. Era uma declaração bem ousada e, racionalizei, revelava mais sobre ele do que sobre mim.

Ergui as sobrancelhas com um sorriso e cruzei os braços no peito.

— Sabe guardar segredo? — perguntei.

Fui para uma sala de reuniões vizinha e acenei para que me seguisse. Lá dentro, abri as plantas sobre a mesa e lhe contei tudo sobre os túneis ocultos e minha missão de descobrir se o boato era verdadeiro. Envolver outra pessoa em meu plano era arriscado e nada típico para mim. Mas algo em David fazia com que tivesse vontade de lhe contar... tudo.

Ele escutou atentamente enquanto eu falava, e olhava pensativo minhas anotações e as plantas baixas.

— Então, aqui — disse ele, quando terminei, apontando parte do mapa —, é onde estamos.

— Sim — respondi, fazendo que sim com a cabeça.

Peguei o lápis para fazer uma anotação no mapa, mas ele segurou minha mão para me impedir.

— Não escreva aí — sussurrou, sorrindo. — O grafite pode danificar o papel. Se tivéssemos uma cópia, poderíamos escrever o que quiséssemos.

Ele largou minha mão suavemente, pensou um instante e passou os dedos pelo cabelo denso e castanho.

— Vi uma copiadora num dos escritórios — disse ele, enrolando com cuidado o papel delicado. — Fique de olho. Volto já.

Depois disso, nos tornamos inseparáveis. David estava a caminho do último ano, bem à minha frente. Tinha dois empregos para ajudar a sustentar a mãe e a irmã. Fumava cigarros, tinha uma identidade falsa e dirigia o carro que comprou com o próprio dinheiro. Como eu, desobedecia rapidamente às regras quando achava que não faziam sentido. Mas, por baixo da superfície rebelde, era um aluno exemplar e uma alma bondosa e solícita, diferente de todas as que conheci. Enquanto eu era fria e objetiva, David era emotivo e apaixonado.

A princípio, tive dificuldade de entender meus sentimentos por David, por mais fortes que fossem. É verdade que quase todo o conhecimento que eu tinha do amor jovem vinha dos romances de V.C. Andrews. E, embora ficasse agradavelmente surpresa ao descobrir que minhas emoções não eram incestuosas nem tumultuadas, também achei difícil internalizá-las.

Parecia que minha constituição emocional era bem parecida com uma caixa barata de giz de cera. Eu tinha acesso às cores primárias: alegria e tristeza. Já os tons mais suaves — sentimentos complexos como a paixão e o amor romântico — sempre estiveram além de meu alcance. Sabia que existiam porque lia sobre eles nos livros e via exemplos na TV, mas nunca me identificava com eles.

Planejamento patrimonial

Na escola, lemos O *morro dos ventos uivantes*. As meninas da turma se apaixonaram por Heathcliff e afirmavam ter uma conexão profunda com Catherine "Cathy" Earnshaw, a protagonista feminina que fica caidinha por ele (e acaba enlouquecendo). Para elas, o livro era uma tragédia cativante sobre amantes apaixonados. No entanto, eu não entendia.

Na noite em que terminei de ler, dei um suspiro de alívio e, fazendo uma careta para minha mãe, joguei o livro atrás do sofá.

— Não gostou? — perguntou ela. — Por que não?

— Porque Cathy é uma idiota. Ela é uma Heather — respondi, me referindo ao clássico filme *Atração mortal*, da década de 1980. — Age como "rebelde" e "maluca", mas é claro que é só aparência, porque o que realmente quer é *status* e um marido chato. Enquanto isso, fica desmaiando e chorando por Heathcliff. Ela nem entende Heathcliff.

Revirei os olhos e balancei a cabeça.

— E ele também não presta, aliás. Não acredito que *este* livro seja o suprassumo das histórias de amor. Eu me mataria se agisse desse jeito.

— Espere até você conhecer alguém de quem goste de verdade — respondeu mamãe.

Então, de repente, conheci. Só que não tinha nada a ver com O *morro dos ventos uivantes*.

Meus sentimentos por David não eram obsessivos nem possessivos; não exigiam esforço nenhum. Eu não estava descontrolada nem delirante, como Cathy por Heathcliff. Ele também não fez "meus pés flutuarem". Meus pés estavam muito bem presos no lugar. Talvez, pela primeira vez na vida. De qualquer modo, a melhor parte era que eu tinha uma pessoa muito legal com os pés bem plantados ao lado dos meus — a pessoa mais incrível do mundo. Conhecer David foi como finalmente resolver um enigma complexo. *Ah*, pensei, *então é assim que funciona comigo*.

Em termos românticos, David não representava apenas tudo o que eu queria ter. Representava tudo o que eu queria *ser*. Tinha a capacidade de acessar e expressar a variedade completa dos sentimentos, mas nunca fazia eu me sentir mal por não ter. Quando estava com David, eu me sentia inteira. Não era mais como se tivesse que guardar meus segredos "sombrios" só para mim. Com sua aceitação, eu me sentia segura, como se falasse com ele sobre qualquer coisa.

— Então — disse David —, fale de novo sobre aquela pressão.

Quinze dias depois de nosso encontro na sala da diretora, estávamos sentados na grama, olhando o rio. A área dos Rockefeller englobava uma grande propriedade à beira d'água que incluía um parque que dava para a margem do rio. Com uma variedade de salgueiros e uma roda d'água gigante movida por um riacho sinuoso, o parque oferecia muitos esconderijos naturais que David e eu usávamos com frequência enquanto nos conhecíamos.

Naquele dia, ele estava com um tocador de CD portátil e escutávamos The Smiths. Ergui as sobrancelhas e estendi a mão para o cigarro que pendia dos lábios dele. Dei uma longa tragada, mergulhei o pé no riacho e mexi os dedos na água no ritmo da música. Era a primeira vez que eu contava a alguém as coisas que aconteciam dentro de minha cabeça, e fiquei surpresa ao descobrir que gostava de falar com ele sobre isso. Fazia eu me sentir adulta.

— Não há muito o que falar — respondi, me esforçando ao máximo para não tossir com a fumaça que tentava exalar casualmente. — Sinto isso desde que me lembro.

David franziu a testa.

— Tudo bem — insistiu ele. — Mas como *é*?

Baixei os olhos e puxei a grama enquanto pensava em como responder. As folhas pareciam minúsculas espadas de cetim entre as pontas dos dedos.

— É como uma panela cheia de água no fogão aceso — comecei com cautela. — No começo, a superfície do líquido é plana. Mas aí começam a se formar bolhinhas. — Fiz uma leve careta ao me forçar a explicar as coisas com detalhes. — Quando está fervilhando, começo a ficar muito ansiosa — continuei —, porque sei que tenho que fazer alguma coisa para evitar que ferva e transborde.

— Por quê? — perguntou David. — O que acontece se a água ferver?

— Fico violenta — respondi.

Nunca tinha admitido algo tão sem filtro. Era terrível e libertador. Por um segundo, achei que tinha revelado demais. Mas David simplesmente fez que sim com a cabeça.

— Então, você faz pequenas coisas para evitar que a água ferva — respondeu ele. — Como quando foi à casa de sei-lá-quem e roubou a estátua. — David estalou os dedos enquanto tentava recordar a história que eu tinha lhe contado.

— Amanda — lembrei. — E era um troféu, não uma estátua.

A garota era a líder das animadoras de torcida da minha escola. Eu já tinha contado a David que a odiava desde que ela me viu saindo da escola certa vez e me denunciou para o diretor. Consegui não me encrencar, mas nunca a perdoei por meter o nariz onde não era chamada.

Amanda morava numa casa gigantesca não muito longe da minha, e seus pais sempre deixavam a porta da garagem aberta. Uma noite, numa de minhas excursões, entrei na garagem, me esgueirei para dentro da casa e furtei seu troféu de animadora de torcida — sua posse mais valiosa — de cima do aparador da lareira da sala de estar.

David me deu um sorriso travesso.

— Quando o acampamento terminar, você tem que me levar numa de suas expedições — pediu.

— Por que você não vai comigo à casa de Amanda? — instiguei, imitando a voz provocante que ouvi numa reprise de *A gata e o rato*, seriado ao qual minha avó gostava de assistir.

David deu uma risadinha.

— Você pode me ajudar a devolver o troféu — falei. — Isso vai deixá-la *muito* confusa.

— Jesus. — Ele riu. — Você é tenebrosa!

Os alto-falantes explodiram com "How Soon Is Now?". Pulei de pé para cantar junto, inserindo minhas interpretações líricas:

— *I am the queen / And the heir / Of a numbness that is criminally vulgar. / I am the queen and heir… / Of nothing in particular.**

Aumentei o volume e berrei:

— *You shut your mouth / How can you say / I go about things the wrong way? / I am human with no need to be loved. / Not like everybody else does!***

David me segurou pela cintura, me puxou para seu colo e me olhou com intensidade.

— É assim que você realmente se sente sobre o amor?

---

* "Sou a rainha / e a herdeira / de uma dormência que é criminosamente vulgar. / Sou a rainha e a herdeira… / De nada em particular." [N. T.]
** Cale a sua boca / Como pode dizer / que faço tudo do jeito errado? / Sou humana sem necessidade de ser amada. / Não sou como todo mundo!" [N. T.]

Eu o olhei, perplexa. A verdade era que não tinha ideia. Sabia que as meninas da escola e os personagens dos filmes falavam sobre o amor como se fosse um tipo de força vital, algo de que precisavam para serem felizes. Mas nunca me senti assim. O amor, para mim, era como um belo sortimento de roupas elegantes e sem vida atrás da vitrine grossa de uma loja de departamentos. Sem dúvida conseguia apreciá-lo. Admitia que minha mãe sempre parecia mais feliz quando o namorado dela estava na cidade. E os filmes que terminavam com os casais felizes sempre pareciam mais populares. No entanto, nunca tive muito uso para ele. A ideia de amor soava ótima na teoria. Na prática, o conceito parecia perigosamente transacional e, no que me dizia respeito, muito dependente da disposição de seguir algum tipo de contrato social "normal".

David me cutucou, aguardando a resposta.

— Não sei — admiti. — Nunca tive esse... esse *impulso*. Essa necessidade de amor.

Eu me preparei para a reação que supus decepcionada, mas, em vez disso, David pareceu impressionado.

— Isso é muito curioso — disse ele.

— *Curioso?* — Fiquei surpresa. — Por que acha isso?

— Porque você é diferente — respondeu. — Você consegue ser objetiva com coisas que a maioria de nós nem controla. Como disse, você aprecia o amor. Pode aproveitá-lo, mas, como não o *anseia*, ele não controla sua vida.

Então ele cantou:

— *Not like everybody else does!*

Pensei nas observações dele e voltei ao meu argumento de Jessica Rabbit: e se as partes ruins de minha personalidade não fossem ruins? E se fossem apenas diferentes? A ideia vinha me ocorrendo, com boas razões.

A vida inteira, sempre tentei esconder o tipo de pessoa que eu realmente era. Não investigar nem entender, mas esconder. Negar. Eliminar. Só que, de repente, fui confrontada por alguém que fazia o extremo oposto. Mostrei a David quem eu realmente era, e ele não quis me mudar. Ele me aceitou. Ele, ao contrário de todo mundo que eu conhecia, realmente parecia me *ver*. Melhor ainda, *gostava* do que via. Essa também foi uma experiência nova. Embora eu nunca desgostasse muito de mim — nunca me ocorreu formular uma opinião —, passei a aceitar que as características que me separavam dos outros não eram merecedoras de elogio. Naquele momento, eu começava a repensar isso.

Conforme nossas semanas no acampamento avançavam, notei que eu começava a pensar que, apesar das diferenças, eu podia ser uma pessoa de valor, uma pessoa *boa*. Afinal de contas, parecia que David achava isso. E ele era o melhor ser humano que eu já tinha conhecido, o mais legal. Melhor ainda, ele não me desestimulou a ceder a meu lado travesso. Na verdade, se ofereceu para me ajudar.

— Isso é bobagem — falei, frustrada.

Era fim de tarde e tínhamos escapulido de uma aula de artes em busca de uma porta que estava na planta baixa. Não conseguimos encontrá-la, mas, naquele momento, entendíamos por quê. O lugar onde ela estaria ficava no meio do cômodo que se tornou uma cozinha comercial, coberto por um imponente guarda-louças que ocupava metade da parede.

— Não tem como empurrarmos isso — reclamei.

Deitei no chão e acendi a lanterna para olhar embaixo do móvel. Embora a visão fosse limitada, enxerguei claramente a base do que parecia uma porta estreita de madeira.

— David — sussurrei com empolgação, virando a cabeça para ver melhor. — Está aqui.

Ele não respondeu. Estava sentado num canto da sala, concentrado em algo em seu colo. Apontei o facho da lanterna em sua direção.

— David — sussurrei de novo, dessa vez mais alto. — Ouviu o que eu disse? Estou vendo a porta!

— Pssssssiu — respondeu. Ele tinha na mão seu canivete suíço de confiança. — Estou cortando feltro.

— Como assim? — perguntei com um sorriso exasperado. — Não temos tempo para isso!

David se levantou do chão e se aproximou do armário. Então, segurou o enorme guarda-louças e o inclinou suavemente acima do chão.

— Faça algo útil — instruiu. — Segure aqui pra mim.

Eu me levantei para manter o armário no lugar.

— É realmente fácil — explicou ele enquanto se ajoelhava. — O tecido reduz o atrito.

Meu queixo caiu enquanto o observava prender o material macio sob os pés do armário. Céus, ele era esperto. E engenhoso! Todo verão, David passava algumas semanas fazendo fretes para a empresa de caminhões do pai em Boston, e sabia tudo o que era preciso sobre mover coisas. Aparentemente, sabia tudo sobre tudo.

Achei que nossas habilidades formavam uma combinação adorável. Enquanto eu mentia ou furtava carteiras, David sabia tudo sobre história e ciência e tinha um talento espantoso para resolver problemas práticos.

Ele é o yang do meu yin, pensei, observando-o colocar o último pedaço de feltro. David tinha cortado o tecido em quadradinhos para que ficasse quase invisível. A menos que olhasse diretamente para os pés do armário, não dava para saber que estavam lá. Ele foi para o lado e empurrou. Com os novos pés de feltro, o armário deslizou para longe da parede quase sem esforço. E lá, exatamente onde as plantas baixas indicavam que estaria, ficava a estreita porta de madeira.

Com um olhar empolgado em David, girei cuidadosamente a maçaneta até ela clicar. As dobradiças rangeram alto quando a porta se abriu. Ficamos lá paralisados, aguardando para ver se alguém tinha ouvido. Então, quando tivemos certeza de que a barra estava limpa, nos espremaemos pela abertura e deslizamos para a escuridão. Ajustei a lanterna.

Como desconfiávamos, a porta se abria diretamente para uma escada íngreme e em ruínas para o andar de baixo. A escada escura levava a outra porta, cuja estrutura estava horrivelmente torta, como se um gigante a tivesse arrancado das dobradiças e jogado para o lado.

— Assustador — disse David.

Sorri. Com cuidado, descemos a escada, nos abaixamos para passar pelo vão da porta torta e entramos no que parecia um imenso espaço inacabado, mais ou menos do tamanho de todo o primeiro andar da casa. Examinei o cômodo com a lanterna, e ambos ofegamos quando ela iluminou um arco no canto, fechado com uma camada grossa de tijolos. Havia uma corrente de ferro pesada esticada de um lado a outro. Corri até lá e passei a mão pelos blocos avermelhados. Pareciam mais novos do que os outros que forravam o resto do porão. *Tem que ser isso*, pensei, dando um passo para trás.

— E, mesmo que não seja — murmurei —, vou dizer que é.

David estava logo atrás de mim. Ele me envolveu num abraço de urso e exclamou:

— Caramba! Você conseguiu!
Ele me girou para ficarmos frente a frente e falou:
— Você achou o túnel!
Então, me beijou.
Pega de surpresa, inspirei rapidamente, o que amplificou o sabor. Ele tinha gosto de chocolate amargo com um toque de alcaçuz preto. "Ávido" era a palavra certa para descrever. Eu estava ávida, desejosa... do quê? Não sabia. Movi uma das mãos para a parte de baixo das costas dele. Seu corpo estava quente. Ele me apertou junto ao peito, e tive vontade de me enfiar dentro da camiseta dele. Então, larguei a lanterna, e mergulhamos na escuridão.

Aquela ida ao porão foi a primeira de muitas. Nas semanas seguintes, em todas as oportunidades que tive, desci para explorar o espaço imenso e mapear cada metro quadrado como se fosse meu. Passei tardes inteiras lá para desfrutar da solidão. Às vezes, David me acompanhava, mas, na maior parte das vezes, o lugar era só meu. Minha área favorita era a antecâmara na frente do túnel. Numa das idas, até contrabandeei uma cadeira e uma mesinha para criar minha própria sala particular. Eu punha meu walkman e ouvia jazz à luz da lanterna.
Tinha descoberto o jazz nas viagens em família durante o Ensino Fundamental. Meu pai tinha um apartamento em Nova Orleans, um lugarzinho pequeno no segundo andar de um prédio no bairro francês. Sempre que visitávamos meus avós no Mississippi, íamos até aquela sedutora cidade do sul e eu saboreava o tempo que passava lá. As noites eram as minhas favoritas. Harlowe e eu dividíamos um quarto com varanda que dava para a rua Decatur. Depois que todos dormiam, eu saía, e a música dos bares abaixo me deixava em transe.
Decidi que o jazz era o que eu mais gostava na vida. Num universo onde tudo parecia associado a tudo, esse estilo musical tinha seu mundo próprio. As notas irrestritas não me jogavam para trás no tempo nem me forçavam a imaginar o futuro. Em vez disso, me mantinham no lugar, movida pelo ritmo que parecia se importar com as regras tanto quanto eu.
Como o jazz, o porão oculto não tinha regras nem estrutura perceptível. Depois de algumas visitas, descobri que me sentia mais à vontade sob o chão do que sobre ele. Fiquei especialmente fascinada pela hora

perto do almoço, quando me sentava sob o assoalho da sala de estar e bisbilhotava as pessoas que conversavam acima de mim. *Sou como um fantasma*, pensei. E meu novo namorado concordava.

— Você *parece* mesmo um fantasma! — ironizou David. — Num minuto, está aqui, no outro, some.

Estávamos juntos no parque, algumas semanas depois de descobrirmos o túnel.

— Por que você gosta tanto de ficar lá embaixo?

— É relaxante — respondi. — Gosto de ser invisível.

Estávamos deitados sobre uma manta, e eu folheava alguns livros que tinha achado na biblioteca. Queria ver se conseguia encontrar mais alguma coisa sobre o túnel.

— Você diz muito isso — observou David. — Por que quer tanto ser invisível?

— Porque, quando estou invisível, não preciso me preocupar com as pessoas que percebem que sou diferente — expliquei com sinceridade. — Eu me sinto mais segura quando as pessoas não conseguem me ver, porque é quando posso ser eu mesma.

David franziu a testa.

— Mas você não fica invisível comigo — disse ele, inclinando a cabeça de forma interrogativa. — Você fica estressada perto de mim?

— Não. — Sorri. — Mas é porque você é único.

David não respondeu e me perguntei, mais uma vez, se teria falado demais.

— Você deveria olhar esses livros — falei com animação, para mudar de assunto. — Vai adorar essas coisas. É bem a sua praia.

David adorava tudo o que tivesse a ver com história. E literatura. E arte. Era como minha enciclopédia pessoal. Adorava saber a opinião dele sobre as coisas, principalmente música. Ficávamos horas no carro dele, escutando de tudo, de Coltrane a The Cure, dissecando as letras e falando sobre quem gostaríamos de ver tocar.

David apontou os livros espalhados.

— Juro, Patric — falou ele, fazendo o possível para parecer sério. — É melhor você devolver todos eles. Furtar bibliotecas é demais até para mim.

— Então, provavelmente, você não deveria olhar minha estante em casa — murmurei.
— Você é um baita paradoxo — disse ele.
Dei de ombros.
— Não sei o que isso significa.
Ele deu um sorriso largo, ficou de pé e começou a cantar.
— Um paradoxo! Um paradoxo! Um engenhoso paradoxo!
Ri. Eu sabia que era de Os piratas de Penzance, o filme favorito do avô dele. Eles o assistiram muitas vezes, e David sabia recitar as letras de todas as músicas, uma característica tão adorável quanto esquisita.
— Você não está ajudando! — gritei acima da explosão dele.
— Estou, sim — explicou David quando o puxei para se sentar perto de mim. — Um paradoxo é quando duas ideias conflitantes são verdadeiras. Frederick, o pirata, tinha 21 anos, mas só *cinco* aniversários.
— Oi?
— Ele nasceu no dia 29 de fevereiro. Assim, não podia deixar a servidão como pirata, embora, *tecnicamente*, tivesse idade suficiente. Porque os piratas só contavam aniversários. E, pelos aniversários, ele só tinha 5 anos... e um quarto.
Ergui as sobrancelhas.
— Então sou um pirata de cinco anos?
— Mais ou menos! — David riu. — Pense nisso. Tudo em você é contraditório. Você é acolhedora e generosa, mas, às vezes, ríspida e cruel.
Dei de ombros.
— Todo mundo é assim.
— Talvez — retrucou ele. — Mas em você é mais extremo.
Ouvi na voz dele um toque cortante que me deixou pouco à vontade. Lembrava o tom que minha mãe usava quando morávamos em São Francisco, quando eu lhe contava a verdade e ela se zangava. Estudei o rosto de David com o canto do olho e me remexi de leve sobre a manta.
— Ah — falei finalmente, enquanto me esforçava para elaborar uma resposta. — Bom, posso tentar trabalhar nisso.
Assim que as palavras saíram de minha boca, fiquei incomodada. Era a mesma reação que eu tinha quando criança, ao achar que precisava da orientação de minha mãe para me manter na linha. Quando eu faria qualquer coisa para manter a ligação intacta, mesmo que fosse preciso fingir que eu era quem não era.

Em que, exatamente, eu deveria "trabalhar"?, me enfureci por dentro. *Em agir como todo mundo?*

Tremi só de pensar. Pela primeira vez na vida, eu *gostava* de ser quem era — e não só quando estava sozinha, mas perto dos outros! Não queria mudar. E, com certeza, não queria fingir. Felizmente, parecia que David concordava.

— Não seja boba — disse ele, sorrindo. — Não é uma falha de caráter. Você só precisa tomar cuidado com essa sua panela de pressão. Garanta que você esteja no controle.

Ele cutucou suavemente minha testa.

Fiz que sim, mas percebi que me perguntava: *Eu estou no controle?* Era uma dúvida que tinha havia anos. Ninguém me forçava a fazer o que eu fazia. Mas, às vezes, eu sentia que não conseguia resistir. Parecia que a pressão sempre dava um jeito de aumentar, e a única maneira de impedir era... o quê? *Fazer coisas erradas*, admiti em silêncio. Recordei a reportagem que li numa revista sobre um garoto com transtorno obsessivo-compulsivo. As pessoas com TOC têm pensamentos e comportamentos incontroláveis que se sentem forçadas a repetir. "Forçada" era a palavra perfeita para o que eu sentia. Só que, em vez de lavar as mãos ou contar os quadrados da calçada, eu gostava de perseguir desconhecidos e invadir casas. *E daí?*, raciocinei. Não era inofensivo? Meu comportamento, em certo nível, não era mais ou menos o mesmo que o deles? Com certeza, assim parecia.

"O TOC é um transtorno sobre o qual os afetados têm pouquíssimo controle", dizia a reportagem. E eu me identificava. Embora me impedisse de fazer coisas ruins, não conseguia aguentar muito tempo. Em geral, também perdia a batalha. Exatamente como aconteceu certo verão na Virgínia.

Fomos visitar minha bisavó perto de Richmond pouco depois que mamãe nos levou para a Flórida. Eu mantinha meu melhor comportamento, ainda tentando andar na linha com ela. Porém, nada no novo ambiente parecia muito certo, e, quando fomos à Virgínia, a situação não melhorou. Minha bisavó morava perto da praia onde minha mãe passou muitos meses quando criança. A casinha dela era como um segundo lar para mamãe, e ela ficava muito feliz e relaxada lá. Todos estavam felizes e relaxados, menos eu, que sentia uma pressão crescente, como uma bomba à espera de explodir.

Não havia nada para fazer lá, nenhuma aventura para buscar, nenhum limite para forçar. As únicas atividades eram jogar cartas e caminhar de um lado para o outro na praia. Não havia nem uma televisão para me distrair da inquietude crescente. Então, certo dia, ao dar um passeio, vi um gato deitado ao sol junto a uma estradinha deserta e nem pensei: eu agarrei o bicho e o puxei para o peito, como um camundongo numa armadilha.

O gato lutou. Enterrou as garras em meu braço e tentou morder minha mão, mas não parei. Segurei seu corpo com o joelho e pus as mãos em torno de sua garganta. Apertei. Fiquei observando como ele se contorcia e tentava gritar para ser solto e desacelerei a respiração, exatamente como o bicho. Segundos se passaram. O tempo pareceu parar enquanto eu o espremia mais forte. Então, de repente, soltei-o. O gato se afastou de mim, ofegou e saiu correndo para os juncos que ladeavam a estrada. Eu o observei partir, estava eufórica. Fiquei ali sentada por um ou dois minutos, desfrutando o brilho do sentimento, antes de admitir o que eu sabia que era verdade.

— Isso — disse — não foi legal. — Levantei-me e fitei os rastros deixados pelo gato quando correu, meu pensamento indo para a lista que tinha feito. — Não machucar ninguém — recordei.

Aquela regra foi pensada para pessoas, mas eu sabia que ferir o gato contava. Alguns meses antes, mamãe obrigara Harlowe e eu a assistir *Drogas nunca mais*, um filme trágico sobre uma garota que se vicia em drogas. Era estrelado por Stockard Channing, minha atriz favorita, e prestei atenção. Na época, não entendia por que mamãe temia tanto que fumássemos maconha se nem sabíamos o que era uma "droga de entrada". Naquele momento fez sentido. Para mim, qualquer tipo de violência era uma ladeira escorregadia que tinha o potencial de me levar a problemas reais. Sem falar que eu não *queria* machucar animais. Eu sabia que nunca faria algo parecido de novo.

Então, olhei meu namorado. *Como ele reagiria*, me perguntei, *se eu lhe falasse do gato?* Decidi que precisava descobrir. Mas, pouco antes que eu abrisse a boca, David apertou minha mão.

— Posso lhe dizer uma coisa? — pediu ele, os grandes olhos castanhos pousando profundamente nos meus. Percebi que fazia que sim com a cabeça outra vez. — Amo você — disse ele baixinho.

Aquelas duas palavrinhas me pegaram de surpresa. Uma música de *Cinderela* surgiu em minha mente. *Então isso é amor*, pensei. Só que não parecia transacional. Nem condicional. Nem perigoso, nem inútil. Aquele sentimento era perfeito: perfeitamente simbólico, pois, ao mesmo tempo, eu vivenciava como era me preocupar com alguém que não fosse da família e, graças a essa conexão, como era me preocupar comigo. Pela primeiríssima vez.

— Amo você também. — Ouvi minha voz dizer.

E eu falava sério. Eu *realmente* o amava. David, um bastião da bondade e da responsabilidade, era o rapaz perfeito para mim. Era a personificação viva da consciência que eu imaginava me faltar. Melhor ainda, ele representava o que então percebi que sempre quisera: uma parceria com alguém que aceitasse a pessoa que eu era e me incentivasse a ser eu mesma.

Compreensão. Aceitação. Segurança na franqueza. Ansiei por essas coisas durante muito tempo e, naquele momento, elas pertenciam a mim. David preenchia todas as minhas lacunas. Ele nunca me deu *aquele* olhar, e, depois de algum tempo, percebi que não havia pressão quando estávamos juntos. Eu o amava mais do que achava possível. O fato de ele me fazer sentir que eu também merecia o amor era apenas um bônus.

Eu o beijei. Uma mistura potente de Trident e tabaco encheu minha boca, e percebi que não precisava de plantas baixas, escuridão ou porão — nada mais, na verdade. Nos braços de David, a única coisa a que me sentia forçada a fazer era... ficar ali.

E foi o que fiz. No resto daquele verão, desabrochei na experiência mundana de um relacionamento — e da amizade! Pela primeira vez, não me sentia vazia de emoções. Pelo contrário. Sentia amor! Sem nem saber, David me ensinou a me adaptar a coisas como comunicação e afeto, conceitos que eu imaginava que eram fáceis para a maioria, mas não para mim.

David era muito paciente com minha curva de aprendizado. Embora fosse vários anos mais velho do que eu, ele não parecia ver isso como algum tipo de impedimento. Parecia que ele *gostava* de ser meu namorado. Ou assim pensei.

No último dia do acampamento, fui à cozinha. Eu tinha guardado as plantas baixas que furtara da sala da diretora debaixo do guarda-louças. Quando as tirei do esconderijo, sorri, me lembrando da primeira vez que as tinha visto.

— Vai devolver? — perguntou David, de repente, à porta.

Sorri.

— Vou — respondi. — Ia fazer isso no caminho da saída.

Ele assentiu e perguntou:

— Sua mãe está quase chegando?

Dei de ombros e revirei os olhos. David tinha se oferecido para me levar para casa, mas, para nossa decepção, mamãe nem quis saber.

— Você é uma *menina* de 14 anos — disse ela quando liguei para pedir. — E ele tem quanto? Quase 18? De jeito nenhum.

Fiquei desapontada. Tínhamos passado quase todos os dias do verão juntos. O que era uma mísera carona? Mas David entendeu e, sempre cavalheiro, insistiu em ficar enquanto eu esperava por ela.

— É, ela vai chegar logo — afirmei.

Ele olhou para o chão, e vi que estava triste.

— Ei — falei. — O que você tem?

— O que acha? — respondeu ele, um pouco ríspido demais. — Vou ficar com saudade.

Fiz um beicinho exagerado, atravessei a cozinha e envolvi sua cintura.

— Aaaah... — ronronei. — Mas você não mora muito longe. Ainda vamos nos ver o tempo todo.

— Não mesmo — respondeu ele.

— Como assim? — perguntei. — Você tem carro.

— É, um carro em que sua mãe diz que você nunca entrará.

Ele ficou calado enquanto nos abraçávamos. Quando ergui o olhar, vi uma expressão que era, ao mesmo tempo, triste e zangada.

— De que adianta? — perguntou ele. — Frequentamos escolas diferentes, e ano que vem vou para a faculdade. — Ele mudou o peso de corpo de uma perna para a outra e balançou a cabeça, como se tentasse se firmar. — Quero dizer, você ainda está no *Fundamental II*...

Uma sensação conhecida de inquietude pressionou meu peito, e me afastei dele.

— Errado — falei. — Vou começar o Ensino Médio. E desde quando você se preocupa com *isso*?

Eu estava começando a me irritar. Tínhamos passado semanas juntos, e David nunca mencionou minha idade nem o fato de frequentarmos escolas diferentes. Mesmo assim, usava isso como justificativa... por quê? Para terminar comigo? Não fazia sentido. Sem saber o que fazer, decidi mudar de tática.

— Além disso — continuei, usando minha voz sexy de *A gata e o rato* —, você falou que queria explorar meu bairro.

Foi uma última tentativa de tirá-lo daquele estado de tristeza. Por um momento, até pareceu dar certo. Ele começou a sorrir e ergueu os gigantescos olhos castanhos para me encarar.

— Parece divertido — cedeu.

— Viu? — respondi, envolvendo novamente sua cintura. Eu o beijei de leve na bochecha. — Como vou ficar a salvo sem você por perto?

De repente, uma das administradoras enfiou a cabeça pelo vão da porta.

— Ei! — disse com rispidez, fazendo cara feia para David. — Vocês, pombinhos, não deveriam estar aqui. Além disso, Patric, sua mãe chegou.

— Tenho que ir — David falou baixinho, e eu soube que meu feitiço tinha se quebrado.

— Espere — pedi, e lancei um olhar suplicante à administradora. — Pode nos dar uns dois segundos, por favor?

— Vocês podem ter todo o tempo do mundo no saguão.

— Não, tudo bem — interrompeu David.

Ele me beijou o rosto e sussurrou:

— A gente se vê.

Então, saiu pela porta.

PARTE II

CAPÍTULO 7

Toques de cor

Estava tarde, e as luzes da rua se refletiam no asfalto preto enquanto eu me apressava pelo Sunset Boulevard. Sem o sol, a temperatura tinha despencado, e eu só vestia bermuda e camiseta. Mas, quando estendi a mão para ligar o aquecimento, percebi que não sabia o que fazer. O carro não era meu.

Estava gelado, então parei e examinei o painel até encontrar o controle de temperatura. Tinha furtado o carro várias horas antes e ficara tão ocupada correndo tarde da noite pelas ruas de Los Angeles que ainda não tinha aprendido o que cada botão fazia. Naquele momento, a emoção do que fiz tinha passado, e eu só sentia frio — frio, distanciamento e impaciência.

A ventilação zumbiu quando achei o botão certo. O ar quente passou pelas aletas, e me recostei, agradecida. O relógio do painel marcou meia-noite e me lembrou de que, mais uma vez, eu tinha desrespeitado o toque de recolher do dormitório. Suspirei e olhei para o teto, me perguntando se algum dia me preocuparia com o toque de recolher, se algum dia me preocuparia com alguma coisa. Pelo menos, a possibilidade era divertida. Meu estado de espírito começou a melhorar com a temperatura subindo. Por alguns minutos, só fiquei ali sentada, estacionada diante de uma farmácia CVS. No banco do passageiro, estava a carteira do dono do carro. Peguei-a e escolhi um dos cartões de crédito lá dentro. Então, saí do carro e entrei na loja, me animando outra vez com o desdobramento da próxima aventura.

Fazia seis meses que eu tinha saído de casa para ir para a faculdade, e nada ia de acordo com o plano.

Decidi me candidatar à UCLA, o campus de Los Angeles da Universidade da Califórnia, durante o terceiro ano do Ensino Médio.

— É um pouco tarde para se candidatar a uma escola fora do estado — ralhou a sra. Rodriguez, minha orientadora.

Eu estava sentada diante de sua escrivaninha. Atrás dela havia um cartaz emoldurado com um homem em pé diante de várias Lamborghinis. O texto dizia JUSTIFICATIVA PARA A EDUCAÇÃO SUPERIOR, e eu tinha vontade de jogá-lo pela janela.

Ela olhou minhas notas e comentou:

— Os candidatos de fora do estado são aconselhados a começar o processo *cedo*.

Eu já odiava a sra. Rodriguez. Apesar de sua preferência por terninhos em cores pastéis com caimento ruim, eu podia dizer que era uma feroz obedecedora de regras. Também era profundamente pessimista, a pior combinação possível.

— Na verdade — respondi com empolgação —, meu pai mora na Califórnia. Portanto, serei considerada do mesmo estado.

Eu não disse isso para discutir, mas me pareceu que a sra. Rodriguez teve vontade de me dar um tapa. Ela se remexeu na cadeira e começou a brincar com um broche em formato de lagarta que brilhava horrendamente na lapela roxa.

— Bom, não sei de nada *disso* — observou ela. — Mas acho que não faz sentido se candidatar à UCLA assim tão tarde, e, sem dúvida, não faltam escolas excelentes bem em seu quintal! Afinal de contas, como *você* se sentiria se um estudante da Califórnia se candidatasse à Universidade da Flórida como morador do estado? — perguntou ela.

Eu tinha 100% de certeza de que não me importaria. Nem aceitaria conselhos de vida de uma mulher cuja ideia de "sucesso" era a compra em série de carros esportivos ultrapassados. Mas eu não ia falar disso com a sra. Rodriguez.

Minha escolha de ir para a UCLA não tinha nada a ver com estudos acadêmicos e tudo a ver com distância. Eu me aproximava da idade adulta, mas não estava nem perto de descobrir o que me tornava tão diferente. Pior ainda, não tinha encontrado maneiras menos destrutivas de lidar com isso. Sabia que até então tivera sorte. Entre as perseguições tarde da noite e a exploração de casas vazias, consegui encontrar válvulas de escape secretas para minha escuridão durante a maior parte do Fundamental II e do Ensino Médio. Contudo, o equilíbrio era difícil.

Na pequena cidade conservadora onde eu morava, era apenas uma questão de tempo para minha sorte acabar.

Preciso de uma cidade grande, pensei, imaginando um lugar onde a invisibilidade não exigisse esforço constante, onde eu pudesse me esconder em plena vista. Então, certa noite me ocorreu. *Los Angeles!* A cidade onde meu pai morava me dava um luxo com o qual eu só podia sonhar: escuridão automática. Com sua vasta geografia e milhões de habitantes, eu poderia ser quem quisesse em L.A. Poderia me misturar. Poderia sumir.

Minha mãe não gostou da ideia de eu me mudar para estudar do outro lado do país. Porém, por várias razões, fui insistente. Embora amasse minha família, sabia que tinha que me afastar — para o bem deles e o meu. Isso era ainda mais importante para minha irmã, cuja capacidade de ver através de meu verniz de "boa moça" se tornou motivo de preocupação.

— Olhe isso — ela me disse certa tarde.

Era um sábado e estávamos na sala. No sofá, Harlowe desenhava em seu caderno enquanto eu jogava videogame. Minha irmã adorava desenhar e se revelara uma cartunista excepcional. Ela pôs sua última obra diante de mim, um personagem que tinha criado. No centro da página, havia um "A" grande e uma super-heroína de capa e máscara. CAPITÃ APATIA, dizia a legenda. PELA INVERDADE, PELA INJUSTIÇA E PELO CAMINHO ANARQUISTA.

Estudei a imagem da heroína de capa e as palavras que ela acrescentou no balão acima da cabeça. NÃO TEMA!, dizia ela. A CAPITÃ APATIA NÃO SE IMPORTA!

— Uau — disse baixinho. De forma atípica, estava sem fala. Harlowe sorriu.

— É você — disse ela com orgulho. — Minha super-heroína favorita: Kaat!

Então ela foi saltitando alegremente até a cozinha para preparar seu lanchinho preferido: biscoitos Chips Ahoy! delicadamente aquecidos no micro-ondas. Fiquei lá sentada e observei sombriamente o desenho. Talvez eu não soubesse o que me tornava tão diferente de todo mundo, mas *sabia* que não era uma super-heroína.

Na verdade, Harlowe é que era *minha* super-heroína — uma pessoa naturalmente boa. Ela não tinha nenhum demônio para derrotar, segredos para guardar nem ânsias destrutivas para controlar. Era quase como se, quando nascemos, eu tivesse recebido sem querer uma dose extra de escuridão. A dose *dela*. Enquanto fui dotada de uma predileção pelas travessuras, Harlowe foi dotada de pura leveza. Eu sempre soube que as diferenças entre nós eram gritantes, mas a Capitã Apatia deixou óbvio que eu não era a única.

Felizmente, a faculdade oferecia a solução ideal. Se me mudasse, não precisaria mais me preocupar em me esconder de minha mãe nem em contaminar minha irmã. Poderia viver em meus próprios termos. Sem ter contra o que me rebelar, será que minha ânsia destrutiva iria embora? Eu desconfiava que sim.

Talvez então eu possa simplesmente ser normal.

Uma noite, essas palavras entraram como um relâmpago em minha consciência e não consegui expulsá-las. A ideia de uma vida assim, que não estivesse atolada em vontades sombrias nem tensões crescentes, nunca estava longe de meus pensamentos. Era algo que eu me perguntava com cautela desde que conseguia me lembrar, mas sempre soube que não devia alimentar esperanças. Até então.

Talvez quando eu for para a faculdade a situação mude.

A princípio, assim foi. A vida em Los Angeles era feliz, normal até. Papai me buscou no aeroporto no dia em que cheguei e passamos as semanas seguintes explorando a UCLA e arrumando o dormitório. Meu quarto ficava no segundo andar de uma casa de sororidade convertida em alojamento que dava para a Avenida Hilgard. Tinha portas francesas do chão ao teto e uma minúscula sacada decorativa, a única da casa. Adorei.

O lugar foi só meu nos primeiros dias. Tinham me atribuído uma colega — o nome dela estava escrito em giz ao lado do meu na porta —, mas eu não fazia ideia de quem era nem de quando planejava chegar. Com o passar dos dias, alimentei a esperança de que ela nunca aparecesse. Mas meu sonho de vida solitária foi eliminado quando, um dia antes do início das aulas, a porta foi escancarada e uma moça chinesa belíssima, arrastando várias malas grandes, entrou pela porta.

— Olá, sou Patric — falei com cuidado.

A garota me encarou com lindos olhos amendoados. Então, enfiou a mão na enorme bolsa. Depois de vasculhá-la por vários segundos, encontrou uma caixinha prateada mais ou menos do tamanho de uma calculadora. Tinha um alto falante de um lado e um microfone do outro. Ela falou rapidamente na caixa, e a mensagem em mandarim foi convertida para inglês por uma monótona voz masculina que explodiu vigorosamente pelo alto-falante:

— Prazer em conhecer te conhecer, sou Kimi.

— Um tradutor! — Encarei a caixa mágica. — Você o leva para toda parte?

A caixa transmitiu minha mensagem a Kimi, que fez que sim com entusiasmo. Era uma estudante estrangeira de intercâmbio. Nunca estivera nos Estados Unidos e não falava inglês.

— Tradutor, sim — disse Kimi. — Máquina. — Ela deu um tapinha na caixa.

— Pois é um prazer conhecer você, Kimi — falei. Depois, me dirigi à caixa. — E você também, Máquina.

Um quarto com vista e uma colega de quarto que não pode falar comigo, pensei. A vida não podia ser mais perfeita. A princípio, fiquei alegremente sobrecarregada com aulas e trabalhos. Gostava de estar ocupada. Quando não estava estudando ou assistindo às aulas, eu explorava o campus. A carga pesada do curso, combinada com a novidade do ambiente, drenou todo o meu poder cerebral. À noite, eu desmoronava na cama e dormia profundamente, para acordar na manhã seguinte relaxada e renovada. Era maravilhoso. Era potente. Era *normal*. Porém, não durou muito.

Depois do primeiro semestre, tudo desacelerou. Não mais consumida pela correria da ambientação, percebi que voltava aos sentimentos conhecidos de inquietude e apatia. Conseguia sentir a pressão crescente e o estresse agudo que sempre me acompanhavam. Ainda tinha a liberdade recém-adquirida, mas a paz se foi. Sem coisas suficientes para me distrair, percebi que minha vontade destrutiva ainda estava muito presente. E, sem a conveniência da janela do quarto de minha infância, tive novamente que inventar válvulas de escape criativas.

— Capitã Apatia — falei.

Estava encostada na parede que dava para o pátio diante do dormitório, aguardando o sol se pôr. Abaixo, a encosta descia, como a maior parte do campus. Passara a amar essa vista, principalmente no fim da tarde, quando o céu da Califórnia deixava tudo laranja-avermelhado. Alguns caras andavam de skate no patamar lá embaixo. Vi um deles levar uma queda feia e rasgar o joelho. Vários espectadores correram para ajudá-lo a se levantar. Mas eu só fiquei olhando.

— Não tema. A Capitã Apatia não se importa — sussurrei.

Suspirei e virei o rosto para a luz que desaparecia. *Sou um paradoxo*, era tudo em que conseguia pensar. Não me importava com nada, a não ser com o fato de que não me importava. E *isso* me dava vontade de encontrar alguém para esfaquear. Pelo menos, naquele momento, eu tinha uma compreensão melhor do porquê.

Introdução à psicologia foi minha matéria favorita naquele primeiro ano. Sempre tive dificuldade de entender meu próprio comportamento antissocial e achei que fazer essa aula me daria alguma ideia. No entanto, *quanta* ideia eu nunca teria imaginado. A professora era a dra. Slack, psicóloga de quem gostei desde o princípio. O curso era uma análise que começava com a introdução à psique "normal". Ela nos ensinou que a maioria das pessoas nasce com uma grande variedade de emoções, e que a saúde mental e a propensão do indivíduo ao comportamento anormal se baseavam, principalmente, na adequação de suas reações emocionais.

Às vezes, as pessoas que demonstram reações e comportamentos extremados são diagnosticadas com doença mental ou transtorno de personalidade. O importante é que esses extremos se estendem em ambos os sentidos. Aprendemos que, além daqueles que sentem emoção *demais*, há outros que sentem muito pouco. Seu tipo de personalidade não é classificado pela presença de sentimentos, mas pela *ausência*. Não surpreende que esses tipos de personalidade fossem os que mais me interessavam.

— "Apatia" é outro nome dessa falta de sentimentos — disse a dra. Slack. Já tínhamos cerca de um mês de aula e nos aventurávamos pelo tema da psicologia antissocial. — A apatia é um traço marcante de muitos transtornos antissociais. Vejamos os sociopatas, por exemplo.

A dra. Slack parou e escreveu a palavra na lousa.

— A sociopatia é um transtorno caracterizado pela falta de propensão a sentir empatia pelos outros — continuou. — Em termos psicológicos, os sociopatas não são versados em compaixão. Não sentem culpa como todo mundo. Não processam as emoções como todo mundo. Não *sentem* como todo mundo. E muitos pesquisadores acreditam que é essa falta de sentimentos que os leva a se comportar de forma agressiva e destrutiva. É o *desejo* subconsciente de sentir que força o sociopata a agir.

Fiquei fascinada. Era a primeira vez que ouvia alguém realmente explicar a palavra. O policial Bobby a usara para descrever os homens na penitenciária, e, durante quase uma década, tentei achar uma definição. Com o passar dos anos, isso virou um jogo. Toda vez que encontrava um dicionário, eu procurava "sociopata". Porém, sempre me desapontava. A palavra não estava lá ou a definição não trazia nenhuma ideia significativa. Era como se não existisse. Mas eu sempre soube que era real. E ali estava.

A aula da dra. Slack poderia ter sido sobre *mim*, e eu não conseguia absorver as informações com rapidez suficiente. Claro que sabia que essa não era uma reação "normal". Hoje entendo que a maioria dos não sociopatas não ficaria aliviada ao ver que se identificava assim. Mas eu fiquei encantada.

Sempre ansiei por algum tipo de prova de que não estava sozinha, de validação de que eu não era a única pessoa do mundo que *não* sentia as coisas como os outros. Sempre desconfiei, mas, naquele momento, soube com certeza. Havia gente suficiente como eu para justificar toda uma categoria psicológica. E não éramos "maus", "cruéis" nem "malucos"; só tínhamos mais dificuldade com os sentimentos. Agíamos para preencher um vazio.

De repente, tudo ficou muito simples. Provavelmente, a *pressão* que senti a vida inteira era causada por meu próprio impulso inconsciente de sentir. Não era um insurgente que tivesse de ser erradicado. Era mais como uma correção do software psicológico aplicada pelo cérebro para contrabalançar a falta de emoção. Minhas más ações, na verdade, *eram* um tipo de autopreservação. Contrabalançavam a apatia. Meu mundo emocional interno, como o desenho da *Capitã Apatia* de Harlowe, era em preto e branco. Fazer algo que eu sabia que era moralmente inaceitável era um modo de forçar uma mancha de cor. Eu ansiava por isso.

Por essa razão, naquela noite de meu primeiro ano na UCLA, percorri as ruas de Los Angeles num caro roubado.

O dono era um mauricinho desleixado e bêbado chamado Mike, herdeiro de um império de batatas fritas. Não era minha primeira vítima. No segundo semestre daquele primeiro ano, ir às festas das fraternidades e pegar carros "emprestados" se tornou uma espécie de procura de sentimentos. Mas a primeira vez que aconteceu foi totalmente por acaso.

Algumas semanas antes do feriado de Natal, fui a uma festa aberta numa noite de sábado na casa da fraternidade Sigma Phi Epsilon. Estava me sentindo meio aturdida. Nessa época, eu já entendia as consequências de deixar a pressão aumentar sem limites e estava incomodada comigo por ter permitido que crescesse por tanto tempo. Assim, quando soube da festa pelos colegas, concordei em me encontrar com eles lá. Eu raramente deixava passar a oportunidade de ir a uma festa, mas não pelas razões que a maioria entenderia. As festas da faculdade permitiam a melhor observação de pessoas da cidade. Essas reuniões eram praticamente uma aula especial sobre interação social e possibilitava todos os tipos imagináveis de observação comportamental. Ir a elas era como receber uma dose de sentimento por osmose.

Quanto maior a festa, mais fácil para mim. Eu chegava e sumia numa multidão de desconhecidos, deleitando-me na invisibilidade. Às vezes, procurava uma cadeira no canto e me sentava. Outras vezes, perambulava. Os participantes, com suas respostas animadas e reações emocionais, eram diferentíssimos de mim, mas muito interessantes. Observá-los me ajudava a identificar as expressões faciais corretas para usar e a maneira adequada de reagir aos outros, tudo com interação pessoal mínima. Era como se eu fosse uma antropóloga emocional.

Depois de semanas de "festas" assim, descobri algo importante. A emoção interna não era um requisito para produzir uma reação externa. Eu não precisava *sentir* para reagir como se sentisse. Contanto que conseguisse reproduzir a reação física adequada às circunstâncias, agiria como todo mundo. Poderia *imitar* o comportamento correto. Não era a primeira vez que percebia isso. Quando menina, buscava dicas emocionais observando minha irmã mais nova. Foi assim que consegui (praticamente) voar sob o radar, representando a "boa moça". Representando minha irmã. O problema era que esse disfarce nunca servia.

Harlowe, com a vasta profundidade emocional e a empatia ilimitada, não era nada parecida comigo. Adotar sua personalidade era como usar um vestido dois números menor. Era suportável por algum tempo, mas não muito. Eu precisava de diversidade, de traços da personalidade que conseguisse costurar para criar um disfarce psicológico sob medida. Naquele momento, eu tinha esse material.

Ir às festas da faculdade era como ter acesso a uma quantidade ilimitada de tecido para criar meu disfarce. Experimentei o máximo de emoções que consegui e depois ajustei as mais adequadas para que coubessem. Sozinha no dormitório, treinava maneirismos que recolhera das pessoas que via nas festas. Depois de aperfeiçoá-los, testava-os em organismos vivos. O resultado foi espantoso.

Aprendi que tocar alguém no braço durante uma conversa deixava a pessoa mais à vontade. Também aprendi que iniciar qualquer interação com um elogio ou uma pergunta inesperada era a maneira mais fácil de desarmar um desconhecido. Comecei a implementar essas práticas na vida cotidiana e me espantei com a diferença imediata. Pela primeira vez, as pessoas pareciam gostar de mim — *autenticamente*. O fato de não haver nada autêntico em *minhas* interações não importava. De repente, os colegas de sala ficaram ansiosos para bater papo comigo no campus. Os moradores do dormitório paravam em meu quarto para socializar. Essas mudanças, imperceptíveis para os outros, foram poderosíssimas para mim. Eram como migalhas que me levavam rumo à inclusão social.

Para ser clara, não era aprovação que eu desejava. Era integração. Eu não *queria* me destacar na multidão. A vida inteira, quis desaparecer. Mas, quando cheguei à faculdade, percebi que estava fazendo tudo errado. O truque de passar despercebida não era me isolar, mas me infiltrar, me *integrar*. Ao assumir a personalidade dos outros, eu não recebia mais o *olhar*. A desonestidade, mais uma vez, provou ser a escolha segura. Oculta por trás do tecido de minha personalidade, fiquei invisível para todas as intenções e propósitos.

Foi um avanço imenso. Eu detestava que as pessoas sempre sentissem que eu era diferente. Isso me deixava mais visível. Mais fácil de avistar.

Mas agora eu tinha ferramentas. O que havia em mim que deixava os outros pouco à vontade não importava mais. Eu podia simplesmente distraí-los imitando-os. Era como lançar um feitiço. No segundo em que conhecia alguém novo, adotava sua postura. Imitava seus maneirismos. Copiava sua cadência. Descobria do que gostava ou não e projetava isso como meu. O efeito era como erguer um espelho gigantesco. Homens, mulheres, jovens, velhos... não importava. As pessoas sempre se encantavam — não *comigo*, mas com o reflexo *delas* mesmas que viam em mim. Eu só precisava imitar o comportamento. Comportamento que eu observava e também treinava em várias reuniões sociais.

Claro que minha abordagem do processo de aprendizagem tinha que ser ajustada de vez em quando. Nas festas de fraternidades, por exemplo, descobri que ficar sentada no canto olhando as pessoas e rabiscando observações num bloco de papel não me ajudava muito. Em geral, as únicas reações que observava desse ponto de vista eram de extremo desconforto. Assim, em vez de observar os outros de onde eu pudesse ser vista, procurava cômodos vazios de onde espionasse e/ou observasse sem ser notada, através de uma porta ou janela. Finalmente, passei a classificar as festas com base na planta do local. Em vez de levar em conta os atributos físicos prometidos, classifiquei-as de acordo com o fator furtividade das salas comunais. Sabia, por exemplo, que a casa da Delta Tau Delta era mais antiga, maior e afastada da rua. Isso oferecia muito mais oportunidades de me esconder do que, digamos, a casa da Pi Kappa Phi, menor e sem janela frontal externa no nível térreo. Cheguei a fazer uma lista e anotar os melhores lugares para me esconder ao lado do nome grego de quase todas as casas da UCLA.

Meu ponto favorito era a sala de jantar da Sigma Phi Epsilon. Tinha portas internas de correr com vidraças que permitiam a visão quase irrestrita das outras áreas comuns, além de portas de vidro do chão ao teto que davam para o quintal. Contanto que as portas estivessem fechadas e a luz apagada, eu tinha dois pontos de vista para observar os outros — durante *horas*. A principal razão para eu estar tão empolgada com a festa daquele sábado era porque seria na casa Sigma. Para mim, observar as pessoas de meu esconderijo parecia um jeito delicioso de passar a noite. Assim que cheguei, fui em linha reta para a sala de jantar preparar minha tocaia. Mas, no caminho, fui jogada no chão por um membro muito bêbado da fraternidade.

— Ah, não! — gaguejou ele, recuperando o equilíbrio e, desajeitado, tentando me ajudar a levantar. — Muitas desculpas! Você está bem?

— Estou, tranquilo — falei, pegando a bolsa.

— Sou Steve — disse ele, os olhos turvos piscando devagar. Ao contrário da maioria dos frequentadores sóbrios de festas, eu *gostava* de interagir com bêbados. Suas recordações de mim no dia seguinte seriam no máximo nebulosas. Era como ser um fantasma.

Steve sorriu e apontou para meu peito o dedo vacilante.

— Ei. — Ele fez uma pausa. — Eu não conheço você?

— Não — respondi rindo.

— É... — continuou ele, como se eu não tivesse respondido. — Você é Sarah.

Eu não disse nada e me espantei momentaneamente quando ele apertou o corpo contra o meu e minhas costas contra a parede do corredor. Os lábios de Steve passaram por minha orelha.

— Quer saber? — sussurrou ele. — Estou sem cigarro. Vá buscar alguns pra gente e fico te devendo para sempre.

Ele deu um passo atrás desajeitado e pôs um chaveiro em minha mão. Fiquei lá parada, sem saber o que fazer. Steve confundiu minha confusão com relutância, fez que sim e balançou o dedo para mim novamente, em alguma compreensão tácita da qual não participei.

— Certo — disse ele com voz arrastada; enfiou a mão no bolso e me entregou uma carteira recheada. — Tome. Compre o que quiser.

Ele sorriu e se virou para descer cambaleando o corredor rumo à sala de estar. Lá, desmoronou num sofá, num ataque de semi-inconsciência.

Olhei as chaves e a carteira em minha mão. Momentos antes, eu planejava passar a noite sentada sozinha numa sala escura observando os outros interagirem. E tudo bem. Mas isso era muito melhor!

Foi bastante fácil achar o carro. Ergui as chaves acima da cabeça e perambulei pelo estacionamento apertando o botão de destravar. Finalmente, as luzes do Acura de Steve piscaram numa vaga no canto. Abri a porta e joguei lá dentro minha bolsa e a carteira dele. Eu me instalei no banco do motorista e enfiei a chave na ignição. Fiquei ali por um momento, apreciando a boa sorte inesperada. Então, comecei a dirigir.

Peguei o Sunset Boulevard rumo à praia e virei para a direção norte na Pacific Coast Highway, onde segui junto ao oceano por quilômetros. Quando cheguei às montanhas ao longo da praia de Malibu, entrei à direita e passei por Calabasas para chegar aos subúrbios do vale de San Fernando. Rodei para leste pelo Ventura Boulevard por quase uma hora, depois virei para o sul, até o monte Lee, onde fica o letreiro HOLLYWOOD, e pela planície de Beverly Hills até, finalmente, voltar ao campus da UCLA.

Eram quase 2 horas da manhã quando parei numa loja. Imaginei que seria inteligente. Peguei um tubo de caramelos de fruta Starbursts e fui até o caixa. Os cigarros ficavam trancados num armário de vidro atrás do funcionário. Pedi ao rapaz a marca que combinava com os maços vazios que vi amassados no chão do carro e lhe entreguei o cartão de crédito de Steve. Achei que ele não pediria minha identidade, mas, para me assegurar, o distraí com um pouco de charme. Eu me inclinei e, despreocupada, bati as costas da mão contra o pulso dele e o fitei bem nos olhos.

— Qual foi a coisa mais maluca que você já viu trabalhando aqui tão tarde? — perguntei, genuinamente curiosa.

O rapaz foi pego de surpresa.

— A coisa mais maluca? — Ele passou o cartão na maquininha e me devolveu, absorto em pensamentos. Então, seu rosto se iluminou. — Certa vez, ajudei uma moça a fugir do sujeito que a perseguia.

— Caramba! — comentei, realmente surpresa. — Que incrível!

Peguei os cigarros, disse "Boa noite!" por sobre o ombro e saí.

Pouco tempo depois, estacionei cuidadosamente o Acura de volta na vaga da fraternidade. Sabia que a aventura tinha terminado, mas não conseguia me forçar a abrir a porta. O veículo parecia uma câmara de descompressão. Passear pela cidade no carro de Steve fora extasiante, exatamente o toque de cor emocional pelo qual eu ansiava. Fiquei sentada imóvel na escuridão e notei todo o sentimento se dissipar aos poucos. O efeito me deixou relaxada quase a ponto de ficar sonolenta. Decidi relaxar um pouco no banco. *The Joshua Tree*, do U2, tocava no CD player de Steve. Fechei os olhos e, em silêncio, construí minha versão de um dos versos.

Ela sofrerá a emoção do sentimento / Ela corre para ficar parada.*

---

* A autora brinca com a letra de "Running To Stand Still". A letra original diz: "She will suffer the needle chill / She's running to stand still". A tradução livre do trecho original seria: "Ela sofrerá o barato da agulha / Ela está correndo para ficar parada". [N. E.]

Era exatamente o que eu sentia, como se minha ânsia de forçar um toque de cor não fosse sobre emoções. Em vez disso, era projetada para exaurir minha experiência de emoção para que eu ficasse parada — vivenciasse a apatia *sem* pressão nem estresse entalado.

— Então, se agora me sinto confortavelmente apática — murmurei —, o que move a balança? O que a torna *des*confortável?

Pensei que o estresse entalado sempre acompanhasse a pressão e o tipo claustrofóbico de ansiedade que tanto se parecia com ele. Então, balancei a cabeça com frustração crescente.

— Como posso sentir ansiedade e apatia ao mesmo tempo?

Eu estava de bom humor e não queria pensar nisso. Para forçar essas perguntas a saírem da mente, fitei sonolenta a janela. Contente, fiquei ali mais alguns minutos até, finalmente, tirar as chaves da ignição. Joguei-as com os cigarros e a carteira no banco do passageiro. Então, saí e andei de volta ao dormitório, já pensando em como fazer aquilo de novo. Não levei muito tempo para elaborar um plano.

Aquele rolê espontâneo foi o primeiro de muitos. Nos meses seguintes, fiz dúzias de viagens noturnas, embora tivessem ficado mais deliberadas. Descobri que não ficava tão inquieta nos dias em que sabia que logo estaria atravessando a cidade num carro que não era meu. Não era tanto o ato em si, mas a expectativa da adrenalina que fazia a pressão baixar.

Quando entendi a força motriz por trás de minhas compulsões — como disse a dra. Slack, eu era motivada subconscientemente a fazer alguma coisa, qualquer coisa, para elevar a linha de base apática —, fiquei menos preocupada com elas. Foram normalizadas.

— Normalização é a ferramenta terapêutica pela qual um estado de espírito ou um sistema de crenças antes considerado anômalo ou irregular é redefinido como "normal" — explicou a dra. Slack enquanto sublinhava a palavra na lousa. — Normalizar os transtornos mentais, especificamente os vários *sintomas* dos transtornos mentais, é essencial para contrabalançar o estigma associado a esses sintomas e substituí-lo por conhecimento, compreensão e, finalmente, aceitação.

Essa explicação reverberou profundamente em mim e resultou em uma mudança fundamental em minha própria consciência psicológica. Embora eu reconhecesse que minhas vontades destrutivas não eram "normais" no sentido geral, aprendi que *eram* típicas de pessoas como eu.

Então, não sou maluca, pensei.

O alívio foi ao mesmo tempo inesperado e avassalador. Embora eu nunca deixasse que aquilo dominasse minha consciência, parte de mim sempre se sentiu incomodada com as diferenças de meu tipo de personalidade. A pior parte era não entender nada disso, principalmente minhas vontades destrutivas. Ao começar a entender o que as provocava, minhas reações ficaram muito mais fáceis de administrar. Eu só precisava me segurar até o fim de semana.

Nas noites de sexta-feira e sábado, as organizações "gregas" da UCLA davam imensas festas naquela fileira de fraternidades. Eu perambulava pela rua estreita em busca da casa com a festa mais barulhenta e desorganizada. Então, entrava, achava o morador mais bêbado e dava um jeito de separá-lo habilmente das chaves de seu carro. Às vezes, dirigia à toda, às vezes, bem devagar. Em algumas noites, ia longe, em outras, só dava uma volta no quarteirão. As únicas coisas constantes nesses passeios eram o alívio que vinha de reduzir o estresse da apatia e o conforto que surgia do conhecimento de que eu tinha encontrado uma solução confiável, embora temporária.

Eu compreendia as possíveis consequências de meu comportamento. Se fosse pega em um automóvel furtado, a detenção e até um tempo na penitenciária eram punições muito plausíveis. Mas eu não me incomodava. *Esse é o problema das pessoas como eu*, pensei ao parar um lustroso BMW no *drive-thru* da lanchonete In-N-Out de Westwood. *Não nos importamos.* Eu não tinha medo de ser presa; essa ideia era quase um incentivo. Eu me lembrava de como os presos do policial Bobby estavam a salvo de si mesmos. Um curto período na cadeia parecia interessante.

Sem nada para me estimular e sem poder sair, me perguntei: eu ainda ansiaria pelos toques de cor emocional? Ou meu mundo interno preto e branco ficaria mais fácil de controlar? Uma parte minha queria descobrir. No entanto, eu sabia que não era provável que fosse pega. Nenhum dos caras denunciaria o roubo do carro. Na maioria dos casos, as chaves eram entregues de boa vontade, embora não sobriamente. Eles estavam sempre bêbados demais para sequer recordar que tinham carro, muito menos para notar seu sumiço. Mesmo que um deles *percebesse* que o carro tinha sumido e que eu o pegara, eu já sabia como explicar tudo.

— Aqui estão seus salgadinhos, bonitão. — Joguei um saco de Doritos em minha vítima mais recente, que estava espalhada sobre um pufe gigante na sala de estar da casa da fraternidade. Ele abriu os olhos e esfregou a testa, tentando com desespero se concentrar.

— Oi, lindinha — murmurou ele sorrindo. — Aonde você foi?

— Buscar seus salgadinhos, como você pediu — respondi docemente e me curvei para beliscar sua bochecha. — Aqui estão as chaves. A gente se vê.

Como com todas as outras vítimas involuntárias, eu não tinha o mínimo interesse em conversar com o garoto. Estava cansada e relaxada após a noite passeando com um carro furtado. Só queria voltar ao dormitório e me deitar.

Consegui sair pela porta antes que ele me alcançasse.

O ar noturno estava gelado, mas eu não me importava. Me lembrava da vez que voltei para casa a pé da festa do pijama em São Francisco. As ruas estavam vazias, as casas sonolentas. A noite era cheia de possibilidades. Quando cheguei ao dormitório, evitei a porta da frente. Tinha perdido a hora do toque de recolher e, depois da meia-noite, todas as portas externas eram trancadas. A única maneira de entrar era chamar o orientador do dormitório. Naturalmente, eu não tinha a mínima intenção de alertar ninguém para minha programação noturna. Antes de sair naquela noite, fiz outros preparativos.

Eu sempre garantia que a janela do armário de manutenção nos fundos do prédio estivesse destrancada. Pus a mão no vidro e empurrei de leve. Então, levantei o caixilho, me icei até o parapeito e me enfiei lá dentro. O térreo estava escuro enquanto eu avançava até a escada. Subi rapidamente até o segundo andar e fui na ponta dos pés até meu quarto. Painéis fluorescentes inundavam o corredor com luz fria, e abri a porta com o máximo cuidado possível, pois não queria acordar minha colega de quarto.

Kimi detestava minhas excursões tarde da noite. Ela me disse isso em várias ocasiões. Tinha o sono leve, explicou pelo tradutor. O menor ruído a despertava. Infelizmente, essa era a menor de minhas preocupações naquela noite. As luzes do corredor eram como as de um estádio, comparadas à escuridão do quarto. Não fiz nenhum som quando entrei, mas os agressivos fachos acima da cabeça entraram antes de mim, iluminaram o quarto e acordaram Kimi.

As mãos dela voaram até os olhos, como se eles estivessem queimando.

— Jesus — falei, sem esconder meu desdém. — Quanto drama.

Fechei a porta e sussurrei várias desculpas enquanto subia para a cama de cima do beliche, mas eles entraram por um ouvido e saíram por outro. Na cama de baixo, ouvi minha colega resmungar furiosa em mandarim enquanto se revirava. Isso me fez sorrir.

Eu sabia que Kimi solicitaria uma reunião.

CAPÍTULO 8

Pequenos terremotos

— Você desrespeitou o toque de recolher e me acordou de novo isso é falta de consideração — disse a Máquina sem inflexão.

Foi no dia seguinte ao rolê mais recente num carro roubado. Kimi e eu estávamos sentadas a nossas mesas, uma de frente para a outra. Máquina ocupava uma posição neutra numa cadeira entre nós. Minha colega de quarto não gostava de morar comigo, e eu entendia por quê. Éramos diametralmente opostas. Kimi detestava que eu não seguisse nenhum código moral e desobedecesse repetidamente às muitas regras do dormitório. Até infrações menores a deixavam furiosa. Esses ataques, em geral, ocorriam durante as "conversas entre colegas" que ela insistia em ter pelo menos uma vez por mês. Quando queria uma dessas reuniões, Kimi me avisava escrevendo FALAR, com algumas opções de data e horário, num post-it. Então, ela colava o papelzinho em meu controle remoto. Quase sempre, isso era feito enquanto eu dormia.

Acordar com um dos post-its de Kimi não era diferente de ser visitada pela Fada dos Dentes. Eu decididamente vivia para essas conversas, e não só porque o confronto me divertia (embora sem dúvida fosse o caso). A principal razão para eu adorar nossas reuniões era interagir com Máquina. Como Kimi não falava inglês (nem eu mandarim), o aparelho se tornou um mediador involuntário de nossas conversas — e decidi que, em segredo, estava do meu lado.

— Eu sei — respondi bem séria enquanto me remexia de leve na cadeira. — Mas foi inevitável. Tive de devolver o carro que roubei.

Kimi ficou confusa com o que o tradutor lhe disse e seu olhar ficava indo de mim para Máquina. Ela balançou a cabeça e apontou a lista de regras e regulamentos do dormitório que mantinha colada na parede acima da escrivaninha e gritou em chinês enquanto tentava trazer a conversa de volta aos trilhos.

— Meia-noite — disse Máquina calmamente. — Você chegou ao dormitório às 3h51 e me acordou de novo. Não consegui dormir e você deve fazer Greenpeace.

Revirei os olhos. Não foi a acusação, mas a menção da entidade que me irritou. Por alguma razão, em geral, as conversas de Kimi incluíam a exigência de que eu doasse a alguma das organizações ambientais em que ela trabalhava como voluntária. Era seu modo de sugerir que eu precisava compensar minha imprudência.

— Foda-se o Greenpeace — falei baixinho. Máquina relatou meus sentimentos a Kimi, que reagiu como se eu tivesse lhe dado um tapa na cara.

— Espere, não — exclamei, olhando Máquina com raiva. — Desculpe, Kimi. Eu não estava falando sério.

O tradutor começou a chilrear minhas desculpas, mas Kimi não quis ouvir. Ela cobriu o rosto com as mãos e balançou a cabeça para a frente e para trás.

— POR QUE VOCÊ NÃO SE IMPORTA? — exclamou ela.

Foi uma surpresa. Além de dizer a frase em inglês, ela a disse diretamente para mim. Por um momento, fiquei sem fala, enquanto Máquina gritava as palavras da própria Kimi de volta a ela em mandarim.

— Tudo bem, Máquina — interrompi. — Acalme-se.

Máquina começou a chilrear de novo e tentei não rir. Adorava fazer Máquina falar na terceira pessoa, mesmo que não conseguisse entender.

— Olhe, sinto muitíssimo — pedi, quando Máquina terminou. — Eu não queria acordar você. Não vou mais voltar tarde. Pelo menos, não nos dias úteis. Juro. Estou falando sério.

Kimi pareceu se tranquilizar com o que, eu tinha certeza, era um tom marcantemente mais suave usado por Máquina ao traduzir minha tentativa de sinceridade. Ela soltou o ar dramaticamente.

— Acredita em mim? — perguntei.

Kimi fez que sim com a cabeça ao ouvir a tradução de Máquina. Confiante de que a reunião tinha acabado, me levantei para apertar a mão dela. Mas Kimi segurou meu braço com gentileza. Ela me fitou, os olhos arregalados e com uma expressão de súplica.

— Por que você não se importa? — perguntou de novo.

Ouvir em voz alta de novo a pergunta que eu me fazia mil vezes foi estranhamente assustador. O quarto pareceu encolher, e fiz que não devagar. Queria mais a resposta do que ela.

— Eu... Eu não sei — gaguejei. Era verdade.
Kimi fez que sim, numa demonstração inesperada de compaixão. Ela apertou meu braço com afeto, levantou-se e apontou o relógio.
— Está na hora do jantar — Máquina traduziu para ela. — Quer vir comigo?
Fiz que sim com a cabeça, agradecida pela mudança de assunto.
— Claro — respondi. — Vou só trocar de roupa.
Kimi apontou para baixo para indicar que me encontraria no saguão. Então, pegou Máquina e saiu.
Envolta pelo silêncio, me senti agradecida por estar mais uma vez em sincronia com o ambiente. As portas da sacada estavam abertas, e um raio de sol banhava o quarto. Observei os grãos de poeira passarem pela luz e brilharem como diamantes. A apatia também me inundou, e deixei. O efeito foi hipnótico.
— Por quê? — perguntei em voz alta. — Por que você não se importa?
Estava na hora de descobrir.

No dia seguinte, fiz uma visita à seção de psicologia da biblioteca da UCLA.
— Gostaria de ver tudo o que a senhora tem sobre sociopatia, por favor — pedi à bibliotecária.
A mulher ficou desapontada depois de digitar a palavra no computador. Seu cabelo era de um ruivo forte, e ela usava um vestido trespassado que combinava com o par de longos brincos pendurados. O crachá dizia "Shelly".
— Acho que não temos muito sobre sociopatia — falou ela. — É uma palavra meio desatualizada. — Ela então se levantou e fez um gesto para que eu a seguisse até uma grande pilha de livros na parede mais distante. — Na verdade, nem tenho certeza de que está no DSM.
— O que é DSM? — perguntei, trotando a seu lado.
Shelly parou para pegar um grande tomo numa das estantes. Folheou suas páginas.
— O *Manual diagnóstico e estatístico de transtornos mentais*. É tido como a bíblia da psicologia. Os médicos o usam para fazer avaliações. As seguradoras de saúde, para cobrar os tratamentos.

Todos os transtornos mentais que você conseguir pensar estão neste livro, com descrições e diagnósticos. — Shelly franziu a testa depois de examinar o índice remissivo do livro. — Mas não tem sociopatia.

Fitei as letrinhas miúdas. Mais uma vez, vi onde a palavra *deveria* estar, bem entre "síndromes culturais" e "sonambulismo", mas não estava.

— Exatamente como nos dicionários — murmurei.

Shelly ergueu o olhar.

— Oi?

— A palavra "sociopata" — expliquei. — Não está nem em alguns dicionários.

— É mesmo?

— Sim. Mas é óbvio que a palavra existe, não é? Quer dizer, acabamos de ter uma aula a respeito na cadeira de psicologia.

— É claro que existe — comentou Shelly, fazendo que sim com a cabeça. Ela passou a mão por vários livros antes de pegar outro exemplar do *Manual* na estante. — Aqui está uma edição mais antiga. Aposto que está aqui.

Em seguida, começou a examinar o índice e virou as páginas até encontrar.

— Isso mesmo — disse, me entregando o livro.

"Distúrbio de personalidade sociopata" brilhava em letras pretas e grossas no alto da página, e, confusa, olhei Shelly.

— Então *estava* no *Manual*, mas não está mais? — balancei a cabeça. — Por que tiraram?

— Foi substituído por "transtorno de personalidade antissocial" — respondeu ela. — Mas acho que os critérios de diagnóstico não são os mesmos. — Shelly apontou uma mesa vaga. — Sente-se — pediu. — Vou ver o que mais consigo encontrar.

Eu me sentei, coloquei o livro aberto na mesa e comecei a ler.

> Este termo se aplica a indivíduos que manifestam menosprezo pelos códigos sociais usuais e, com frequência, entram em conflito com eles, como resultado de levar a vida toda em ambiente moral anormal. Podem ser capazes de forte lealdade. Tipicamente, esses indivíduos não exibem desvios da personalidade significativos além dos envolvidos na adesão aos valores ou códigos de seu próprio grupo predatório, criminoso ou outro grupo social.

Inspirei brevemente. A descrição poderia ter minha foto ao lado. Mas o que isso significava? Eu era mesmo sociopata? Desconfiava que sim. E o que fazer com isso? Minha mente disparava com as consequências de meu autodiagnóstico quando Shelly voltou com outro livro.

— *The Mask of Sanity*, a máscara da sanidade — li a capa.

Tinha sido escrito em 1941 por um psiquiatra da Universidade da Geórgia chamado Hervey Cleckley.

— Ainda estou procurando — avisou Shelly —, mas dê uma olhada neste. — Ela abriu o livro numa seção perto do final. — Tecnicamente, é sobre *psico*patas, mas a lista de verificação é muito usada para sociopatas. São praticamente iguais.

— Espere — falei, balançando a cabeça. — Então psicopatas, sociopatas e pessoas antissociais ficam todas agrupadas?

— Não tenho certeza — respondeu Shelly.

— Mas o transtorno de personalidade antissocial é o único no *Manual* de diagnóstico.

— Na edição atual, sim. — Ela pôs sobre a mesa o *Manual* mais recente. — Eu peguei para você.

Olhei o grosso livro.

— Essa coisa é imensa.

— Bom, ela trata de centenas de transtornos mentais. Além disso, há um glossário.

— Mas nada sobre sociopatas — respondi.

A bibliotecária franziu a testa.

— É estranho, admito. — Ela apontou *The Mask of Sanity*. — Comece com este e vou continuar procurando.

Shelly me deixou sozinha com o novo título. No alto de uma página sobre psicopatia, as palavras "Perfil clínico" estavam impressas em negrito. Abaixo, havia uma lista de características da personalidade. Examinei-a rapidamente, minha confusão crescendo com cada toque de familiaridade.

1. Encanto superficial e boa inteligência.
2. Ausência de ilusões e outros sinais de pensamento irracional.
3. Ausência de nervosismo e de manifestações psiconeuróticas.
4. Baixa confiabilidade.
5. Falsidade e desonestidade.
6. Falta de remorso ou vergonha.

7. Comportamento antissocial inadequadamente motivado.
8. Pouca capacidade de avaliação e dificuldade de aprender com a experiência.
9. Egocentrismo patológico e incapacidade de amar.
10. Pobreza geral nas principais reações afetivas.
11. Perda específica de percepção.
12. Ausência de reação nas relações interpessoais gerais.
13. Comportamento fantástico e pouco convidativo, com bebida e, às vezes, sem.
14. Suicídio raramente executado.
15. Vida sexual impessoal, trivial e mal integrada.
16. Incapacidade de seguir qualquer plano de vida.

— Como é que é? — perguntei em voz alta.

Essas características me descreviam ainda *mais*. Isso significava que eu era psicopata... ou sociopata? Nada disso fazia sentido. Qual era a diferença? Voltei à versão atual do DSM e procurei a seção sobre transtorno de personalidade antissocial. As páginas delicadas soltavam estalos agudos enquanto eu as virava.

"Critérios de diagnóstico do transtorno de personalidade antissocial. Padrão generalizado de menosprezo e violação dos direitos dos outros ocorrido desde os 15 anos, como indicado por três (ou mais) dos seguintes fatores:"

1. Incapacidade de seguir as normas sociais em relação a comportamentos lícitos, indicada por atos repetidos que sejam motivo de prisão.
2. Falsidade indicada por mentiras repetidas, uso de nomes falsos, ou enganar os outros para lucro ou prazer pessoais.
3. Impulsividade ou incapacidade de planejar.
4. Irritabilidade e agressividade, indicadas por brigas ou ataques físicos repetidos.
5. Menosprezo temerário pela segurança, própria ou de outros.
6. Irresponsabilidade constante, indicada pela incapacidade repetida de manter um comportamento profissional coerente ou cumprir com obrigações financeiras.
7. Falta de remorso indicada por ser indiferente ou racionalizar o fato de magoar, maltratar ou furtar dos outros.

Shelly tinha razão, pensei. O transtorno da personalidade antissocial *era* diferente da sociopatia, pelo menos com base nessa lista de diagnóstico. Com certeza, havia semelhanças entre os dois, mas os critérios de cada um eram distintos. Embora eu me identificasse facilmente com a maior parte das características das listas de verificação de sociopatas e psicopatas, só conseguia me identificar com cerca de metade das antissociais.

Então, por quê?, me perguntei. De que adiantava substituir sociopatia por transtorno de personalidade antissocial se, em termos de diagnóstico, os dois não são iguais? *Por que a sociopatia não está no Manual? E em que os sociopatas são diferentes dos psicopatas?* Fiquei lá sentada pensando em como encontrar a resposta. Então, percebi.

A dra. Slack. Ela era responsável pela cadeira de psicologia. No mínimo, poderia me indicar a direção correta.

Peguei os livros e voltei ao balcão de informações, onde Shelly, preocupada, estava atrás da mesa.

— Ei — chamei, pondo os livros no balcão. — Obrigada por pegar esses livros para mim. Provavelmente, vou voltar. Só quero ver algumas coisas com minha professora.

A bibliotecária balançou a cabeça devagar e me deu um olhar confuso.

— É muito doido — disse ela. À sua frente havia vários dicionários antigos. — "Sociopata" — explicou. — Você tinha razão. Não encontro a definição em lugar nenhum.

Na semana seguinte, marquei uma hora com a dra. Slack. Sua sala, pequena e aconchegante, ficava no térreo do prédio da Psicologia.

— Obrigada por vir, Patric — ela me cumprimentou com afeto. — Em que posso ajudar?

— Em primeiro lugar — respondi, devolvendo o sorriso —, adorei a aula sobre sociopatia. Foi fascinante. Na verdade, decidi escrever meu TCC sobre isso.

O cumprimento, embora calculado, era sincero. Eu gostava da dra. Slack e da sensação que tive ao lhe dizer isso, como se espiasse de um esconderijo.

— O problema é que estou com dificuldade de estreitar o foco. A pesquisa sobre sociopatia é limitadíssima. Fui à biblioteca e me disseram que nem está mais no *Manual diagnóstico e estatístico de transtornos mentais*.

— É isso mesmo — confirmou ela. — Foi substituída pelo transtorno de personalidade antissocial.

— Por quê, se o diagnóstico não é o mesmo?

Ela fez que sim com apreciação e se recostou na cadeira.

— Boa pergunta — disse ela, um toque de surpresa na voz. — Por que não me diz o que pensa?

Enfiei a mão na bolsa e puxei o *Manual* que furtara da biblioteca.

— Olha — falei, abrindo o livro. — Aqui estão os critérios de diagnóstico do transtorno de personalidade antissocial, certo? Dê uma olhada.

A dra. Slack examinou a página.

— O único que se baseia na *personalidade* é a falta de remorso — continuei. — Todos os outros são *comportamentais*. Incapacidade de seguir as normas sociais, falsidade... tudo isso é sobre comportamento.

— E daí? — perguntou ela.

Inclinei a cabeça para a frente, como se a resposta fosse óbvia.

— Parece pouco confiável. Como saber se todos os sociopatas agem assim?

— Bom — respondeu ela depois de uma pausa significativa —, ter um diagnóstico de personalidade antissocial não significa automaticamente que alguém seja sociopata. É mais um indicativo. A maioria dos psicólogos concorda que a avaliação de personalidade antissocial é apenas o primeiro passo para diagnosticar alguém como sociopata.

— Mas isso não faz sentido — falei, balançando a cabeça em negativa.

— Por que não?

Inspirei fundo.

— Porque, para ser diagnosticada como antissocial, a pessoa precisa ter sido rotulada como criminosa com pouca idade. É preciso que tenha sido presa ou expulsa da escola, não uma só vez, mas várias. Está escrito aqui — reforcei, apontando o livro. — É preciso haver provas de transtorno de conduta. Mas, para ter provas de transtorno de conduta, é preciso ser *pego* exibindo má conduta.

— Certo — comentou a dra. Slack.

Ergui as mãos.

— E as pessoas que não são pegas? — perguntei. — E os sociopatas mais disciplinados? Melhores em se controlar?

Como ela não respondeu, continuei.

— A senhora está me dizendo que a única maneira de receber o diagnóstico de sociopata é ser diagnosticado antes com transtorno de conduta? — Franzi a testa. — Não faz sentido. Isso significa que todos os sociopatas teriam ficha na polícia, e não há como isso ser verdade.

A dra. Slack pensou, depois fez que sim com a cabeça.

— É uma observação interessante.

Tirei da bolsa algumas anotações.

— A senhora disse na aula que muitos transtornos mentais são diagnosticados como um espectro, não é? Escrevi aqui. Como o autismo. Alguns casos mais extremos do que os outros.

— Isso mesmo.

— Bom, e se a sociopatia também fosse assim? — perguntei. — E se só um punhado dos sociopatas fosse do tipo extremo, os que são presos e expulsos?

— A sociopatia como um transtorno de espectro?

— Isso.

— É uma teoria original — disse ela com um sorriso. — No mínimo, acho que estreitamos o foco de seu TCC.

Só que eu não tinha acabado.

— E que tal isso aqui? — perguntei.

Enfiei a mão na bolsa de novo e, dessa vez, tirei *The Mask of Sanity* e o abri na lista de características que li na biblioteca.

— Este livro é sobre psicopatas — falei, dando um tapinha na página. — Mas a bibliotecária me disse que essas características são usadas para diagnosticar os sociopatas.

— Exatamente — falou a professora. — É verdade.

— Então, não entendo — continuei. — Qual é a diferença?

— A biologia — respondeu ela. — Pelo menos, é o que muitos pesquisadores acham. Acredita-se que os psicopatas sofrem de anormalidades cerebrais. Por isso, eles cometem os mesmos erros repetidas vezes. São biologicamente incapazes de aprender com punições, entender o remorso e até sentir ansiedade. Por outro lado, acredita-se que os sociopatas sejam diferentes. Embora o *comportamento* muitas vezes seja tão ruim quanto o dos psicopatas, parece que são mais capazes de evolução. Seus problemas parecem mais ambientais do que biológicos. Pelo menos, é uma das hipóteses. Mas há muita discordância no campo.

— Bom, a senhora já leu alguma coisa sobre a pressão sociopática? — perguntei, me preparando para mentir. — Porque li em algum lugar que os sociopatas têm esse sentimento de pressão, como algo que vai aumentando. E a única maneira de parar com isso é fazer algo ruim.

A dra. Slack pegou uma caneta.

— Que fascinante — disse ela. — Onde você leu isso?

— Não me lembro. — Dei de ombros. — Só achei que fazia sentido. Talvez essa pressão seja igual àquele impulso subconsciente que a senhora discutiu na aula, causado pelo desejo de sentir do sociopata. Se assim for, faz sentido que o comportamento destrutivo do sociopata seja motivado da mesma maneira que o comportamento repetitivo de alguém com TOC. — Fiz uma pausa e perguntei: — A senhora não acha?

— Sabe, agora que você mencionou, tenho certeza de que li pesquisas sobre sociopatia e aumento da ansiedade — disse ela. — Algo assim seria um estudo fascinante. Seria interessante saber se há uma correlação com atos destrutivos.

Estresse entalado, pensei.

— Mas, novamente — acrescentou ela —, é mais provável que a ansiedade só esteja presente nos sociopatas, não nos psicopatas. Achamos que os psicopatas não são capazes de manifestações psiconeuróticas. Pelo menos, de acordo com a lista de Cleckley.

— E como saber se alguém é sociopata ou psicopata? — perguntei timidamente. — Há um teste ou coisa parecida?

A professora fez que sim.

— Há — respondeu ela. — Os clínicos usam o PCL-R[*] quando acham que estão lidando com um psicopata.

— O que é isso?

— A lista de verificação da psicopatia, às vezes chamada de "teste do psicopata". — Ela apontou *The Mask of Sanity*. — Na verdade, os critérios se baseiam neste livro. A falta de remorso é um indicador óbvio. Mas as emoções têm um papel importante também.

Franzi a testa, confusa.

---

[*] O teste de psicopatia de Robert Hare é usado não apenas para detectar um psicopata, mas também para avaliar sua inclinação para a violência. [N. E.]

— Como assim?

Ela se levantou e foi até uma das estantes que ladeavam a escrivaninha.

— Você se lembra da aula em que falamos de Plutchik? E das emoções primárias?

Eu me lembrava. Robert Plutchik foi um psicólogo que identificou oito sentimentos fundamentais que chamou de emoções "primárias": raiva, medo, tristeza, nojo, surpresa, expectativa, confiança e alegria. Recordei o dia em que aprendemos sobre eles. Eu os escrevi numa folha de papel e, depois, me forcei a combinar uma experiência minha com o sentimento correspondente. No fim, quando consegui completar a lista inteira, me senti aliviada.

— Lembro — respondi. — Todo mundo nasce com um conjunto de emoções básicas.

— Isso — continuou ela. — Até os psicopatas. Essas emoções são automáticas, inerentes. — A dra. Slack escolheu uma pasta e voltou à escrivaninha. — Mas há outro conjunto de sentimentos que *não* é inerente. — Ela pousou a pasta diante de mim e apontou a página aberta. — Empatia, culpa, vergonha, remorso, ciúmes e até o amor são consideradas emoções sociais. Não nascemos com elas, são aprendidas.

— Tudo bem...

— Bom, tanto sociopatas quanto psicopatas têm dificuldade de se conectar com as emoções sociais — explicou ela. — Alguns pesquisadores acreditam que são incapazes.

— Espere — interrompi. — Incapazes ou limitados? — Eu me remexi na cadeira, ansiosa para fazer as perguntas certas. — A senhora disse que os sociopatas *não* têm as mesmas limitações biológicas dos psicopatas — pressionei. — Então, será que os sociopatas não são *incapazes*, só têm mais dificuldade? Como uma deficiência de aprendizado emocional?

— Deficiência de aprendizado emocional? — A dra. Slack me deu uma olhada inquisitiva. — Onde você ouviu isso?

— Em lugar nenhum. Eu só... achei que, se não há nada *fisicamente* errado nos sociopatas, talvez seus problemas estejam ligados ao aprendizado. Como a dislexia, mas com sentimentos.

— Claramente uma abordagem original — devaneou a professora Slack —, mas não sei se tem importância em relação ao tratamento.

— Como assim? — perguntei. — Por que não?

A dra. Slack se inclinou um pouquinho à frente.

— Os seres humanos têm dificuldade de viver sem acesso à emoção. Parece que a apatia tem um impacto profundo, mas drasticamente subexaminado, sobre a psique. — Ela inclinou a cabeça. — Pense só. O que acontece quando o cérebro, que evoluiu por milhões de anos para prosperar, em grande parte, com base na capacidade de reconhecer e sentir emoções, não consegue acessá-las ou interpretá-las? Pode ser frustrante, como a síndrome do membro fantasma.

— Não entendi.

— É algo que ocorre frequentemente com amputados — explicou ela —, a sensação que vem de uma parte do corpo que não existe mais.

Ela esperou que eu fizesse a conexão antes de continuar.

— Os sociopatas não perderam um membro, mas achamos que as vias neurais que lidam com o processamento das emoções mais complexas estão meio desconfiguradas. É como se essas emoções estivessem ali, só que um pouco fora do alcance. — A professora ergueu as sobrancelhas. — Não seria tão enlouquecedor quanto tentar coçar um pé que não existe?

Fiz que sim lentamente, enquanto meus pensamentos se voltavam para a pressão que senti a vida inteira.

— Enlouquecedor — respondi.

— Psicopatas e sociopatas estão no mesmo barco porque procuram constantemente um modo de conectar essas vias. *Sentir.* É por isso que se comportam de maneira tão destrutiva. É por isso que são tão perigosos. Muitas vezes, o peso constante da apatia se torna grande demais para aguentar.

— Então, o que acontece?

A dra. Slack franziu a testa.

— Eles explodem.

Naquela noite, fiquei sozinha e imóvel, sentada à escrivaninha. Fazia horas que tinha voltado da reunião com a dra. Slack, e o sol tinha desaparecido havia muito tempo atrás dos morros a oeste. As luzes da avenida abaixo banhavam o quarto de sombras, enquanto eu olhava fixamente a vidraça das portas da sacada. Eu me sentia desamparada.

Eu me levantei, andei até as portas e as abri. A sacada era decorativa, não tinha nem trinta centímetros; mesmo assim, saí, segurei a balaustrada com as mãos e pressionei os pés contra o piso.

Uma brisa fresca agitou meu cabelo e, ali parada, percebi que o desamparo tinha se transformado em algo mais conhecido.

— Rendição — sussurrei.

Por mais ativamente que a sentisse, também estava separada dela. Unida e desunida ao mesmo tempo. Foi assim que me senti depois de trancar as garotas no banheiro da escola. Aquela experiência sempre me deixou curiosa. Até onde eu iria com aquele afastamento? Tinha a desconfiança furtiva de que já sabia. Poderia explodir.

Sempre soube que era capaz de ser violenta e, pior ainda, que internamente me recompensava por agir assim. Sabia disso desde o dia em que feri Syd e senti aquele jorro de sentimento passar por mim. A tentação de ferir estava sempre lá, um cursor piscante numa tela de computador esperando dados. Porém, como no caso do gato na Virgínia, eu sempre recuava. Sempre resistia, porque sempre tinha esperança. Infelizmente, a dra. Slack tinha dito que não havia esperança.

E se for verdade?, me perguntei. *O que aconteceria?*

A professora estava certa. Essa vida, essa busca interminável por sentimentos contra o peso esmagador da apatia, era exaustiva. Ela me lembrava o título de um de meus álbuns favoritos: *Little Earthquakes*, de Tori Amos. Meus comportamentos eram assim, pequenos terremotos gerados para aliviar a pressão e prevenir o "grandão". Com ou sem normalização, a administração de meus "sintomas" era um ato contínuo para equilibrar luz e sombra, que precisava de disciplina constante; e eu não tinha certeza de por quanto tempo conseguiria isso se não houvesse esperança.

Todos os outros tinham acesso à esperança. Esquizofrênicos, alcoólatras, deprimidos bipolares: havia planos de tratamento e grupos de apoio para todos eles. O DSM era cheio de transtornos mentais e tipos de personalidade, todos eles com informações específicas e noções de diagnóstico, por mais estranhos que fossem. Havia até um termo para as pessoas que comiam compulsivamente coisas como almofadas e clipes de metal. Aprendemos sobre isso nas aulas. Era um transtorno alimentar chamado pica, e tinha um número próprio para ligar de graça. E sociopatas?

— Nada — sussurrei para mim.

Eu tinha realizado meu desejo. Era invisível, pelo menos no que dizia respeito ao diagnóstico. Porém, estava sozinha. Enquanto meus colegas de dormitório estavam em aula, eu invadia seus quartos e vasculhava os pertences para ver que segredos guardavam. Enquanto minhas "amigas" namoravam, eu furtava carros. *Isso é tudo o que me espera?*, pensei, desamparada.

Minhas vontades destrutivas não sumiram quando fui para a faculdade. A pressão e o "estresse entalado" não diminuíram. Eu não estava mais perto do "normal". No mínimo, meus problemas se ampliaram. Isso era tudo o que eu poderia esperar pelo resto da vida? Isolamento íntimo e aumento constante do comportamento amoral só para manter impulsos perigosos sob controle? Todos os livros da biblioteca indicavam o comportamento antissocial como sintoma de meu tipo de personalidade, mas nenhum deles explicava por quê. *Por que* eu era superficialmente encantadora e propensa a mentir? *Por que* sentia a pressão constante de fazer coisas ruins e *por que* havia tanto estresse ligado à pressão? *Por que* o comportamento inaceitável restaurava meu equilíbrio interno? *Por que* eu ficava apática com tanta frequência?

Os pesquisadores e psicólogos responsáveis pelo diagnóstico não apresentaram uma única hipótese para explicar a apatia. Eles não sabiam ou não *queriam* saber? A decisão deles de remover a sociopatia dos livros de referência era a única prova de que eu precisava que meu tipo de personalidade era uma causa perdida? Eu passava mal só de pensar nisso.

Fixei o olhar no chão, depois ajustei as mãos na balaustrada e passei as pernas por cima, para que meu corpo ficasse no outro lado. Meus braços se esticaram atrás de mim quando me inclinei à frente. Eu não sabia onde minha apatia terminava nem onde começava. Mas sabia, com certeza, aonde me levaria se eu cedesse a um de meus impulsos mais violentos. Não seria um pequeno terremoto, disso eu tinha consciência. Quando tudo acabasse, depois que o sangue se acalmasse e a onda de desespero passasse, era provável que eu estivesse morta ou presa. No entanto, fosse como fosse, não teria mais que lutar.

— Foda-se — falei.

Larguei a balaustrada e, por um segundo, fiquei sem peso. Uma imobilidade eterna piscou por minha consciência antes que a gravidade tomasse conta e caí. Embora na realidade fosse breve, foi como se a descida levasse uma vida inteira. A rua abaixo correu em minha direção. Em vez de me contrair para o impacto, simplesmente fechei os olhos.

Que seja, pensei. Então, bati no chão.

Diretamente sob a sacada havia um pequeno canteiro de grama que separava a garagem da calçada de concreto. Aterrissei com um baque; a grama absorveu a maior parte do choque e tirou o ar de meus pulmões. Rolei para ficar de barriga para cima e recuperar o fôlego. Fitei as estrelas na posição horizontal e balancei a cabeça com o absurdo de minha exibição dramática. Não quebrei nem a unha.

— Jesus Cristo — disse, me esforçando para ficar sentada. Então me lembrei de *The Mask of Sanity* e de uma determinada característica da lista de verificação:

14. Suicídio raramente executado.

Inspirei fundo e fiquei alguns minutos imóvel, entregando-me à previsibilidade medíocre do que tinha feito. Dali a algum tempo, um carro passou à toda e recuperei o bom senso. Eu me recompus, me levantei e andei até os fundos do prédio, balançando a cabeça para meu comportamento ridículo. Procurei a janela da manutenção e a abri. Ao entrar, meu clima interno retornou ao estado muito conhecido de ambivalência. Só que, dessa vez, não o combati. *Então talvez eu seja sociopata*, pensei, em pé dentro do armário, e fechei a janela atrás de mim. *Talvez eu seja psicopata. Talvez esteja destinada a passar o resto da vida lidando com terremotos.*

Saí da sala de manutenção e andei pelo corredor escuro. *Talvez tenha que me esforçar um pouco mais para fazer a coisa certa*, pensei enquanto subia a escada. *Talvez não consiga ter uma vida normal, com pessoas normais numa casa normal fazendo coisas normais. Talvez não consiga ter "relacionamentos significativos".*

Cheguei ao alto da escada e marchei até meu quarto, destrancando a porta com a chave reserva que guardava escondida no alto da moldura. *Talvez não vivencie a faculdade do jeito que "deveria".*

Entrei. A imobilidade do quarto era densa e calmante, como um bálsamo curativo. Concentrei-me nas portas de vidro abertas que emolduravam a sacada. Pareciam menos desamparadas do que alguns minutos antes. *Talvez eu não vivencie nada do jeito que deveria*, pensei, enquanto ia até a sacada e saía outra vez. Captei um vislumbre de meu reflexo no vidro e parei um segundo, fitando a garota no outro lado. *E daí?*, perguntei-lhe.

Se ninguém consegue descobrir o que é a sociopatia, refleti, *então vou descobrir por conta própria.*

— E se isso me deixar desamparada e de saco cheio do que faz de mim uma sociopatazinha solitária... — Minha voz sumiu. Fitei o céu e sorri.

Pois que seja.

CAPÍTULO 9

Receita

Alguns meses depois, terminei meu primeiro ano na UCLA.

— Você deveria vir para casa — insistiu minha mãe pelo telefone.

Eu queria. Afinal de contas, não teria onde morar quando o alojamento fechasse para o verão, e fazia muito tempo que não via minha mãe e Harlowe. Por outro lado, com a seriedade de meu comportamento em mente, sabia que não era uma boa ideia.

Preciso aprender mais, pensei, *para poder me controlar.*

Em vez disso, decidi ficar com meu pai. Sua casa em Coldwater Canyon, em estilo Cape Cod, parecia o lugar perfeito para passar o verão. Com os altos portões brancos e a piscina cintilante no quintal, encontrei paz lá, segura dentro de minha própria fortaleza secreta. Pelo menos no início. Porém, como aconteceu pouco depois de eu chegar à faculdade, minha inquietude logo retornou.

Eu deveria arranjar um emprego, pensei certa tarde, quando olhei as chaves que meus vizinhos tinham deixado cair ao lado do carro, *para não acabar na cadeia*. Não era a primeira vez que pensava nisso. As férias de verão iam de junho a setembro, uma verdadeira oficina de horas ociosas em que meu lado diabólico queria vir à tona e aproveitar. Esses longos meses, com sua falta de estrutura e responsabilidade, representavam uma cornucópia de possíveis desastres para alguém como eu. Era preciso criar alguma contenção.

Embora desanimadora a princípio, a reunião com a dra. Slack resultou em uma decisão inesperada. No dia seguinte ao incidente na sacada, voltei à biblioteca. Dessa vez fiquei horas lá, examinando todos os livros e estudos de psicologia que consegui encontrar relacionados à sociopatia.

Os dias passados na biblioteca depois da aula se transformaram em semanas, enquanto eu me maravilhava com a escassez de recursos disponíveis para sociopatas. Boa parte das informações que encontrei foi decepcionante. No melhor dos casos, as descrições do transtorno eram vagas; no pior, enganosas. As referências dos meios de comunicação de massa carimbavam os sociopatas como vilões odiosos, com poucas exceções. Alguns até defendiam o isolamento sociopático, argumento que achei especialmente perigoso. "Essas pessoas deveriam ser evitadas a todo custo", afirmava a furiosa reportagem de uma revista.

Onde os sociopatas buscariam ajuda?, me perguntei. Afinal de contas, eram seres humanos. Eram pessoas que precisavam desesperadamente de tratamento. Por outro lado, a maior parte da literatura os representava como monstros que deveriam ser banidos. A cultura popular, baseada, principalmente, em retratos falados sensacionalistas e histórias de terceiros, descrevia repetidamente os sociopatas como pessoas "más" e "terríveis". Dizia-se que não tinham consciência. Dizia-se que não tinham alma. Os livros que encontrei afirmavam que os sociopatas não podiam ser tratados nem controlados. Eram completamente imprevisíveis, sem emoção e perigosos para a sociedade. Faltava-lhes autoconsciência e capacidade de evolução emocional.

No entanto, os dados contavam uma história diferente. No fundo das estantes de pesquisa, encontrei vários estudos que indicavam que *nem* todos os sociopatas eram monstros voltados à destruição. Em vez disso, eram pessoas cujo temperamento-padrão deixava as emoções sociais aprendidas, como empatia e remorso, mais difíceis, mas não impossíveis, de internalizar. Fazia sentido com base em minha própria experiência.

Tudo o que lia indicava que eu era sociopata. Era deficiente em empatia. Fluente em enganar. Capaz de atos de violência sem sentir remorso. A manipulação era fácil. Eu era superficialmente encantadora. Praticava comportamentos criminosos. Tinha dificuldade em me conectar com as emoções. Nunca me sentia culpada. Ainda assim, sabia que não era o monstro que a mídia descrevia. Também reconhecia que meus sintomas não combinavam *exatamente* com a lista de verificação de psicopatia de Cleckley.

"Baixa confiabilidade" e "Incapacidade de seguir qualquer plano de vida", números quatro e dezesseis da lista, eram supostamente características universais da personalidade sociopata. Contudo, não se aplicavam a mim. Eu era incrivelmente confiável quando queria. Era boa aluna e tinha sido rigorosamente disciplinada para entrar na UCLA. Sim, eu era frequentemente mentirosa e desonesta (número cinco). Também me faltava empatia, e eu sabia que não funcionava com o baralho emocional completo. Essa era a questão. *Notei* essas coisas. Tinha consciência. Não senti "perda específica de percepção" (número onze). Isso significava que, além de autoconsciência, eu também conseguia evoluir, outros marcos evolutivos de que a literatura dizia que os sociopatas eram incapazes.

Algo estava errado. De meu ponto de vista, a pesquisa era tristemente inadequada. Além disso, se todos usavam a lista de verificação de psicopatia de Cleckley para diagnosticar a sociopatia, isso só significava que nuances importantes passavam despercebidas. Decidida a chegar ao fundo da questão, comecei a passar quase todo o meu tempo livre pesquisando a sociopatia na tentativa de me entender melhor, de me normalizar. Finalmente, as sementes dessa autonormalização se plantaram com mais firmeza quando percebi, não só anedoticamente, mas empiricamente, que eu não era "má" nem "errada", só diferente. Como Jessica Rabbit. E em lugar algum essa distinção era mais importante do que em meu entendimento do amor.

De acordo com o número nove da lista de Cleckley, os psicopatas tinham "incapacidade de amar", o que era uma pílula difícil de engolir. Minha falta de relacionamentos significativos até então (fora da família, é claro) infelizmente parecia indicar que essa característica poderia se aplicar a mim. No entanto, quando comecei realmente a pensar nisso, soube que não era o caso. *E David?*

Eu me lembro da noite em que percebi isso e da onda de alívio que se seguiu. Faltavam poucas semanas para as férias de primavera. Eu estava sentada no dormitório, lendo um livro sobre psicopatas, quando, de repente, percebi.

— DAVID! — gritei.

Bati a mão na mesa e assustei Kimi, que tinha acabado de sair do chuveiro. Ela me fitou.

— David! — falei de novo. Pulei de pé e corri até ela, pondo as mãos em seus ombros ainda úmidos. — David foi meu namorado! E estávamos apaixonados! Apaixonados *de verdade*!

Eu estava exaltada, a intensidade de minha explosão um tanto exagerada. Adorava assustar Kimi. Algo naquilo me deliciava além do pensamento racional.

— Parece bom — disse Kimi.

Ao longo dos meses, o inglês da minha colega de quarto melhorou. Para meu desapontamento, ela até parou de usar Máquina e insistia, como ela dizia, na "plena imersão" sempre que estava no dormitório. É claro que ainda não se sentia totalmente à vontade com o idioma. Nem comigo, aliás. Os olhos de Kimi dardejavam de um lado para o outro, como se procurasse no quarto algo para bater em minha cabeça. Enquanto isso, segurei o rosto dela entre as mãos.

— Entende o que isso significa? — sussurrei. — Os psicopatas não são capazes de amar. Mas *eu* já me apaixonei. Isso significa que, claramente, *não* sou psicopata. — Parei para fazer efeito. — Isso é muita coisa.

Kimi engoliu em seco e fez que sim.

— Parece bom — disse ela outra vez. E, então, recuou para o fundo de seu lado do closet, onde gostava de ir quando se sentia "sobrecarregada".

— David — repeti quando ela sumiu atrás de vários casacos de inverno — é toda a prova de que preciso.

Essa percepção me encheu de esperança. O fato de já ter me apaixonado era a prova de que conseguia aprender emoções sociais. O relacionamento podia ter sido curto, mas aconteceu. As emoções foram reais. Ainda eram. Apesar da distância e do tempo decorrido, meus sentimentos por David nunca diminuíram. Eu gostava de pensar nele. Gostava de falar com ele. Fazia eu me sentir normal. Por isso, nunca perdi contato.

A primeira vez que liguei, foi por capricho — um bate-papo espontâneo alguns meses depois do acampamento de verão para ver como ele estava. Imaginei que conversaríamos apenas alguns minutos. Não. Esse primeiro telefonema durou horas. Depois disso, passamos a conversar o tempo todo. David era a única pessoa do mundo com quem eu sentia que poderia ser franca e, ao mesmo tempo, me sentir segura. Para mim, essa dinâmica era cobiçada. Fazia eu me lembrar dos anos passados em São Francisco, em que me sentava embaixo da mesa e confessava alegremente meus segredos a mamãe. Esse tipo de segurança tinha sido abandonado havia muito tempo, trocado, com boas razões, pela proteção da mentira. Mas o que ganhei em segurança, perdi em companheirismo. Aquilo gerava isolamento. E uma parte de mim ansiava por ser *vista*, por vivenciar segurança através da lente da autenticidade. Por isso eu amava conversar com David. Eu nunca mentia para ele.

— Adivinhe só — disse eu naquela mesma noite. — Não sou psicopata!

Ele riu.

— Tem certeza? — perguntou ele. — Deixe que eu fale com Kimi.

— Pare. Isso é importante — afirmei para explicar a revelação recente.

— Estou confuso — admitiu ele quando terminei. — Se sociopatas e psicopatas são tão diferentes, por que são sempre agrupados?

Eu tinha exatamente a mesma pergunta. E a resposta, teorizei depois de mais algumas visitas à biblioteca: era (mais uma vez) por causa da literatura. Os manuais sobre sociopatia e psicopatia não eram uniformes nas distinções. Um livro afirmava que as duas eram a mesma coisa. Outro dizia que eram diferentes. Não havia coerência. O campo da psicologia tinha o hábito de mudar o nome dos transtornos mentais quando eram manchados pela apropriação da gíria. Termos como "retardo mental" e "transtorno de personalidade múltipla", por exemplo, foram substituídos por "deficiência intelectual" e "transtorno dissociativo de identidade" para minimizar o estigma. O problema é que atualizar a terminologia para combinar com a época, embora as intenções sejam boas, complica gravemente a pesquisa científica desses tópicos.

A palavra "sociopata" foi popularizada em 1930 pelo psicólogo G. E. Partridge, que definiu o transtorno como uma patologia que envolvia a incapacidade de adaptar o comportamento aos padrões pró-sociais. Em outras palavras, são pessoas que não agem de um modo benéfico à sociedade e, em vez disso, provocam discórdia intencionalmente. Depois, a sociopatia foi acrescentada à primeira versão do DSM em 1952. No entanto, em 1976, com a publicação (e a popularidade) da quinta edição de *The Mask of Sanity*, de Cleckley, "psicopata" tornou-se o termo genérico para os dois transtornos. Porém, como não houve mudança oficial relativa ao nome, os pesquisadores e clínicos continuaram a usar "psicopata" e "sociopata" de forma intercambiável. Isso causou muita discordância em termos de critérios de diagnóstico e compreensão geral.

Naquele verão, me sentei à escrivaninha na casa de papai para esquadrinhar as estatísticas que descobri em mais uma visita à biblioteca.

Apesar da confusão relativa ao nome do transtorno, uma coisa com que os pesquisadores pareciam concordar era a prevalência. De acordo com vários estudos, os sociopatas representam quase 5% da população, mais ou menos a mesma percentagem dos que têm transtorno do pânico. Parecia loucura que um problema que afetava milhões não recebesse mais atenção da associação dos psicólogos, principalmente quando a característica primária da sociopatia é a apatia, e a consequência primária da apatia constante é o comportamento destrutivo. *O que toda essa gente está fazendo*, me perguntei, *para se manter sob controle?*

Era uma pergunta que eu queria desesperadamente responder. Nos meses decorridos desde o fim das aulas, eu enfrentava dificuldades com as novas maneiras de compensar minha inquietude crescente. Com o tempo limitado que podia passar na biblioteca e sem a torrente constante de festas de fraternidade e carros furtados para me obrigar a sentir, tinha que recorrer a outros métodos de redução da apatia. Por sorte, Los Angeles oferecia muitas oportunidades.

Aprendi que invadir casas era bem parecido com andar de bicicleta. Não fazia isso desde o Ensino Médio, mas descobri que ainda era uma coisa instintiva e igualmente eficaz. Quando entrava na casa de desconhecidos que estavam no trabalho, eu ficava menos inquieta. Eu me *sentia* relaxada. Porém, sem o código dos cadeados dos imóveis de minha mãe, entrar nas casas era muito mais complicado do que quando eu era criança. Passei inúmeras horas perseguindo moradores para descobrir com precisão quando estavam rotineiramente fora de casa e por quanto tempo. Tomava cuidado para entrar nas propriedades sem chamar atenção para meus pontos de acesso. Fiquei expert em abrir fechaduras e montei meu próprio conjunto de ferramentas.

Certa tarde, me sentei no sofá da sala de estar de papai com um sortimento de cadeados velhos e uma chave de tensor no colo. Anos antes, tinha aprendido sozinha a abrir cadeados, mas só recentemente começara a treinar de verdade. O exercício era catártico. Em vários aspectos, a manipulação do cadeado era muito parecida com a busca de minha própria válvula de pressão apática. Eu gostava de resolver o problema.

Só tenho de achar a combinação certa de comportamento e distração, pensava enquanto trabalhava num cadeado velho e difícil, *para encontrar meu equilíbrio.*

Fechei os olhos enquanto tateava o interior do cadeado. Movi o gancho pelo cilindro e empurrei os pinos. Dava para sentir a chave de tensor ceder de leve contra o polegar. "Quase lá", sussurrei. Depois de uma suave insistência, senti a liberação do último pino quando o empurrei acima da linha do cilindro. O cadeado fez um *pop* agradável quando o gancho se soltou. *Consegui*. Abri os olhos e sorri para meu trabalho manual. *Será que eu deveria ser chaveira?*, pensei. Então, por razões que ainda não sei explicar, uma ideia ainda melhor apareceu em minha cabeça.

Será que eu deveria ser babá?

Cuidar de crianças parece uma escolha esquisita para alguém que percebeu recentemente que era sociopata. Mas raciocinei que era menos provável que as crianças notassem que eu não era normal. Era menos provável que me excluíssem por me recusar a jogar segundo as regras. Contanto que eu fosse divertida e criativa, as crianças negligenciariam as transgressões. Achei que era um modo inspirado de me manter ocupada.

Claro, eu não era uma pessoa que seria considerada do tipo que gosta de crianças. Também não era alegre, expressiva, afetuosa nem nenhuma das outras coisas que se poderia esperar de uma babá tradicional. Mas, surpreendentemente, fui contratada quase de imediato por um ator famoso no luxuoso enclave de Brentwood, em Los Angeles. E, talvez ainda mais surpreendente, adorei o emprego. As três crianças de que eu deveria tomar conta, com sua atitude peculiar e temperamento encantador, eram deliciosos quebra-cabeças interativos. Gostei de conhecer a personalidade de cada um. Do meu jeito, eu as amava. Meu sentimento intenso por aquelas crianças e o instinto de protegê-las a qualquer custo me deram uma dose adicional de esperança. Talvez eu não fosse um caso tão perdido assim.

Com o passar dos meses, me estabilizei no emprego e ficou mais fácil controlar as vontades sombrias. Com tempo livre limitado, tinha menos oportunidades de arranjar confusão. Sabia que apenas me distrair não era uma medida à prova de erros contra os desejos obscuros, mas, na época, agradecia qualquer ajuda que obtivesse.

Meu clima interno parecia um balão. As coisas que me mantinham ocupada, como a faculdade e o trabalho, eram o hélio que erguia o balão e o elevava acima da linha de base apática. Porém, essas coisas não eram permanentes. No instante em que não era distraída por alguma responsabilidade nem surfava no efeito colateral do mau comportamento, eu ficava inquieta. O balão perdia a capacidade de flutuar, e logo eu começava a buscar maneiras de me provocar sentimentos.

Eu preciso de um cronograma de problemas, pensei.
    Era o segundo ano de faculdade, e eu estava sentada no lugar de sempre na biblioteca da UCLA durante um intervalo entre as aulas, lendo materiais de pesquisa. Tinha levado semanas para rastrear o achado mais recente, "A Study of Anxiety in the Sociopathic Personality" ("Um estudo da ansiedade na personalidade sociopática"), na revista *The Journal of Abnormal and Social Psychology*. O artigo era escrito pelo dr. David Lykken, psicólogo que afirmava ter descoberto um vínculo entre sociopatia e ansiedade. Depois de testar o nível de ansiedade de dezenas de sujeitos sociopatas, concluiu que havia uma subcategoria da sociopatia que rotulou de secundária ou "neurótica". Mais tarde, ele teorizou que esse tipo de sociopatia talvez não fosse genético, mas associado ao estresse causado pela frustração emocional e pelo conflito interno.
    Estresse entalado.
    Era algo que eu lembrava de sentir desde o Ensino Fundamental, um tipo claustrofóbico de ansiedade que parecia aumentar e diminuir em sincronia com o que sempre chamei de "pressão". E, naquele momento, finalmente, tinha uma ideia do porquê.
    Se essa pressão é causada pelo desejo inconsciente do cérebro de sair da apatia, raciocinei, *então o estresse entalado deve ser a reação ansiosa à apatia*. Sem dúvida fazia sentido com base em minha experiência. Cercada por pessoas "normais" quase a vida toda, sempre me esforcei para esconder o que me tornava *a*normal. Era a única maneira que conhecia de voar sob o radar e me manter em segurança. Por isso, ao primeiro sinal de pressão — ao primeiro sinal de aumento da apatia —, eu começava a ficar ansiosa. Ao saber que, em última análise, a pressão me forçaria a agir e que a única maneira de me livrar dela era fazer algo errado, eu começava a me sentir impotente. Começava a me sentir presa.
    A não ser que estivesse sozinha, percebi com espanto.
    Na verdade, minha reação à apatia nem sempre era o desconforto. Com frequência, até gostava da experiência. Como a vez que fui para

casa depois da festa do pijama e entrei naquele carro; as horas passadas na casa abandonada perto de minha avó; as viagens secretas ao porão da propriedade dos Rockefeller; os passeios de madrugada em carros furtados. Todas essas vezes, eu era consumida pela apatia, mas não me incomodava. Pelo contrário. Eu me sentia livre.

Porque não havia ninguém me observando, concluí. Sem o risco de ter que justificar a falta de emoção, eu podia apenas... apreciá-la.

Foi uma revelação. Naquele dia, quando saí da biblioteca, outra percepção me veio à mente.

Se sei que o estresse entalado é o resultado de meu desconforto situacional com a apatia, então, por que não ser mais proativa para neutralizar esse desconforto? Em outras palavras: se minha ansiedade era provocada pelo desconforto com a apatia, talvez fosse possível minimizar essa ansiedade (e o comportamento destrutivo resultante em geral) se eu aprendesse a aceitar a apatia, para que ela não me causasse mais desconforto.

A hipótese fazia sentido. Embora tivesse uma compreensão melhor do que causava a pressão, assim como de por que havia tanto estresse associado a ela, eu ainda não sabia eliminá-la. Também não entendia sob que circunstâncias eu ficaria ou não ansiosa por estar apática. Às vezes, a apatia me deixava desconfortável. Outras vezes, não.

Por fim, o resultado era o seguinte: para me manter como membro ativo (embora secretamente disfuncional) da sociedade e continuar aproveitando todas as vantagens dessa inclusão, eu teria que alterar minha reação ansiosa. Teria que "aceitar" minha natureza apática em vez de ficar apreensiva com ela. Quanto mais permitisse que a apatia se acumulasse, mais esperasse para partilhar minha "dose" de sentimento, mais provável seria que ficasse ansiosa e "menos" provável que controlasse adequadamente minha reação. *Então, por que esperar?*, me perguntei. *Não faria mais sentido praticar atos menores e mais frequentes de comportamento "ruim" do que atos maiores e menos frequentes?* Decidi testar minha hipótese.

Quando cheguei em casa naquela noite, me sentei à escrivaninha e tentei listar todos os diversos tipos de coisas "ruins" que tinha feito. Tudo o que consegui lembrar e que sabia que era "errado", escrevi naquela página. Quando terminei, examinei a lista.

— Todas essas coisas minimizam minha apatia — concluí. — Essas coisas me impedem de fazer algo realmente terrível.

Na tentativa de ser uma pesquisadora como o dr. Lykken, classifiquei-as em termos de eficiência.

Olhei o primeiro item: "Violência física". Peguei o lápis e risquei as palavras. Por mais eficaz que fosse para reduzir a apatia, eu já sabia que a violência não era algo que eu queria considerar.

Além disso, raciocinei, *a questão é encontrar algo que não seja extremo.*

Em seguida, vinha "Furtar carros". Embora divertido, isso também era extremo demais. *Envolve outras pessoas*, pensei comigo, *e um conjunto de circunstâncias muito específico*. Com relutância, risquei o item da lista. Eu precisava de algo mais versátil. Algo que, teoricamente, pudesse fazer em qualquer momento e lugar, pelo resto da vida, se necessário.

Fui para o número três, "Invadir propriedades/perseguir". Batuquei a borracha no queixo. *Com isso*, pensei, balançando a cabeça positivamente, *posso trabalhar.*

Na manhã seguinte, acordei mais cedo do que de costume. Peguei um café, me sentei no banco sob a janela da sala de estar e olhei para a casa no outro lado da rua. As pessoas que moravam lá, um casal jovem de Tarzana, eram executivos da Warner Bros. Estavam casados havia um ano e a lua de mel tinha sido na Cidade do Cabo. Não descobri essa informação por acaso. Eu a consegui naquele verão conversando com eles numa festa de Quatro de Julho da nossa rua. Também sabia que tinham instalado um sistema de alarme moderníssimo, mas só o ativavam quando saíam "em férias". Também tinham um cachorro chamado Samson que "só parecia feroz". O mais importante é que eu sabia que eles estavam *sempre* no escritório às 8h15.

Confortável em meu poleiro, observei-os saírem pela porta da frente e irem até as SUVs iguais estacionadas na entrada. Quando partiram, bem na hora certa, fui até meu quarto e me vesti.

Dez minutos depois, eu estava na porta dos fundos. O ferrolho era antigo, de marca conhecida. Trabalhei rapidamente nele com minhas ferramentas e, quando o destranquei, entrei. Ao cruzar a soleira da cozinha, fiquei momentaneamente hipnotizada pela quietude.

O silêncio de uma estrutura que acabou de ser invadida é diferente de todos os outros. É quase como se a casa não conseguisse acreditar no que acabou de acontecer e ofegasse, puxando consigo todo o ar. A tranquilidade é inimaginável. Eu poderia passar uma eternidade naquele silêncio, completamente absorta no momento presente, inteiramente em paz.

Meu momento foi interrompido pelo barulhinho de patas caninas trotando pelo corredor.

— Ei, cara — falei, me ajoelhando para dar um punhado de petiscos a Samson. — Você se importa se eu ficar aqui um pouquinho?

Samson não se importava. Claramente gostava de companhia. Juntos, perambulamos pela casa. Verifiquei os bibelôs nas mesas e as fotos nas paredes. Examinei os livros nas estantes e estudei as roupas nos armários. Não peguei nada. Não mexi em nada. Simplesmente existi em um mundo onde não deveria existir.

O cachorro ganiu e se esfregou em minhas pernas quando tentei ir embora. Eu lhe dei um último abraço, fechei a porta em silêncio e pisei no quintal, maravilhada com a mudança de clima. Embora só tivesse ficado meia hora dentro da casa, tudo à minha volta parecia muito diferente. O ar estava mais doce. O mundo, menos caótico. Soltei o ar com alívio e voltei para casa.

Como esperava, o resto do dia continuou sem incidentes. Não houve estresse entalado. Não houve "frustração emocional ou conflito íntimo". Era como se eu fosse uma pessoa completamente diferente, uma pessoa *inteira*, e não alguém cuja personalidade estivesse em conflito consigo mesma.

Depois disso, vi que não queria mais esperar que a pressão ficasse avassaladora para fazer alguma coisa para aliviar. Fosse espiar pela janela para seguir os vizinhos até em casa no escuro, fosse furtar carros metodicamente nas festas das fraternidades, eu vinha regulando minha apatia aleatoriamente com comportamento destrutivo sistemático, pelo menos, desde o Fundamental II. *Mas, agora*, pensei, *tenho consciência disso*. Fazia toda a diferença.

Encarei o mau comportamento como uma disciplina. Era tão responsável em relação a ele como era em relação ao emprego, e minha rotina era estrita. Nas manhãs de segunda, quarta e sexta-feira, eu buscava uma dose diária de alívio do estresse sociopático. Depois, ia para a faculdade.

Após as aulas, andava até a biblioteca e passava o máximo de tempo possível lendo livros sobre psicologia e artigos com pesquisas sobre sociopatia até a hora de ir trabalhar. Então, buscava as crianças na escola e as levava para casa. Ajudava-as com o dever de casa, aprontava-as para o jantar e as punha para dormir antes de sair à noite. Ao chegar em casa, jantava e estudava até adormecer. Então, recomeçava na manhã seguinte.

Minha apatia era como um dragão que precisava ser alimentado. Se o ignorasse, ele me consumia. Então, coloquei-o numa dieta. Fiz exatamente o necessário para me dar os "sacolejos" de sentimento de que precisava. Nunca ia além, mesmo quando me sentia tentada, o que era frequente. Programei minhas travessuras como faria com o remédio prescrito na receita médica. E nunca pulei uma dose.

CAPÍTULO 10

Confissão

Mantive essa rotina durante anos, e a constância fez maravilhas. Finalmente, tive confiança de que minha hipótese estava correta. As ações "ruins" menores e habituais eram uma opção mais segura para aliviar a pressão e reduzir a ansiedade sociopática do que as maiores e mais espontâneas. As transgressões premeditadas tinham menos probabilidade de resultar em revelação não intencional ao mundo e me permitiam seguir minha diretiva de não machucar ninguém. Eu era uma máquina bem lubrificada de estabilidade psicológica e comportamental (ainda que criminosa). Claro, ainda perseguia pessoas de tempos em tempos e usava a invasão ilegal como "tratamento". Contudo, nada disso parecia prejudicial. Ao contrário. As doses regulares impediam que as vontades mais sombrias saíssem do controle. Em consequência, consegui prosperar.

Estava a caminho de me formar. Avançara bastante em minha pesquisa. Era uma babá de confiança. Fizera exatamente o que tinha decidido fazer: conseguira uma vida que parecia "normal". Mas, apesar da aparência externa de jovem adulta responsável, bem-ajustada e socialmente aceitável, ainda enfrentava o problema que tinha desde menina: eu estava sozinha.

Estar no que eu considerava "espectro sociopático" parecia uma pena de prisão perpétua na solitária emocional. Ninguém se identificava comigo. Ninguém queria ficar comigo. Não o eu *real*, pelo menos. Eu era absolutamente sozinha. E percebi que a solidão podia ser perigosa.

Meu pai tinha se mudado recentemente para uma nova casa em Beverly Hills e deixou que eu ficasse na de Coldwater Canyon. Pela primeira vez, estava inteiramente por conta própria. A princípio, fiquei empolgada. A falta completa de supervisão e cobrança foi gostosa como um banho morno. No entanto, em poucos meses, notei o aumento da compulsão destrutiva. A princípio, foi sutil. Fantasias selvagens brotavam do nada em minha mente. Com o passar do tempo, elas ficaram mais fortes, e comecei a me preocupar. Não era só porque estava mais intensa, mas porque estava mais estranha. Pela primeira vez em muito tempo, senti a vontade específica de cometer violência física. Em geral, contra completos desconhecidos. Desesperada para entender, comecei a registrar a data e a hora em que isso surgia. Logo notei que o desejo era mais prevalente quando eu ficava sozinha por um longo período. Isso era ainda mais verdadeiro no fim de semana, quando eu passava dias sem ver quem quer que fosse.

Nada disso fazia sentido. Era quando estava sozinha que, tipicamente, eu me sentia *mais* à vontade, *mais* livre para ser eu mesma. Ainda assim, depois de uma série de fins de semana tranquilos sem qualquer interação significativa com outras pessoas, percebi que era mais afetada por fantasias violentas depois de passar um período extenso comigo mesma.

Há uma grande diferença entre os que buscam a solidão, pensei, *e os solitários*. Passava da meia-noite, e eu ia para casa depois de um longo dia como babá. *Será que uma parte de mim quer ser pega?*, pensei ao seguir para a autoestrada. *Ou quer ser vista?*

Enquanto dirigia, meus pensamentos foram para as imagens que tinha visto de Columbine, no Colorado, do dia em que dois garotos entraram em sua escola do Ensino Médio e massacraram treze pessoas. Como muitos outros, assisti, espantada, aos dois passarem pelas câmeras do circuito fechado com espingardas automáticas nas mãos. Mas, ao contrário de muitos outros, tive uma sensação aguda enquanto observava: reconhecimento. Senti que os entendia. Não concordava com o que fizeram, mas não me surpreendi. *Será que também lutavam contra a apatia?*, me perguntei. Aquele ato atroz seria, na verdade, apenas uma tentativa terrivelmente equivocada de serem vistos? Gostaria de saber. Em retrospecto, gostaria de ter um megafone gigantesco para gritar ao mundo: "ATENÇÃO, TODOS OS SOCIOPATAS E ESQUISITOS ANTISSOCIAIS! NÃO ENTREM EM PÂNICO! NÃO MACHUQUEM NINGUÉM! VOCÊS NÃO ESTÃO SOZINHOS! NÃO ESTÃO MALUCOS!"

Foi a primeira vez que pensei em abordar o problema da sociopatia sem ser comigo, e a experiência foi surreal. No carro, refletindo sobre a possibilidade de ajudar outros sociopatas, senti que tinha aprendido uma nova emoção sem sequer tentar. Na verdade, a ideia de educar as pessoas como eu soou excitante, quase divertida. Saí da estrada. *Quem disse que os sociopatas não sentem empatia?*, pensei.

Meu plano era ir à internet e fazer alguma pesquisa, mas, quando entrei em minha rua, vi o carro de meu pai estacionado na entrada. Percebi que a televisão da sala estava ligada e corri para dentro, agradecida pela companhia inesperada.

— Pai? Você não mora mais aqui, lembra? — brinquei.

Ele sorriu e respondeu:

— O que posso dizer? Este lugar ainda parece um lar. — Ele desligou a TV e me abraçou. — Você não está apenas voltando do trabalho, está?

Nosso abraço foi rápido, pois me soltei para pegar algo para comer. Estava morrendo de fome.

— Estou — respondi. — Eles tinham uma estreia.

Papai me seguiu até a cozinha, e comecei a vasculhar a despensa.

— Está tudo bem na faculdade? — perguntou ele, sentando-se à ilha no centro da cozinha. Seu tom de voz soou deslocado, e fiquei preocupada.

— Está — respondi devagar.

— Que bom. — Ele me observou um segundo e, depois, passou para o que eu já desconfiava que seria o assunto. — Sabe, não gosto que você trabalhe até tão tarde enquanto está na faculdade.

Dentro da despensa, revirei os olhos para as prateleiras de mantimentos bem-arrumados.

— Normalmente, não é assim.

— Não digo só hoje à noite — disse ele com ar preocupado. — Você acorda antes do amanhecer, depois trabalha até o fim da tarde, às vezes, até o meio da noite. Quando estuda? Quando dorme?

Já tínhamos falado sobre isso. Eu sabia que meu pai não era fã de minha decisão de trabalhar enquanto ainda estudava. Segundo ele, a faculdade era uma época para se liberar e se divertir. Na tentativa de manter a situação leve, fui até a ilha e sorri para ele enquanto mordia uma barra de torrone coberta de chocolate.

— O sono é superestimado — comentei, mas ele não se deixou influenciar.

— Fale sério por um segundo, Patric. Ninguém valoriza o trabalho duro mais do que eu. Acho admirável que você seja babá, ainda mais com todas as aulas.

— Obrigada.

— Mas assim você logo estará esgotada. Precisa desacelerar e apreciar a experiência da faculdade antes que acabe.

Mordi a língua, começando a me irritar.

— Você não entende — falei.

Ele estendeu a mão sobre o balcão e segurou a minha.

— Então faça-me um favor, querida — disse ele, apertando minha mão. — Me *faça* entender. Você está aqui há quase quatro anos. Quais são seus passatempos? Onde estão seus amigos? O que está acontecendo, querida?

Na luz fraca da cozinha, ele parecia tão calmo, tão racional. Eu me perguntei: *e se eu lhe dissesse a verdade?*

Céus, essa era uma tentação tão conhecida... Lutei contra ela a vida inteira. Mesmo naquela época, eu ainda me via oscilar entre a segurança da mentira e a liberdade da verdade. "A verdade vos libertará!" Ouvi esse ditado muitíssimas vezes, e em todas elas desejei que fosse verdadeiro. Mas essa regra, como tantas outras, parecia não se aplicar a pessoas como eu.

A verdade não representava liberdade para nós. Bem ao contrário. As únicas vezes na vida em que tive problemas foi quando contei a verdade. Mentir é que *me* mantinha livre. Sim, o logro, por mais eficaz que fosse para me manter segura, era extenuante. Eu era uma combinação monótona de traços de personalidade imitados e histórias falsas, e estava enjoada de fazer malabarismos. Essa era uma das razões para me isolar tanto. Era mais fácil ficar sozinha do que representar o tempo todo.

Talvez, em vez de me esforçar tanto para ser invisível, pensei, *eu devesse ver como é fora das sombras.* Sempre fui franca com David e nunca me arrependi. Nunca me senti em perigo.

Olhei meu pai. Seus gentis olhos azuis lembravam o Oceano Pacífico.

— Vou lhe contar o que está acontecendo — falei, surpreendendo a nós dois com minha sinceridade —, mas você não vai gostar.

Ele apertou minha mão outra vez.

— Experimente.

Fiz que sim com a cabeça, inspirei fundo e comecei a falar. Revelei tudo sobre minha apatia e minhas vontades destrutivas. Divulguei as coisas que fiz, quando criança e quando adulta, e o modo como tentei controlar meus impulsos. Detalhei minhas dificuldades na escola e as conversas com a dra. Slack. Então, descrevi minha pesquisa e o raciocínio por trás de me manter tão ocupada.

— É por isso que preciso do emprego — expliquei, dando de ombros. — Porque *eu* não posso ter tanto tempo livre. Não posso ficar entediada. É difícil explicar, mas quando estou entediada é como se eu *lembrasse* que não sinto. E esse *sentimento* — o sentimento de *não* sentir — me dá vontade de fazer coisas ruins. Às vezes, pelo menos.

Papai escutou em silêncio, fitando o balcão de mármore. Então, ergueu os olhos.

— Jesus, Patric — sussurrou ele, pouco à vontade. — Quer dizer... Sempre me perguntei. Quando você era menor, sua mãe e eu, sempre pensamos...

Ele se calou.

— Que eu seria uma assassina em série quando crescesse?

Ele ficou triste e constrangido.

— Não exatamente.

Sorri, tentando deixá-lo mais à vontade.

— Pai, eu estava brincando. De qualquer modo, está tudo bem.

— Tudo bem que minha filha ache que é sociopata? Como isso pode ser bom?

Balancei a cabeça e dei a última mordida no doce.

— Porque ser sociopata não significa o que você pensa. Não significa o que qualquer um pensa, na verdade. — Eu me levantei. — Olhe para mim. Você nunca pensaria que faço o que faço. Sou uma aluna responsável, com um emprego em tempo integral cuidando de crianças pequenas, pelo amor de Deus.

— Que furta carros e invade casas!

— Exatamente. Entende a questão do tempo livre?

Voltei à despensa.

— Querida — chamou —, isso não é sustentável. Que tal procurar um terapeuta?

— Você não ouviu o que eu disse? Nenhum terapeuta vai me ajudar. A sociopatia nem está no DSM.

— Bom, talvez ajude falar sobre seus sentimentos.

— Que sentimentos? — retruquei.

— Não seja ridícula, Patric — disse ele. — Sei que você tem sentimentos.

Voltei à ilha com outro torrone coberto com chocolate na mão.

— Você tem razão — respondi, me sentando. — É claro que tenho sentimentos. Você só tem que entender que meus sentimentos não são como os das outras pessoas.

— Então me explique — pediu ele, finalmente. — Como *é* quando você sente?

Pensei a respeito e tentei achar uma metáfora compreensível.

— É como não enxergar direito. Consigo ver quase tudo, mas há algumas coisas que tenho que apertar os olhos para entender. É o mesmo com a emoção. Felicidade e raiva: essas são claras. Vêm naturalmente. As outras, não. Coisas como empatia e remorso: consigo me conectar a elas se tentar bastante, mas não acontecem sozinhas. Às vezes, não acontecem de jeito nenhum. — Franzi a testa. — Tenho mesmo que apertar os olhos.

Papai concordou solenemente.

— E essas vontades suas? — perguntou ele. — Quando... acontecem?

— Sempre que passo tempo demais sem sentir algo. As coisas que faço são como um remédio. Invado uma casa ou furto um carro, aí a pressão simplesmente some. — Imitei uma borboleta com as mãos. — É um remédio comportamental.

— E você já... machucou alguém? — perguntou ele baixinho.

— Desde o Fundamental II, não.

— Mas você teve *vontade*.

Suspirei.

— Mais ou menos. Não é que eu queira, é mais que sinto que *preciso*. — Dei de ombros. — Mas, como eu disse, essas vontades são raras. Como expliquei, só aparecem quando fico tempo demais sem sentir algo. Ou quando passo tempo demais sozinha.

— O que é "tempo demais"? — insistiu ele. — Você quer dizer o fim de semana? E aí, o que acontece?

Despreparada para a pergunta, dei de ombros outra vez e comecei a brincar com a bandeja giratória sobre a bancada.

— Eu me ocupo.

Nos últimos meses, eu tinha encontrado um modo que considerava inofensivo e eficaz para preencher o tempo e evitar o isolamento durante os fins de semana. Além de me manter distraída, essa atividade realmente ajudava muito a controlar a pressão. Mas eu sabia que meu pai não ia gostar.

— Querida? — insistiu ele. — O que você faz nos fins de semana?
— Vou à igreja — respondi.
Não era toda a verdade. Mas eu não tinha certeza de até que ponto estava disposta a ser franca sobre isso assim de supetão.
— Não sabia que você ia à igreja — comentou ele.
Percebi que ele se empolgou com a ideia. Papai foi criado como batista no sul do Mississippi e nunca conseguira resistir plenamente à atração do púlpito.
— Qual você frequenta? Eu adoraria ir com você, se não se importar.
Balancei a cabeça em negativa.
— Sabe, *eu* não me importaria. Mas acho que você não ia gostar.
— Hesitei. — Não são cultos normais na igreja.
— Como assim?
— São cerimônias fúnebres.
Aquilo começou alguns meses antes. Um amigo de papai morreu e ele me pediu que o encontrasse no Forest Lawn Memorial Park para a cerimônia. Eu não esperava muita coisa. Só vira esse amigo poucas vezes e imaginei que a cerimônia seria algo formal. Não poderia estar mais enganada. Quando entramos na capela, fiquei espantada com o som de uma mulher chorando. Chorando, não, uivando, quase histérica de pesar. Era a esposa. Quando nos sentamos, eu a vi curvada num dos bancos, o corpo se sacudindo. Nunca vira tamanha exibição de emoção crua e fiquei cativada. Olhei em volta, me perguntando como os outros reagiam. Percebi que todo mundo na capela também se afetara.
Foi diferente de tudo o que eu tinha vivenciado. Claro, já assistira a um bom quinhão de expressões emocionais, mas aquilo era diferente. Eu estava cercada. Para onde olhasse, as pessoas estavam cobertas de emoção. Algumas eram explícitas em suas reações. Outras, controladas. Mas todas sentiam... *algo*. Era como se todas estivessem conectadas por uma linha emocional invisível. Então, o mais estranho aconteceu. Minha apatia começou a se dissipar.
Não consegui acreditar. Era a mesma coisa que eu sentia quando invadia uma casa ou furtava um carro, só que não tinha feito nada disso. A sensação era uma combinação de consciência aguda e total relaxamento. Eu não sentia propriamente, mas também não *deixava* de sentir. Era como se flutuasse acima da energia das pessoas à minha volta.

Quando a cerimônia terminou, fui com papai até o cemitério como se estivesse em transe. Nunca na vida fora cercada por emoção tão acentuada, e o efeito foi transformador. Era como se eu escapasse da apatia por osmose. Queria mais e mais. Eu era um vampiro emocional. *Todos os funerais são assim?*, me perguntei. Eu tinha que descobrir.

Quando meu pai foi embora, voltei à capela, onde outra cerimônia começava. Ocupei um lugar na fila dos fundos, me sentei em silêncio e esperei. A cerimônia seguinte foi bem diferente. A falecida era uma mulher idosa que sofreu com uma longa doença. Os presentes, embora numerosos, estavam serenos. Parecia que ninguém era *dominado* pela tristeza e só alguns choravam, mas a energia dentro da sala era a mesma do primeiro funeral. Na verdade, foi até mais potente.

Depois disso, fiquei viciada. Quase todo fim de semana, comparecia ao que chamava de "estranhos cultos". Meu local preferido era o Forest Lawn, mas acabei expandindo meu território para incluir cemitérios de toda a região de Los Angeles. Minhas cerimônias favoritas eram as que ocorriam à noite. Embora raras, em geral, tinham a maior carga emocional, sem falar do clima evocativo. Eu examinava os jornais e os sites de igrejas e cemitérios e planejava fins de semana inteiros em torno de funerais noturnos.

Fiz o que pude para transmitir meu entusiasmo a meu pai.

— Estou lhe dizendo — expliquei. — Os funerais noturnos são algo bem diferente. Gostaria de saber quem é o responsável pela organização. Gostaria de conhecer essas pessoas antes que morressem. Aposto que são incríveis. Não é piada. Você deveria vir comigo uma vez.

Papai me encarou, horrorizado.

— Patric — disse ele, depois de um instante. — Isso não está certo.

— Ir a funerais? — Soltei o ar com força pelo nariz. — Dá um tempo.

— Ouça bem — pediu papai, quando comecei a protestar. — Talvez você não esteja tirando nada tangível dessas pessoas, mas não se engane: está furtando. Está usando a dor delas para seu ganho pessoal. Isso é errado, querida.

— Não é contra a lei — argumentei. — Quer dizer, sei que furtar coisas *materiais*, é. Mas quem disse que ir a funerais de desconhecidos está errado?

— Querida, não — disse ele exasperado. — Não é preciso que a coisa seja *ilegal* para estar errada. Você sabe disso.

— Tá bem, eu sei — respondi, tentando pensar em um modo de lhe explicar. — Só que não me *importo*. Você diz que está "errado" porque para você parece errado.

— Isso — respondeu papai. — Porque você está tirando proveito da dor de outra pessoa.

— Tudo bem — falei. — Então, em essência, você está dizendo que não faria isso porque não gostaria do modo como *você* se sentiria.

Ele pensou e, então, concordou com relutância.

— É — respondeu.

— Está vendo? — perguntei. — É o que estou tentando lhe dizer. Não tenho esse sentimento. Essa vergonha. Portanto, literalmente não há nada, interno ou externo, que me impeça. Ir não *me* faz sentir nada. No máximo, faz com que eu me sinta *bem* com o fato de não sentir qualquer coisa. Me ajuda a aceitar o não sentir. E acho que essa aceitação é que mantém minha "ansiedade sociopática" sob controle. — Sorri, esperando que ele se impressionasse com meu raciocínio. — Não é como se eu estivesse sendo prejudicial, desrespeitosa ou coisa assim.

Ele suspirou e endireitou a coluna.

— Bom, é possível dizer que sua própria presença é a parte desrespeitosa.

— Olhe — disse eu. — Não posso evitar não sentir as coisas como as pessoas normais. Mas tenho que escolher o menor dos males. Esses funerais, por exemplo. Entendo que as pessoas à minha volta estejam tristes. Compreendo isso. Por outro lado, me *ajuda*. Então, quando vou, sou muito respeitosa. Não sei outra maneira de explicar. É o meu jeito de manter tudo organizado. É por isso que levo flores.

Papai piscou.

— O *quê*?

— Quer dizer, a não ser que a família peça doações. Então, assino um cheque.

Meu pai balançou a cabeça, sem conseguir processar o que ouvia.

— Você assina cheques... para as famílias... das pessoas cujo funeral você... invade?

— Bom, em geral, é para algum tipo de instituição de caridade. Mas, sim. — Tomei um gole d'água e o encarei. — É a mesma coisa com os carros que pego. Se vejo que estão sem combustível, encho o tanque. As casas também. Certa vez, alguém deixou o fogo aceso, então apaguei. É meu modo de equilibrar o carma.

Papai enterrou o rosto nas mãos.

— O que você está *dizendo*, Patric? — perguntou ele, a voz abafada. — Que você é algum tipo de budista sociopata?

Arregalei os olhos. Fiquei encantada com a ideia.

— É!

Ele se esforçou para manter a compostura.

— Eu estava brincando.

— Ah.

— Querida — continuou ele, abaixando a cabeça —, isso é loucura. E se alguém nesses funerais quiser saber quem é você? Isso já passou pela sua cabeça? Que alguém talvez queira saber quem é a loira alta sentada sozinha nos fundos da igreja?

— Confie em mim, pai. Ninguém jamais presta atenção em mim. O que é bom, porque não estou lá para interagir.

Ele balançou a cabeça.

— Então por que vai? Se não gosta de interagir com os outros?

Fechei os olhos e esfreguei as têmporas.

— É muito difícil explicar — falei. — Não me relaciono com os outros do mesmo jeito que você, do mesmo jeito que a maioria das pessoas. Não me importo com coisas que as pessoas normais se importam. Não gosto de interagir com os outros porque eles não se conectam comigo. E não consigo me conectar com eles. Mas só porque não *consigo* me conectar não significa que eu não *queira*.

Balancei a cabeça com tristeza.

— Não escolhi isso — continuei, soltando o ar com raiva. — Não decidi ser alguém que não sente do mesmo modo que todo mundo. E acho que estou melhorando na aceitação, mas ainda é ruim. Sou isolada. Física, social, emocionalmente. Tudo em mim é uma merda de uma contradição.

Papai parecia triste.

— Ah, querida — disse ele.

Encarei o chão, os pensamentos sumindo pelos azulejos mexicanos.

— Sabe qual é a pior parte? A pior parte de ser sociopata? — perguntei. — É a solidão. Não parece, mas é. Quero ter amigos. Quero me conectar. Mas não consigo. É como se eu estivesse morrendo de fome e a comida me fizesse mal.

Papai permaneceu em silêncio, e percebi que ele tentava se lembrar de alguma coisa.

— Ei — exclamou ele, depois de um longo silêncio. — E David? Vocês ainda são amigos?

Bastou ouvir o nome dele para eu sorrir.

— Somos — respondi.

Papai estava certo. David era meu amigo, e bastante íntimo, até. Não se passava um mês sem que meu namorado da época do colégio e eu não conversássemos pelo telefone. Até nos encontramos em festas de fim de ano e eventos aleatórios com o passar dos anos, em geral, quando eu visitava mamãe e Harlowe em casa. Mas, apesar de nosso laço inegável, aquele relacionamento a distância parecia sem futuro para mim. Eu não era mais criança, nem David.

— Você tinha sentimentos por ele, não é?

Dei de ombros com fraqueza.

— É — respondi —, mas David não mora aqui, papai. Ele tem a vida dele a quase cinco mil quilômetros. Sua vida *normal*. É o que quero. *Minha* vida normal. Sabe, relativamente falando.

Papai se inclinou contra a ilha, uma expressão curiosa no rosto.

— Então vamos falar sobre isso — disse ele.

— Falar sobre o quê?

— Você vai se formar daqui a alguns meses — respondeu ele. — O que quer fazer?

Suspirei. A enormidade da pergunta me exauria.

— Céus, papai — respondi. — Não faço ideia.

— Bom — continuou ele —, *posso* dar uma sugestão?

— E eu posso impedir?

— Acho que você deveria trabalhar comigo.

Papai tinha trabalhado em uma das maiores empresas do setor de gestão de talentos. Recentemente, tinha decidido que queria abrir sua própria produtora e já tinha me falado algumas vezes sobre eu ir ajudá-lo. Nunca o levei a sério.

Olhei-o como se ele estivesse maluco.

— Trabalhar com você fazendo o quê?

— Você pode ser produtora musical.

— Ah, *posso*? — Balancei a cabeça, rindo. — Que idiota me contrataria como produtora?

— Eu.

Fiz uma careta e inclinei a cabeça.

— Papai — disse, comovida pelo oferecimento de ajuda. — Amo você, mas isso é loucura. Você não me escutou? Sou *sociopata*, pelo amor de Deus.

— *Você* está dizendo — respondeu papai. — Ainda quero que você converse a respeito com um terapeuta. Na verdade, insisto.

— Tudo bem — cedi. — Mas não preciso que você me arranje um emprego para me manter longe de encrencas.

— Não é isso. Estou pensando nisso há meses. Você tem um ótimo instinto quando se trata de música, Patric. Além disso — ele olhou em volta —, o que mais você está fazendo? Quer ser babá pelo resto da vida?

Meus olhos recaíram sobre a bandeja giratória. Puxei a vasilha que descansava sobre ela e admirei a torre perfeitamente simétrica de maçãs que havia dentro dela. Eu tinha comprado as frutas na feira do fim de semana. Quando cheguei em casa, levei uma hora para arrumá-las exatamente como queria, meio que num jogo de *Tetris*. Para mim, era um uso excelente do tempo, como uma meditação. Olhar para elas bastava para me dar uma sensação de paz e satisfação imparciais.

— E aí? — insistiu papai. — O que acha?

Eu me levantei e me afastei da bancada.

— Acho que estou exausta. Tenho que fazer uma tonelada de coisas para a aula e quero passar o máximo de tempo possível em bibliotecas antes da formatura. Preciso de um tempo para pensar.

Dei de ombros.

Papai pegou uma maçã, movendo a vasilha e entortando a arrumação. Minha instalação de frutas, antes simétrica, precisaria de uma séria reconstrução. Ele sorriu e mordeu a crocante Granny Smith, e o barulho me provocou um arrepio na espinha.

— Você tem duas semanas — avisou.

Depois, me beijou no rosto e foi embora.

CAPÍTULO 11

Borderline

Pertinho da Mulholland Drive, a caminho da casa de meu pai em Beverly Hills, há uma casinha. Ao contrário das muitas mansões que ladeiam a fabulosa rua, essa é pequena e antiquada. Quando ia ver papai, eu desacelerava para dar uma olhada na velhinha que quase sempre ficava ali fora, cuidando das rosas do jardim. Raramente estava sozinha. Um senhor idoso, que supus ser o marido, ficava sentado numa cadeira de jardim, lendo e observando o trabalho dela. Ele equilibrava uma xícara de café sobre uma pilha de livros arrumada a seu lado na grama.

— Algum dia vou comprar essa casa — murmurei.

Vários meses depois, eu estava sentada num escritório no San Vicente Boulevard. O sol da tarde começava a baixar sob o horizonte; se eu inclinasse a cabeça do jeito certo, conseguiria vislumbrar a curva do oceano pela janela.

— Você está mudando de assunto outra vez, Patric — disse a dra. Carlin.

Por insistência de meu pai, comecei a consultar uma terapeuta. A dra. Carlin era psicóloga e foi muito recomendada. Depois de lhe contar minha história e as histórias das crises de apatia e de comportamento destrutivo, ela também desconfiou que eu sofria de transtorno de personalidade antissocial. Assim, pediu para fazermos a lista de verificação de psicopatia, o teste PCL-R.

Apertei os olhos para a janela.

— É porque seus assuntos são muito incômodos — respondi.

— Acho que é uma boa ideia — insistiu ela com gentileza.

Meu olhar se esvaziou no espaço, e os pensamentos voltaram à casinha. Ficamos alguns segundos em silêncio até que me voltei outra vez para ela.

— É só que não entendo — falei, balançando a cabeça. — Por que quer que eu faça o PCL-R? Não sou psicopata.

— Em termos de diagnóstico, tendo a concordar — explicou a dra. Carlin, remexendo-se na cadeira. — Mas, embora o teste tenha sido pensado para avaliar a psicopatia, muitos pesquisadores o usam para testar a sociopatia... uso extraoficial, por assim dizer. Não há diagnóstico oficial separado para a sociopatia.

— Tudo bem — respondi com cautela. — E como *isso* funciona?

— Bom, embora sejam essencialmente o mesmo transtorno, muitos clínicos, eu incluída, acreditam que a sociopatia é como uma forma mais leve de psicopatia. A pontuação máxima do PCL-R é quarenta — explicou a terapeuta —, e a psicopatia é indicada pela pontuação de trinta ou mais. Em geral, acredita-se que a sociopatia fica nos 22 pontos ou mais.

— Em geral, acredita-se?

— Bom, mais uma vez, o teste é tecnicamente estruturado para avaliar a psicopatia. E há muita discordância sobre como diagnosticar os que ficam na faixa inferior ou logo abaixo do limite da psicopatia.

— E qual é a pontuação das pessoas normais? — perguntei.

— Varia — respondeu a doutora. — Mas acho que o consenso é por volta de quatro.

Fiquei boquiaberta.

— QUATRO? — Recostei-me na cadeira. — Então, preciso entender. Se a pessoa é psicopata, faz *trinta* ou mais pontos. Mas a pessoa "normal" faz *quatro*?

A dra. Carlin arregalou os olhos um pouquinho e riu.

— Desculpe — continuei —, mas isso é loucura. Você está me dizendo que não há diagnóstico clínico para quem faz *entre* quatro e trinta? E alguém que fez quinze pontos? Ou 21? Você está me dizendo que o PCL-R não explica sobre essas pessoas?

— Bom, como eu disse, achamos que os sociopatas ficam entre 22 e 29 — esclareceu a terapeuta. — E, para ser justa, a pessoa "normal" nunca faria o PCL-R. Ele é pensado para criminosos. A ficha criminal é um requisito.

— Então como é que vou fazer? — perguntei.

— Vou usar o PCL-SV — explicou a dra. Carlin. — É parecido, mas projetado para uso em ambiente clínico.

— Então há duas versões do mesmo teste? — perguntei. — Uma para criminosos e outra para o restante?

A dra. Carlin fez que sim com a cabeça.

— Os dois testes usam os mesmos critérios. Procuram sintomas em quatro categorias: estilo interpessoal, experiência emocional deficiente, comportamento impulsivo e conduta antissocial. A diferença é que o PCL-SV não requer ficha criminal. Portanto, pode ser usado em qualquer pessoa.

— Jesus — murmurei, balançando a cabeça. — Por que isso é tão complicado? E de que adianta testar se você não pode diagnosticar *oficialmente* um sociopata?

— Como assim?

— Não há tratamento para a sociopatia, correto?

— Não, atualmente, não.

Ergui as mãos.

— Então o que os sociopatas vão fazer com o diagnóstico? Fumá-lo?

A doutora se ajeitou na cadeira, ansiosa.

— Bom, os diagnósticos de psicopatia e sociopatia são usados primariamente pelos clínicos — ela fez uma pausa —, para avaliar a propensão à criminalidade.

Dei uma risada.

— Em outras palavras, esse teste só é usado para avaliar a probabilidade de alguém, *talvez*, cometer crimes futuros?

— Mais ou menos.

— Bom, então vou poupar nosso tempo, porque eu diria que minha "propensão à criminalidade" fica em 100%!

A dra. Carlin simplesmente disse:

— Vamos descobrir.

A entrevista do PCL-SV foi exaustiva. Fiquei horas sentada diante da terapeuta, e falamos de tudo: de meus impulsos criminosos aos padrões de sono e ao histórico sexual. Depois, tive que esperar uma semana inteira até a próxima sessão para receber o resultado.

Na terça-feira seguinte, cheguei cedo para a sessão.

— Como fui? — perguntei.

A dra. Carlin fechou a porta e sentou-se calmamente.

— Bom — começou, depois de se instalar —, achei que talvez devêssemos falar primeiro falar do teste em si. Você ficou bem cansada depois. Como foi essa experiência para você?

— Ah, vamos lá — respondi. — O que o teste disse?
Em vez de responder, ela perguntou:
— Por que isso é tão importante para você?
Inclinei a cabeça para a frente.
— Por que o resultado do teste que confirmará meu diagnóstico de sociopatia é importante para mim? — questionei, incrédula.
— Isso.
Soltei o ar.
— Não sei — respondi, pensando nisso pela primeira vez. — Acho que seria legal ter uma resposta de uma vez por todas. No mínimo, acredito que seria mais fácil para mim explicar aos outros que sou sociopata. Haveria muito menos confusão, isso é certo.
A dra. Carlin ficou curiosa.
— Você contaria aos outros seu diagnóstico? — perguntou ela. — Por quê?
Dei de ombros.
— Aí eu não precisaria fingir que sou "normal" o tempo todo. As pessoas captam as coisas. É assim desde que sou criança. Acho que falar logo de cara evitaria muitas questões. Claramente, tornaria *minha* vida mais fácil.
— Parece estranho — observou a doutora —, que você se preocupe com o que os outros pensam.
— Essa é a questão — expliquei. — *Não* me preocupo com o que os outros pensam. Nunca me preocupei. Para mim, é mais um instinto de sobrevivência. Essa necessidade de ficar oculta e impedir que as pessoas descubram o tipo de pessoa que sou foi só para continuar a agir destrutivamente sem que ninguém descobrisse. Mas agora não me preocupo em ser descoberta. Sou quem sou. Aprendi a aceitar. — Fiz uma pausa e acrescentei: — Ou, pelo menos, tentei aprender.
A dra. Carlin pareceu agradavelmente surpresa.
— Hum — disse ela.
Eu estava começando a perder a paciência.
— Ótimo — disse eu. — Agora que isso está resolvido, podemos falar do teste, por favor?
A terapeuta ergueu as mãos numa concordância relutante.
— Tudo bem — disse ela, olhando suas anotações. — Bom, como você se lembra, o teste abordava quatro grupos. Sua pontuação

indica uma faixa acima da média de sintomas psicopáticos nos quatro. — A dra. Carlin franziu a testa. — Mas é interessante — continuou —, porque seu estilo interpessoal não se correlaciona de forma coerente com os critérios do PCL-R.

Ao perceber minha expressão confusa, ela explicou:

— De acordo com o PCL-R, psicopatas e sociopatas demonstram um tipo muito específico de agressão social — disse ela. — Eu o descrevo como o sintoma do vendedor insistente. Há muita arrogância e antagonismo declarados. É a principal maneira de os sociopatas estabelecerem dominação social. É assim que afirmam o controle.

— Você está dizendo que não sou assim? — perguntei.

— Não, você é assim — respondeu a dra. Carlin —, mas o modo como estabelece a dominação é pelo encanto e pela manipulação. O que faz sentido, porque você é mulher. A mulher sociopata não usará necessariamente as mesmas técnicas interpessoais do homem. Esse é um dos problemas que tenho com o PCL-R, na verdade. Acho que há muito viés de gênero.

— E o que isso significa?

— Significa que o lugar onde sua pontuação é mais baixa, em termos relativos, é especificamente na escala do estilo interpessoal — explicou ela. — Mesmo assim, é alta. Tudo, na verdade. É alto em todos os quesitos. Como desconfiei, o nível não é alto a ponto de deixar você na categoria da psicopatia extrema, mas indica claramente o transtorno de personalidade antissocial.

A princípio, eu não disse uma palavra sequer, só me virei para olhar a janela. No outro lado da San Vicente havia um parque. Um grupo passou pelos portões e começou a caminhar tranquilamente pela grama. Era uma aula de ioga, uma excursão ou coisa parecida. Cerca de duas dúzias de pessoas.

— Um em 25 — devaneei.

— Patric — chamou a dra. Carlin —, fale comigo.

Virei-me para ela outra vez, enquanto batia o dedo no vidro.

— Quer saber? — perguntei. — Cerca de uma em cada 25 pessoas é sociopata. É o que a pesquisa diz. — Olhei de novo as pessoas no parque. — Então, você acha que há outro sociopata no parque ou sou só eu nessa amostra? — Dei uma olhadela para a dra. Carlin, que ergueu uma sobrancelha para mim. — Estou falando sério.

Ela pensou um pouco e disse:

— Parece que você está se perguntando se está sozinha. — Ela fez uma pausa. — Como se sente?

Olhei para baixo, balançando a cabeça devagar enquanto pensava no que dizer.

— Parece algo que *sei* — respondi, finalmente. — Não parece algo que sinto.

— E essa é sua reação normal? — perguntou ela. — Quando pensa em sua relação com outras pessoas?

Dei de ombros.

— É.

Ela franziu a testa quando olhou novamente as anotações.

— E aquele cara na Flórida? Você disse que teve sentimentos por ele.

— David? — perguntei, surpresa. — Sim, amo David. Ou melhor, *amava*. — Mordi o lábio. — Na verdade, não sei.

— Como assim?

Pensei um pouco.

— Bom, parece meio bobo agora. Quer dizer, namoramos quando eu tinha 14 anos. Desde então, nunca senti a mesma coisa por *ninguém*. Para mim, isso parece inacreditável. Comecei a pensar que foi tudo algo que inventei. — Balancei a cabeça com tristeza. — Como... Eu queria sentir amor, mas, na verdade, não senti.

A dra. Carlin balançou a cabeça positivamente.

— E o que *isso* faz você sentir?

— É um saco — respondi, pensando nos namorados que tive.

O número quinze da lista de Cleckley me veio à mente: "Vida sexual impessoal, trivial e mal integrada".

— Mas acho que faz sentido, não é? — continuei. — Não sou boa em me conectar com os outros e comigo. Sou sociopata.

Parei um segundo, escutando a palavra sair de minha boca. Parecia diferente naquele momento.

— É verdade — disse a dra. Carlin, me olhando nos olhos. — E sabe o que acho interessante?

Fiz que não com a cabeça. Ela pôs a papelada de lado e se inclinou para a frente.

— Apesar de sua dificuldade em se conectar com os outros, seu primeiro impulso depois de receber o diagnóstico foi olhar pela janela para procurar mais alguém como você. — Ela deixou as palavras se entranharem. — Por que acha que é assim?

Olhei pela janela outra vez. O grupo de pessoas tinha atravessado o parque e estava fora de vista. Fiquei decepcionada porque não podia mais vê-los.

— Não sei — disse baixinho. — Acho que seria legal conhecer alguém como eu. Não ter que explicar por que sinto algo ou não. Não ter que justificar minhas ações o tempo todo nem tentar falar uma linguagem emocional que não entendo. Acho que seria legal só me sentir normal perto de alguém. Não sei explicar. Sinto que, se conhecesse alguém como eu, eu sentiria... Não sei.

— Não — insistiu, gentilmente, a dra. Carlin. — Termine a frase. Então você sentiria... o quê?

— Esperança — respondi, exasperada. — Embora isso não faça muito sentido.

A terapeuta recostou-se na cadeira.

— Discordo — disse ela. — Acho que faz muito sentido. Significa que você está procurando alguém com quem possa se identificar. E isso é *bom*. Entre sua curiosidade sobre outros sociopatas e a disposição de revelar suas experiências, eu diria que há muita esperança para você.

Bufei com a ideia, depois me afastei da janela e lhe dei um sorriso sarcástico.

— Esperança de quê? De um amigo sociopata? — Revirei os olhos. — Que sorte.

— Você não está procurando um amigo — disse ela.

— Então, o que estou procurando?

A dra. Carlin inclinou a cabeça, um sorriso pequeno, mas confiante, nos lábios.

— Empatia — respondeu ela.

A observação de que eu era uma sociopata em busca de empatia foi perspicaz, para não dizer totalmente surpreendente. Em vários aspectos, eu era como o filhote de passarinho perdido do livro infantil *Are You My Mother?* Só que, em vez de um passarinho corajoso de bom coração e problemas de identidade em busca de sua mãe, eu era isolada, antissocial, com alcance emocional limitado e hábito de mentir em busca de um amigo. Apesar do diagnóstico, eu não estava mais próxima de descobrir por que era daquele jeito.

Não que tivesse muito tempo para pensar. Depois de um breve descanso pós-formatura, aceitei a oferta de meu pai e entrei em sua nova empresa. Estive com ele e vários de seus sócios naqueles primeiros meses no emprego e assumi a missão de aprender todos os aspectos da produção musical. O que descobri era surpreendente. Logo percebi que a indústria musical era um macrocosmo de prestidigitação para o qual eu era perfeitamente adequada. Distraídos pelo fascínio da música e da mística cuidadosamente elaborada dos artistas, poucos prestavam atenção às figuras obscuras que se escondiam nas sombras. E era lá que a verdadeira mágica ocorria. A magia *das trevas*.

Dos pagamentos de jabá nos bastidores e dos que faziam bico como olheiros de talentos aos contratos duvidosos de produção e às empresas que cobravam comissão dos dois lados, o setor musical era "uma trincheira monetária rasa e cruel, um longo corredor de plástico onde ladrões e cafetões agem com liberdade". Pelo menos, Hunter S. Thompson pensava assim. E era difícil discordar.

No momento em que comecei a trabalhar como produtora de artistas, meu horizonte psicológico se expandiu. De repente, eu não me sentia mais a única sociopata do mundo. Além de parecer que a maioria das pessoas que conheci adotava meu tipo de personalidade, muitos se mostravam propensos a cooptá-lo. Na verdade, fiquei chocada com o número de pessoas que encontrei no setor de entretenimento que, depois de conhecer meu diagnóstico, professou índole semelhante.

— Ah, sou totalmente sociopata — disse Nathan, produtor musical, pouco depois de nos conhecermos. — Não dou a mínima para nada.

Uma olhada em seu contrato de produção indica que isso não era totalmente exato. Nathan parecia se preocupar *muito* quando se tratava dos royalties — tanto que qualquer artista ligado à sua produtora tinha que ceder quase toda a sua propriedade criativa.

— Isso provavelmente explica por que sou tão bom em meu trabalho. Gosto de fazer coisas ruins — acrescentou com um sorriso malicioso. — Gosto de ser sociopata.

Antes de mergulhar no setor musical, sempre tive dificuldade de encontrar pessoas dispostas a aceitar meu tipo e, muito menos, que admitisse um tipo de personalidade semelhante. Naquele momento, estava cercada! O efeito foi hipnótico (e, a princípio, ofuscante). Fascinada pela possibilidade de companhia, não pensei na credibilidade dos autodiagnósticos de sociopatia de minha suposta corte. Como um viajante desidratado, simplesmente suguei até a última gota. Pelo menos no início. Até conhecer Jennifer.

Jennifer era a executiva de um selo de gravadora encarregada de cuidar do lançamento do segundo álbum de um dos clientes mais lucrativos de meu pai. Como queria garantir o sucesso do novo trabalho, papai incentivou nosso encontro.

— O mundo do rock não é igual ao mundo do pop — explicou ela certa noite, um ano depois que comecei a trabalhar como produtora.

Estávamos bebendo na Casa Vega, meu restaurante mexicano favorito no Vale de São Fernando.

— É preciso ser duro para sobreviver — acrescentou ela —, principalmente se for mulher.

Sorri e me enfiei rapidamente na abertura que, sem querer, ela ofereceu.

— Bom, isso é perfeito para mim, porque sou sociopata.

Ela sorriu, achando que era brincadeira, mas escutou com atenção quando lhe dei uma breve explicação de meu histórico e diagnóstico.

— Uau — exclamou quando terminei. — Isso é *incrível*. — Ela baixou a voz e se inclinou à frente de forma conspiratória. — Para ser franca, sempre me perguntei se *eu* era sociopata.

— Ahã — respondi.

Vinha ouvindo muito isso ultimamente.

— Você sabe o que *quero dizer* — insistiu Jennifer, olhando em volta. — As coisas que fazem os outros chorarem não me fazem chorar *nadinha*. Tipo, crimes reais. Sou obcecada! E já fantasiei muito sobre matar pessoas.

— Bom, isso é... Querer matar alguém não significa automaticamente que você seja sociopata — comentei. — Essa é uma concepção meio errada. Em geral, a sociopatia é muito malcompreendida...

— Mas você sabe o que quero dizer? — repetiu Jennifer, me interrompendo. — Adoro coisas sombrias, como vampiros. Provavelmente, foi por isso que entrei no marketing de bandas de rock!

Eu começava a me perguntar se deveria rever minha política sobre revelar meu tipo de personalidade. De qualquer forma, mal tive tempo de pensar antes que ela pousasse a mão sobre meu antebraço.

— Entendo você, garota — disse ela, fazendo que sim com a cabeça.

Dei uma olhada na mão de Jennifer e vi que o dedo mindinho estava enrolado em ataduras.

— O que aconteceu? — perguntei, contente de mudar de assunto.

Jennifer afastou a mão.

— Ah! — disse ela. — Resgatei um cachorro, uma pit bull. Ela é uma doçura, mas, no mês passado, começou a brigar com meu outro cão. Quando tentei separá-los, ela arrancou meu dedo com uma mordida.

Essa confissão horripilante fez com que eu me engasgasse com o coquetel. Tossi e tomei um longo gole.

— Desculpe — falei. — Ela *arrancou* seu dedo?

Jennifer concordou com a cabeça.

— Foi. A vizinha teve que me levar ao pronto-socorro. Por sorte, os médicos conseguiram costurar o dedo de volta. — Ela sorriu. — Você tem cachorro?

Fiquei sem fala.

— Hmmm... não, não tenho. Espere um segundo — pedi, tentando me recompor. — O que aconteceu com... o *outro* cachorro?

Jennifer fez uma careta.

— Ah, esse é um problema constante. Lady só é agressiva com outros cachorros, e tenho que manter os dois separados o tempo todo. — Ela fez uma pausa para pedir outra bebida ao garçom. — Os cachorros são o máximo. Ainda mais agora, que estou divorciada. Sabia que sou divorciada?

Fiz que não, mas pareceu que Jennifer não notou.

— Fui casada durante dez anos e só tenho para mostrar minha casinha de merda no Vale. Na próxima vez, quero alguém que cuide de *mim*, sabe? Como um cara rico. — Jennifer bebeu o resto da margarita. — É o que tenho agora: um cara rico. Ele se chama Joel e é *muito* rico. — Ela arregalou os olhos. — Ele conhece outros caras ricos, também, sabe. Podemos apresentar um para você e sairmos juntas!

Fiz que não.

— Não estou muito...

— Ele mora num lugar enorme no Flats, em Beverly Hills — interrompeu ela com tristeza. — Eu acho que é lá que eu deveria morar também, sabe? — A expressão dela ficou sombria enquanto fitava o espaço e acrescentava: — Eu *mereço*.

Fiquei confusa. Sem saber o que fazer, comecei a imitar seu comportamento. Fiz minha expressão mais simpática e pousei a mão sobre seu antebraço, com cuidado para não perturbar o dedo costurado.

— Entendo você, garota — falei.

Mas eu *não* a entendia. E, quanto mais a conhecia, mais confusa ficava. Como muitas "confissões" de autodiagnóstico que ouvia de pessoas do setor de entretenimento, a especulação de Jennifer de que era sociopata *quase* fazia sentido. Ela se queixava regularmente de se sentir "vazia". Era frequentemente impulsiva, e seu comportamento, como o meu, era, em geral, destrutivo. Também era muito insensível aos outros e demonstrava impunidade ou indiferença aos limites das pessoas. No fim, descobri que era aí que as semelhanças acabavam.

Enquanto eu sofria com falta de sentimentos, parecia que Jennifer os tinha em excesso. Para começar, suas oscilações de humor eram terríveis, passando da euforia à agitação sem razão aparente. Também tinha um mau-humor horroroso e pouco autocontrole, e era comum abandonar reuniões com raiva ou gritar com o pessoal quando não obtinha o que queria. Contudo, talvez a maior diferença fosse que Jennifer parecia extremamente aleatória. Isso era ainda mais verdadeiro em seus relacionamentos românticos. Até a mais leve percepção de rejeição provocava-lhe um colapso de dissonância cognitiva.

— Ela parece ser borderline — arriscou a dra. Carlin.

Eu estava no consultório da terapeuta para nossa sessão semanal. Curiosa com o tipo de personalidade de Jennifer (e as semelhanças com o meu), pedi a opinião dela.

— É comum confundir o transtorno de personalidade borderline com a sociopatia — explicou ela —, porque muitos diagnósticos *comportamentais* se parecem, as coisas que são observáveis. Relacionamentos instáveis, impulsividade, autodestrutividade, vazio habitual, raiva, hostilidade... muitas características se sobrepõem. Na verdade, acontece o mesmo com o narcisismo.

— Mas por que é assim — perguntei —, se somos tão diferentes?
— Porque o comportamento é motivado por coisas diferentes — explicou a dra. Carlin. — Os borderlines atuam devido à abundância de sentimentos. Os sociopatas, devido ao déficit.

Depois de uma pausa, ela continuou:

— A questão toda é o apego. As pessoas que sofrem de transtorno de personalidade borderline são desesperadas por amor. É por isso que tendem a ser hiperemocionais. Farão todo o possível para evitar a perda de afeto, mesmo que isso signifique desrespeitar limites ou ter comportamentos destrutivos. Não se importam com as necessidades nem com os sentimentos das pessoas. Para elas, só o que importa são *suas* necessidades e *seus* sentimentos. Os outros são percebidos como objetos do eu. Em outras palavras, os borderlines não veem os outros como indivíduos separados, mas como extensões de si mesmos. Sua percepção do mundo, portanto, é puramente egocêntrica e unidimensional. Por outro lado, os sociopatas *não* são motivados pelo apego. Quando muito, sua visão de mundo é configurada pela *falta* de apego. Mas essa visão de mundo também é egocêntrica e unidimensional. Por isso, as pessoas sempre confundem os dois.

Quanto mais prestava atenção, mais eu concordava. Na superfície, Jennifer *era* muito parecida comigo. Suas emoções, embora muito mais bombásticas que as minhas, eram bem limitadas. Ela parecia incapaz de empatia e era imune à vergonha. Frequentemente, era desonesta. Seu comportamento parecia vacilar entre períodos extremos de bem e mal, e seu apego aos outros não era simbiótico, mas baseado no interesse próprio.

Então, por que não fiquei aliviada? Com meu isolamento psicológico, eu ficaria contente de conhecer alguém moderadamente parecido, mesmo que nossos diagnósticos específicos fossem diferentes. Afinal de contas, Jennifer estava feliz por ter *me* conhecido. "Estou tão contente de termos nos conhecido. É como se você fosse minha alma gêmea!", escreveu ela numa mensagem vários dias depois de nosso primeiro encontro na Casa Vega.

No entanto, o sentimento não era mútuo. Detestei Jennifer. Seu excesso de emoção me deixava inquieta. Embora houvesse método em *minha* loucura, ela me pareceu perturbada. O comportamento turbulento só era controlado pela sensação egocêntrica que se apresentava. *Ela me lembra Syd*, pensei com nojo. *Como se os sociopatas já não tivessem má fama, ainda temos pessoas como Jennifer para piorar a situação.*

Jennifer não era sociopata. Era pior. Uma imitação. Uma ovelha em pele de lobo. Isso me deixava zangada. Quanto mais pensava, mais me zangava. Percebi que pensava em Jennifer o tempo todo, e não só ruminações casuais, mas fantasias específicas de violência contra ela. E *gostei*. Era quase relaxante ter um ponto fixo onde concentrar minha emoção. Embora, graças à receita que adotei, já tivessem se passado alguns anos desde que senti um aumento grave da "pressão", eu vivia procurando oportunidades de senti-la.

Trabalhar como produtora, tentar ser "boa", fazer terapia, até me encontrar com "amigas" para tomar um drinque, tudo isso era normal na superfície. Tudo isso era saudável, em *teoria*. No entanto, a realidade de minha situação continuava a mesma. Não importava o que acontecesse no lado de fora, meu clima interno estava sempre em risco de estagnar. Felizmente, depois que conheci Jennifer não precisei mais me preocupar. Odiá-la não ajudava apenas a controlar a apatia, mas o comportamento também.

— *Patric!* — gritou Jennifer. — *Preciso* conversar com você!

Era a manhã do lançamento do álbum, um mês depois de nosso primeiro encontro na Casa Vega, e eu tinha acabado de chegar à emissora de rádio onde ela marcara uma entrevista ao vivo com a banda. Quando desci do carro, meus ombros despencaram ao vê-la esperando por mim no estacionamento. *Argh*, pensei. Podia perceber que ela estava agitada e desgrenhada.

— Por que não retornou minhas ligações? — perguntou, frenética, ofegando enquanto trotava pelo estacionamento. — Algo muito ruim aconteceu e preciso conversar com você.

Fiz que não com a cabeça.

— Sem chance — ralhei. — A entrevista é daqui a dez minutos.

— Você não entende. É importante! — Jennifer pôs a mão sobre meu braço e me puxou suavemente para mais perto. — Sabe minha cachorra Lady?

Suspirei com impaciência e vi o cantor entrar no saguão da emissora.
— Está falando sério? Não vou ouvir histórias de cachorro agora.
— Ela matou o cachorro da vizinha!
Fiquei chocada.
— O *quê*?
— Sabe, tenho que deixá-la separada do outro cachorro, não é? Então, prendi ela no quintal dos fundos. Bom, meus vizinhos deixam o cachorro deles no quintal também. Seja como for, Lady deve ter cavado sob a cerca ou coisa parecida, porque ela pegou o cachorro deles e o matou! Vi tudo acontecer.

Foi minha vez de agarrar o braço *dela*. O cotovelo de Jennifer soltou um estalo satisfatório quando a puxei para fora da linha de visão de meu cliente.

— Você viu seu cachorro cavar sob a cerca, atacar outro cachorro e matá-lo? — indaguei.

Ela fez que sim com a cabeça.

— *Por quê?* — perguntei. — Por que não o impediu? Por que não *fez* qualquer coisa?

Em resposta, ela mostrou fracamente o dedo recém-recosturado.

— Ah, puta que pariu, você está brincando comigo — estourei, genuinamente enojada. — O que a vizinha disse?

— Essa é a questão — respondeu Jennifer, a voz subindo de medo. — Depois que Lady, sabe, *acabou*, entrei em pânico. Sabia que tinha que esconder o corpo, então o levei até a rua e o deixei lá. Eles vão pensar que foi culpa *deles* o cachorro ter saído, não é? Vão achar que foi atropelado?

— O *quê?!* — exclamei. — Que merda você tem na cabeça?

— Eu não tinha opção! — gritou Jennifer, começando a chorar. — Ela me levou ao hospital na última vez. Sabe que Lady é agressiva! Se descobrir, vai me obrigar a sacrificá-la!

— Meu Deus — exclamei quando fiz a conexão. — É a *mesma* vizinha que levou você ao pronto-socorro? Que merda você tem na cabeça?

— Já expliquei para você — insistiu Jennifer. — Sou sociopata!

— Você não é sociopata! — exclamei, furiosa. — Você é uma *imbecil* de merda.

Ela soluçou, e seu choro atraía atenção no estacionamento.

— Meu Deus, e se me pegarem? — ela gemeu outra vez, gaguejando entre lágrimas. — Eu me sinto tão *maaaal*, Patric! Você tem que me ajudar! Tem que me dizer o que fazer!

Soltei-me das mãos dela.

— Quer meu conselho? — sibilei. — Vá para casa. Limpe-se e pare de despirocar. Cuido da entrevista sozinha.

Isso pareceu tirá-la da histeria.

— É — respondeu ela, fungando. — Você tem razão. Preciso respirar fundo e ser bondosa comigo. — Ela fez uma exibição exagerada de inspirar e expirar e disse: — Mas não vou para casa.

— Por que não? — perguntei, e imediatamente me arrependi.

— O cara com quem estou sando, Joel — explicou. — Vou para a casa dele. Mereço um pouco de terapia de varejo depois da semana que tive!

Resisti ativamente à vontade de furá-la com minhas chaves. Minhas unhas estavam compridas e furaram a carne da palma de minhas mãos.

— Tudo bem — respondi com indiferença. — Não me importo. Só se recomponha.

Eu me virei para a emissora, mas Jennifer não tinha acabado.

— Patric! Posso lhe perguntar uma coisa? — As lágrimas e a histeria tinham sumido.

Girei na direção dela.

— O quê?

— Então, Joel me deu um dos carros dele para usar. É legal. É um Porsche. Mas não me deu o cartão de crédito nem nada. Achei meio babaca. — Ela fez uma pausa. — Foi babaca, não é? Assim, estamos nos vendo já faz um tempo, e vou sempre à casa dele. Acho que ele deveria ter me oferecido o cartão de crédito para fazer compras.

Levei um momento para apreciar plenamente meu ódio.

— É claro — respondi, finalmente. Então, entrei na emissora.

Cheguei a tempo da entrevista. Depois de despachar a banda para a cabine do DJ, me sentei na área de escuta. Felizmente, a sala estava vazia e, enquanto fitava o espaço, senti a apatia — abençoadamente — começar a aumentar. Mas não consegui me desligar por muito tempo. Algo me incomodava, uma sensação de desconforto. Dei uma olhada em minhas mãos. As palmas sangravam.

CAPÍTULO 12

Sociopata falsificada

Cerca de quinze dias depois, eu estava em meu quarto dando os últimos retoques na maquiagem. Era a noite da festa Sonhos de uma Noite de Verão, na Mansão Playboy, uma noite de devassidão pela qual todo ano eu esperava ansiosa. Contudo, quando me olhei no espelho da penteadeira, percebi que não me sentia muito empolgada. No máximo, claustrofóbica. Levei automaticamente à bochecha um pincel de maquiagem enquanto meus pensamentos voltavam à sessão de terapia daquele dia e do que eu desconfiava ser a causa de meu estresse.

No começo, parecia uma sessão normal. Normal para mim, de qualquer modo. Passei os primeiros minutos contando a história do cachorro de Jennifer e meu nojo porque ela usava o autodiagnóstico de sociopata como desculpa para suas ações.

— Isso me deixa *doente* — desabafei, lançando um olhar desafiador para a terapeuta. — Ela não é sociopata merda nenhuma. É uma puta de rua do caralho que merece um chute na bunda. Juro por Deus, se a encontrar num beco escuro, acabo com ela.

A dra. Carlin assentiu, pensativa.

— Parece que foi decepcionante para você perceber que ela não era a pessoa que disse que era.

Bufei com sarcasmo.

— Foi decepcionante não furá-la com as chaves no estacionamento.

— Concordo que o que ela fez foi repreensível — admitiu a terapeuta. — Meu palpite é que ela também sabe disso. Por isso ela queria falar com você, porque estava traumatizada.

— Fala sério! — respondi. — Aquela mulher não se traumatiza com *merda* nenhuma. Passou o fim de semana inteiro lá nos Flats, fodendo seu *sugar daddy* por dinheiro.

A dra. Carlin ergueu a sobrancelha.
— Sério? Como você sabe?
— Porque os observei.

Alguns dias depois do incidente com o cachorro, demos uma festa de lançamento do álbum num bar local chamado Lola's. De uma janela perto da entrada, sorri com escárnio quando Jennifer chegou no Porsche de Joel.

Babaca, pensei.

— Oi — disse Jennifer ao entrar.

— Olá — respondi, dando-lhe um abraço inesperado. — Conseguiu relaxar?

Ela sorriu, aliviada com meu comportamento amistoso.

— Mais ou menos — respondeu, timidamente.

Ri com ela como se fôssemos velhas amigas.

— Bom, você parece... melhor — comentei.

Ela me estudou confusa. Então, seu rosto se contorceu em algo que parecia tristeza.

— É, mas ainda estou muito triste por aquele cachorrinho! — choramingou, um pouco forçada demais. — Sabe?

— É claro. — Passei o braço pelas costas dela enquanto a levava até o bar. — Então, me conte sobre a casa daquele cara. Estou louca para conhecê-la.

— Ah, meu Deus, Patric, você ia *morrer* — falou ela, enquanto qualquer vestígio de tristeza sumia de seu rosto.

Ela me deu o endereço e explicou:

— É pertinho de Beverly Hills. Tem cinco quartos *mais* um escritório. E, cá entre nós — ela olhou em volta e abaixou a voz —, vou foder com ele em todos! — Ela riu e completou: — Como Cachinhos Dourados, sabe?

Balancei a cabeça de um jeito brincalhão, combatendo a bile que subia por minha garganta.

— Você é *má*! — brinquei, puxando-a mais para perto. — Então, me conte, como é o quarto de *Joel*.

Era o quarto junto à piscina. Demorei para achá-lo. Saí cedo da festa e apreciei um jantar tranquilo em casa antes de tomar um longo banho.

Então, abri uma garrafa de vinho e tomei algumas taças enquanto terminava um serviço atrasado. À meia-noite, imaginei que a barra estava limpa, peguei o carro e fui até lá.

As ruas do bairro rico estavam vazias, e foi fácil encontrar um lugar para estacionar junto ao meio-fio. Esgueirei-me por algumas sebes baixas, me aproximei da casa de Joel e pulei a cerquinha. Não dava para acreditar na segurança meia-boca de uma parte tão abastada de Los Angeles. Fui até os fundos da casa e grudei o corpo numa parede perto do quarto principal. Sem ser vista, me aproximei aos poucos das portas do pátio e espiei por uma pequena vidraça.

Não tinham se dado ao trabalho de fechar as cortinas antes de irem dormir, e pude ver o quarto todo. À direita, havia uma escrivaninha e uma televisão que ocupava quase toda a parede acima dela. Na outra ponta do quarto, portas duplas se abriam para o corredor. À esquerda, a cama, uma grande monstruosidade com quatro pilastras e mesinhas de cabeceira de mogno igualmente feias. Algo atraiu meus olhos, e vi Jennifer rolando na cama, dormindo. Estava sem sutiã, com o pulso apoiado sobre o peito. Joel estava deitado ao lado dela, de costas para mim. *Droga*, pensei, só conseguindo ver a parte de trás da cabeça. Queria saber como era a cara dele.

Fiquei na ponta dos pés e segurei a maçaneta da porta para me equilibrar. Não esperava que se mexesse, mas, para minha surpresa, ela mexeu. *Sério?*, pensei. Empurrei a maçaneta de novo para confirmar. A porta estava aberta, isso mesmo. Eu só precisava empurrar. Então, sem pensar duas vezes, foi o que eu fiz. Três bipes rápidos soaram no sistema de alarme, e fiquei paralisada. Minha atenção foi direto para a cama, certa de que o ruído acordaria um deles (ou os dois). Não. O alarme não tinha disparado. Os bipes eram um simples sinal de porta aberta. Parei para me recompor. Então, entrei.

Como muitos dos lugares em que passei, a imobilidade da casa de Joel parecia explodir com energia frenética. Fiquei lá alguns segundos, aproveitando. Em seguida, respirei fundo e relaxei na apatia. Um tempo depois, me aproximei devagar da cama. Fitei Jennifer. *Ela é muito menos repulsiva quando está dormindo*, pensei. *Ainda assim, como seria bom livrar o mundo dela.*

Eu sabia que esse pensamento era extremo, mas me permiti deixá-lo fluir. Nunca fizera algo tão audacioso: invadir uma casa ocupada para observar os moradores adormecidos — mesmo que fosse só por acidente. Por um minuto só fiquei ali, imaginando todas as coisas que poderia fazer. Contudo, a memória muscular assumiu o controle, e uma parte de mim registrou a tolice daquela posição. Eu me lembrei da lista de regras da infância e das palavras escritas com letras grossas no alto:

NÃO MACHUCAR NINGUÉM

Essa é uma má ideia, pensei.
O luar refletia na piscina, provocando uma ondulação de luz que se movia de forma hipnótica pela colcha. Fitei-a, desejando me deitar e dormir. Em vez disso, pisquei com força e lembrei que precisava ir embora. Avancei com cuidado pelo quarto e me esgueirei, em silêncio, porta afora.

A dra. Carlin ficou em silêncio enquanto eu tagarelava sobre minha excursão. Quando terminei, ela pousou a caneta e me olhou com tristeza.
— Patric — disse, muito séria —, não sei se sou a terapeuta certa para você.
As palavras dela me pegaram de surpresa e percebi que meu corpo tremia.
— O quê?! — exclamei. — Do que você está falando?
— Comportamentos como esse... — respondeu ela. — Temo que estejamos entrando no território de Tarasoff.
Como psicóloga clínica, a dra. Carlin tinha que obedecer à regra de Tarasoff. Na faculdade, tínhamos aprendido sobre a decisão da Suprema Corte da Califórnia no caso *Tarasoff* versus *Regentes da Universidade da Califórnia*. Ela exige que todos os terapeutas denunciem às autoridades adequadas qualquer paciente que represente um risco grave de causar lesão corporal a uma vítima específica.
Ergui as mãos.
— Tarasoff? Está falando sério? Não fui lá machucar ninguém. Não entrei lá para fazer nada! A porta praticamente se abriu sozinha!
— Não é só Tarasoff — continuou ela, a voz se suavizando. — Como sua terapeuta, minha responsabilidade ética é *ajudá*-la. Mas

estamos trabalhando juntas há algum tempo, e seu comportamento só parece piorar.

— Ótimo — retorqui, minha voz pingando sarcasmo. — Então, mais uma vez, digo a verdade ao caralho da terapeuta, vejam só, e *ainda* acabo punida por isso.

— Não estou punindo você, Patric — insistiu a dra. Carlin. — Mas não está certo continuar recebendo você se não acredito que possa ajudá-la, principalmente quando você invade a casa dos outros.

— Não estou invadindo a casa de quem quer que seja! — Quase gritei. — Fui a *uma* casa, e foi basicamente um acidente. — Bufei. — Além disso, por que você se importa? Aquela garota é uma barata imbecil que mata cachorros!

— Você parece zangada — falou.

— *Estou* zangada!

— Por quê? — perguntou ela.

— Porque ela é MENTIROSA! — explodi. — Jennifer é uma sociopata *falsificada*. Diz a quem quiser escutar que é "trevosa", mas é só para chamar a atenção. A verdade é que ela não sabe porra nenhuma sobre as trevas. Nenhum deles! Jennifer, Nathan, todos os outros panacas que conheci ultimamente que se gabam de serem sociopatas. São *todos* um saco de merda. São imitações baratas que usam *meu* diagnóstico para justificar seu comportamento nojento como algum tipo de sintoma.

— Espere um instante — exclamou a dra. Carlin. — Como assim, *seu* diagnóstico? O que você está dizendo? Que só você tem permissão de ser sociopata? Que você é a única com permissão de justificar o mau comportamento?

— Talvez *seja* — respondi. — Mas não porque ache que sou a única sociopata. *Não* sou a única. ESSA É A QUESTÃO!

Apontei o dedo para a janela.

— Pessoas como Jennifer? Esses sociopatas falsificados? Eles dificultam que os *verdadeiros* sociopatas sejam ajudados. Você não entende? — protestei. — Essas imitações não sabem nada sobre a sociopatia *real*. Não conseguem imaginar a merda que é esse caralho de vazio abrangente, incansável e incessante da *verdadeira* apatia. Eles só se *importam* e gostariam de não se importar. Essas pessoas não precisam ter medo de machucar alguém, até de *matar* alguém só para *sentir* alguma coisa.

Sociopata falsificada

Parei e inspirei fundo, forçando a respiração a se normalizar.

— Talvez eu *seja* hipócrita — continuei. — Talvez eu *esteja* julgando. Mas não me importo. Essa gente é *mentirosa*. É falsa. E tenho um *ódio* do caralho deles.

A terapeuta balançou a cabeça e olhou para baixo.

— Essa é minha preocupação — disse ela baixinho. — Você está zangada e com dificuldade. Pode argumentar semanticamente quanto quiser. O que você fez, seguir aquela mulher até a casa do namorado e entrar, não está certo.

— Não voltará a acontecer — prometi baixinho.

— Como posso confiar? — perguntou a dra. Carlin. — Não faz nem cinco minutos que você estava me dizendo que queria machucá-la. E agora descubro que você passou o fim de semana perseguindo-a e invadindo a casa do namorado dela.

— Não a persegui — argumentei e levantei a mão quando a terapeuta abriu a boca para protestar. — Perseguir se aplica a quem segue ou importuna alguém de propósito, várias vezes e de forma maliciosa, com intenção de prejudicar.

A dra. Carlin não respondeu, mas me deu uma olhada incrédula.

— Eu não tinha intenção maliciosa quando a segui — continuei. — Nem estava zangada quando decidi ir. Só estava... entediada.

— Você *não estava* entediada — contrapôs a dra. Carlin. — Estava procurando uma válvula de escape psicológica para estabilizar seu processo mental. Envolveu-se num ato arriscado para reduzir sua apatia.

— Pode ser — respondi, dando de ombros. — Mesma coisa.

— Não — argumentou ela. — *Não* é a mesma coisa. As pessoas entediadas pegam um livro ou ligam a televisão. O que você fez foi muito diferente. Você estava caçando. Você está piorando. Isso é um problema, Patric. É comportamento antissocial inadequadamente motivado.

Número sete da lista de Cleckley.

— Então me diga: por quanto tempo você vai controlar sua apatia dessa maneira? Por quanto tempo até que a caça não seja suficiente? — Ela fez uma pausa. — Quanto tempo até você machucar alguém?

— Caralho, como é que vou saber? — estourei. Recostei-me e cruzei os braços. — Olhe, estou fazendo o melhor que posso. Você sabe tão bem quanto eu. Isso não tem cura. Não há um plano real de tratamento. Então, que merda eu deveria fazer?

A dra. Carlin suspirou.

— É por isso que sinto que não estou ajudando você.

Não respondi. Nós duas ficamos em silêncio enquanto o sol começava a se pôr.

— Sabe — falei após um tempo —, tem a pesquisadora Linda Mealey. Ela fez um trabalho muito interessante sobre sociopatia. Já ouviu falar dela?

A dra. Carlin balançou a cabeça.

— Não conheço.

— Bom, ela escreveu um artigo sobre teoria dos jogos e sociopatas. Disse que os sociopatas são indivíduos com desvantagem competitiva que usam estratégias de logro para extrair o máximo das cartas psicológicas ruins. Decorei porque ela está certa. É isso o que *sou*. É o que *faço*. — Fiz uma pausa. — Os furtos quando criança. A receita na faculdade. A fixação em Jennifer. Tudo isso. Essas são *minhas* estratégias de logro. Só estou tentando extrair o máximo das cartas que recebi.

Ela pensou por um instante.

— Mas sua opção de entrar na casa depois que percebeu que a porta estava destrancada não fez parte de uma estratégia. Foi uma escalada impulsiva.

— E daí?

— Como vou saber que algo assim não voltará a acontecer?

Balancei a cabeça.

— Porque não vai.

— Isso não basta — disse ela simplesmente. — Acho que, se você fala sério sobre querer melhorar e deseja continuar trabalhando comigo, precisamos fazer um acordo.

— Que tipo de acordo? — perguntei com cautela.

— Um contrato — explicou. — Por escrito. Você concorda em parar completamente de praticar atividades ilegais e concordo em continuar seu tratamento.

Ergui as sobrancelhas, desconfiada.

— O que me impede de concordar em parar, mas continuar sem você saber?

— Nada — respondeu a terapeuta. — Mas acho que não seria muito útil, não é?

Assim, concordamos. Eu assinaria um acordo prometendo à dra. Carlin que não adotaria mais comportamentos ilegais, inclusive, perseguir pessoas sem seu conhecimento. Em troca, ela continuaria a me tratar.

Naquela tarde, saí do consultório me sentindo bem, mas, quando me sentei no quarto, me preparando para a festa, ficou claro que algo tinha mudado. O contrato que assinara com a dra. Carlin me deixava inquieta. A partir daquele momento, o relacionamento com minha terapeuta dependia de uma promessa que eu sabia que não conseguiria cumprir. Estava encurralada. Era uma dinâmica desconcertante e conhecida.

Mantive a cabeça baixa ao entrar na Mansão Playboy, do saguão ao primeiro bartender, na esperança de não encontrar ninguém conhecido. Forcei o caminho pela multidão, atravessei o quintal até a piscina, onde a gruta estava animadíssima, e tomei vários coquetéis pelo caminho. Achei um lugar discreto para me sentar perto de uma das cavernas da gruta e fitei a água; as luzes sob a superfície davam um brilho fosforescente a tudo.

Isso é horrível, pensei.

Eu queria estar empolgada. Queria estar escondida em plena vista, observando as pessoas e seus maneirismos. Em circunstâncias normais, estaria. Mas meus pensamentos voltavam o tempo todo à sessão com a dra. Carlin e à desconfiança incômoda de que eu era um caso perdido. A festa parecia encolher e senti que caía no desamparo. Lembrei-me da noite em que pulei da sacada.

Um respingo da piscina me assustou e respirei fundo. Pus a mão na testa. O mundo girava. O álcool fazia efeito, e eu sabia que precisava ir embora. No entanto, não tinha certeza se conseguiria atravessar o quintal, muito menos chegar ao carro. Engoli em seco com força e respirei fundo outra vez, apoiada numa das paredes de pedra da gruta.

Só estou bêbada, pensei. *Não é nada de mais. Só preciso de um lugar tranquilo para esperar que passe.* Olhei o quintal outra vez, examinando a propriedade atrás de uma saída. Fixei o olhar no pátio dos fundos e, lentamente, tirei a mão da parede. Dei um passo cuidadoso à frente enquanto recuperava o equilíbrio. Então, outro. E mais outro. Não era uma caminhada longa, mas parecia durar para sempre. "Caralho, por que bebi tanto?", murmurei. Sempre tive uma relação delicada com o álcool. Gostava de me sentir relaxada, mas, sem dúvida, não gostava da ideia de perder o controle. Meu comportamento destrutivo já era bastante difícil de controlar em circunstâncias normais.

Tirei os sapatos. Pisar na grama fresca melhorou meu humor. Ergui os olhos para as luzes fortes da mansão. *Estou chegando lá*, pensei.

Havia gente por toda parte. Tirei o celular da bolsa e fingi que falava com alguém. Meus passos ficaram mais rápidos quando me aproximei da casa e subi a escada de mármore. Quando finalmente cheguei ao pátio, agarrei a maçaneta da porta como se fosse a borda de uma piscina. O ar gelado do ar-condicionado atingiu meu rosto, e fiquei feliz pelo alívio. Caminhei devagar rumo a uma gigantesca escadaria dupla e me apoiei numa das imensas esculturas de madeira que formavam a balaustrada. Era a estátua de um homem com chapéu de abas largas. Segurava um orbe numa das mãos e algo parecido com uma lança na outra. Lembrava Dom Quixote.

— Qual é o problema do orbe? — perguntei.

A sala imensa que separava as entradas da frente e dos fundos estava inundada pela luz. Protegi os olhos do fulgor do lustre titânico que pendia do teto abobadado. *Só preciso de silêncio*, pensei. *Preciso de escuridão.* Dei uma olhada na porta da frente. *Talvez devesse ir andando até o carro.* Tinha estacionado a uma distância considerável e, naquele estado, sabia que a ideia era uma tolice. De qualquer forma, estava ficando sem opções.

Havia um arco bem à minha frente, fechado com grossas cortinas pretas. Eu sabia que dava para um corredor que levava ao escritório particular de Hugh Hefner. O espaço estaria escuro, silencioso e vazio. Seria o lugar perfeito para eu me recalibrar e me recompor. Atravessei o piso de mármore até o arco. Havia uma dúzia de pessoas ainda reunidas no saguão, gente demais para eu escapulir até o escritório sem ser notada. Virei-me de costas para a sala e decidi esperar que saíssem, observando o reflexo delas numa janela.

Passados alguns minutos, a multidão recuou como a maré. Imaginei que a próxima onda não demoraria. Então, passei rapidamente pelas cortinas de veludo e atravessei o arco. O corredor estava em escuridão quase total, e meu desconforto foi rapidamente eliminado pela sensação de obscuridade. Mais uma vez, a invisibilidade ofereceu uma solução imediata para meu estresse entalado. A pressão crescente, exasperada pela reação ansiosa e claustrofóbica, foi neutralizada. Naquele momento, a apatia foi uma reação bem-vinda.

Sumi no escritório de Hef, fechei os olhos e me apoiei na porta. Levei um instante para aceitar a imobilidade, depois perambulei pela sala cavernosa enquanto minha visão se ajustava lentamente ao escuro. Um tigre de cerâmica de tamanho natural estava ao lado de uma espreguiçadeira. Os olhos dele cintilavam como se cada pedacinho da luz limitada dentro da sala decidisse se congregar nas minúsculas aberturas. Sentei-me na espreguiçadeira e descansei a mão na cabeça do tigre.

— O que aconteceria se tentássemos ir embora juntos? — perguntei ao tigre, sorrindo. — Você, eu e Dom Quixote. Seria fantástico. Comportamento fantástico e pouco convidativo, com bebida e, às vezes, sem — falei, recitando o número treze da lista de Cleckley. Em seguida, descansei a cabeça no tecido peludo. — Isso definitivamente cairia nessa categoria.

Com o barulho da festa flutuando pelas cortinas em tons abafados e aveludados, fiquei tão relaxada que quase adormeci. Mas meu feitiço sonolento foi quebrado pelo estrondo de um copo que explodiu em um chão de mármore em algum lugar, e, na mesma hora, despertei totalmente. Esperei por alguns segundos, depois me levantei da espreguiçadeira. Atravessei a sala e me sentei à escrivaninha de Hef. Havia um bloco ao lado do telefone. Cada página tinha o coelhinho da Playboy em relevo no alto e, abaixo, "de HUGH M. HEFNER".

Eu gostava do sr. Hefner. Não sei como ele se sentiria ao me ver sentada sozinha à sua mesa em vez de socializar, mas imaginei que não ficaria terrivelmente aborrecido. Mas, só para ter certeza, escrevi-lhe um bilhete rápido:

Oi, Hef.
Caso você esteja se perguntando quem ficou em seu escritório hoje à noite, foi Patric. Juro que não mexi em nada, embora quisesse muito.
bjs, P

Enfiei o bilhete sob o canto do telefone, o que provocou um pensamento que vinha me corroendo havia algum tempo. Nas últimas semanas, houve pelo menos uma dúzia de vezes em que quis telefonar.

— O que você acha? — perguntei ao tigre. — Deveríamos ver se ele está em casa?

Levantei o fone preto e disquei o número que sabia de cor. David atendeu ao segundo sinal.

— Adivinhe onde estou — disse.

— Ei! — respondeu ele. — Estava torcendo para ser você. O identificador de chamadas só disse Los Angeles.

— Holmby Hills, na verdade — contei. — Estou na Mansão Playboy.

— Sem chance! — David riu. — Tenho que visitar você um dia desses. Sua vida é muito maluca!

A ideia de uma visita de David me deixou felicíssima. É claro que eu sabia que não devia depositar minha fé em soluções simples. Ainda assim, foi adorável imaginar. Ouvir a voz dele, pensar em estarmos juntos outra vez era gostoso. Parecia sincero. Parecia *real*, embora eu soubesse que era uma fantasia.

— Quanto tempo faz? — perguntou ele. — Dois anos?

— Quase três — respondi. Foi o maior tempo que ficamos sem nos ver desde que tínhamos nos conhecido. — Mas quem está contando?

Nenhum de nós disse nada por algum tempo. David rompeu o silêncio.

— É estranho — falou. — Faz anos que não nos vemos, moramos em lados opostos do país, mas ainda penso em você todo dia. Como se você morasse aqui ao lado.

Sorri, contente de não ser só eu.

— Eu também.

— O que você acha que isso significa? — perguntou ele.

— Não sei — respondi, mexendo sem pensar numa das gavetas da escrivaninha de Hef.

— Bom, só para constar — disse ele, baixinho —, você ainda é a garota mais legal que já conheci.

Parei de mexer nas coisas e sorri.

— É? Pois também acho você muito legal.

Depois de outra pausa, decidi aliviar o clima.

Sociopata falsificada

— Então vou lhe mandar um presentinho do escritório de Hugh Hefner. Veja isso como uma recompensa por ser um assinante tão fiel.
— Por favor, não furte nada.
— Céus, você não relaxa? — comentei. — Juro por Deus, você é muito quadrado.
— Não sendo... um LADRÃO?!
— Peça perdão, não permissão — respondi.
— Isso é apavorante.
— Bom, é meu lema, e eu diria que tem funcionado bem até aqui. — Ouvi David rindo. — Endereço, por favor?

Ele me deu seu endereço físico e nos despedimos. Então, ele acrescentou:
— Amo você de verdade, você sabe.

Eu *sabia*. Mesmo depois de tantos anos.
— Amo você também — falei. Depois, desliguei.

Então, no escuro, o ouvido ainda quente do telefone, eu me senti insuportavelmente em paz. Porém, ao contrário de quando entrei no santuário íntimo de Hef, minha tranquilidade não resultava da invisibilidade nem da apatia. Era porque me sentia *vista*. Eu me sentia aceita. Eu me sentia sincera, mas, ainda assim, segura.

Enfiei o bloco de anotações no bolso e me virei para sair. A meio caminho da porta, parei. Voltei à escrivaninha, peguei uma caneta e acrescentei ao bilhete:

P.S.: Não é verdade, realmente peguei um de seus blocos para mandá-lo a um velho amigo. Espero que não se importe. bjs

David se orgulharia de mim, refleti ao sair. Então, pensei em minha mãe.

A lembrança inesperada me inundou como um tsunami. Recordei como me sentia quando confessava meus crimes e ela me chamava de sua garota sincera. Por um segundo, fui transportada para São Francisco e o cheiro de bolo de chocolate, para um tempo antes que eu tivesse que me esconder, para um tempo antes que conhecesse palavras como "sociopata" e "sociopata falsificada", para um tempo em que meus sentimentos por outra pessoa eram tão poderosos que eu só precisava me esforçar mais para ser melhor. Para um tempo em que a autoaceitação não era uma tarefa, mas algo natural. *Antes* que eu entendesse que era diferente. Antes que me sentisse sozinha. *Nem tudo foi ruim*, pensei. Antigamente, *havia* outra maneira de fazer a apatia desaparecer.

Um lampejo de luz me distraiu e vi o olho do tigre cintilar na sala escura. Pisquei para ele, me virei e saí. Alguns segundos depois, deixei a mansão e comecei a longa e sinuosa caminhada pela rua até meu carro, me perguntando se o que sentia era embriaguez prolongada ou outra coisa. De qualquer modo, eu não me sentia mais bêbada. Era algo diferente. Era algo... normal.

CAPÍTULO 13

Lar

Algumas semanas depois, tarde da noite, eu estava em casa e me espantei com uma batida à porta. Levantei do sofá e espiei pelo olho mágico. Boquiaberta, escancarei a porta.

David sorriu, nervoso.

— Eu não tinha certeza se você estava falando sério — disse ele —, mas imaginei que poderia tentar a sorte.

Pulei nos braços dele e quase o derrubei.

— Como chegou aqui? — perguntei, finalmente, a voz abafada contra seu pescoço.

Ele riu.

— Sei dirigir, sua boba. Embalei tudo o que tenho e vim.

Afastei-me e o fitei, ainda em choque.

— Por *mim*?

— Por você — respondeu.

Então, ele me beijou.

Foi exatamente como sempre sonhei que seria, nas raras ocasiões em que me permiti sonhar. Num instante, todos os meus antigos sentimentos voltaram, estilhaçando a apatia pelo caminho. Parecia que os braços fortes e o semblante firme de David eram o que eu sempre achei que fosse o "lar".

Não houve um período esquisito de ajuste. Era como se nunca tivéssemos nos separado. Da noite para o dia, passei de mulher solteira e independente a metade de um casal. Admito que a mudança foi bastante abrupta. Não tive nenhum relacionamento convencional depois de adulta e nunca fui o tipo de pessoa que toma decisões precipitadas. Gostava de privacidade. Sigilo. Disciplina. Preferia manter as pessoas a uma certa distância e minha casa, um santuário imaculado. Assim, me surpreendi quando, a partir do momento em que David apareceu à minha porta sem avisar, troquei tudo isso para ficar com ele.

— Você é mágica — disse ele.

No fim de semana seguinte, relaxávamos ao sol de Los Angeles tomando um vinho em Moraga Vineyards. A vinícola particular ficava escondida atrás de um grosso portão, num desfiladeiro das montanhas de Santa Monica, e era um de meus lugares favoritos da cidade. Alguns meses antes, me convidaram para uma prova de vinhos, e fiquei empolgada, porque, naquele momento, poderia levar David como meu "convidado".

— Este lugar — continuou ele, olhando em volta. — Parece uma miragem. Como você o encontrou?

Ele tinha razão. Moraga *era* uma miragem. Uma vinícola estonteante escondida no coração de Bel Air. Só soube que existia porque, certa tarde, dei de cara com ela durante uma caminhada. Espantada com as filas aparentemente intermináveis de parreiras imaculadas, andei até achar a entrada. Então, bati à porta e me apresentei aos proprietários.

— Então você simplesmente bateu à porta? — perguntou David.
— O que disse?
— A verdade! — respondi. — Que este lugar é a meca dos jardins secretos e que eles merecem uma medalha por transformar a terra numa vinícola produtiva.

— Espera um pouco — interrompeu David. — Quem são "eles"?
— Os donos. Tom e Ruth Jones.
— O quê? — gritou, os olhos arregalados. — Esta é a casa de Tom Jones? O Tom Jones?

— Não — respondi, rindo. — Quer dizer, sim, esta é a casa de Tom Jones. Mas não do cantor. Confie em mim: esse Tom Jones é o melhor.

— Então você só foi até a porta e disse "oi". — David balançou a cabeça. — Eles se assustaram?

— Não! — respondi. — Foram muito fofos e me contaram tudo sobre a propriedade e sua história. Então, pediram meu endereço para me colocar na lista de provas e coisas assim. — Movi minha mão como se mostrasse o ambiente. — E *voilà*!

— Como eu disse — comentou ele, os olhos cintilantes. — Você é mágica.

Eu sentia a mesma coisa sobre ele. De repente, não era mais atormentada pela tarefa de controlar minha apatia. No segundo em que David chegou, ela desapareceu, erradicada pelo sentimento de amor avassalador. Um amor louco, maluco e abrangente que parecia nunca diminuir. Eu não tinha mais que me preocupar com receitas, estratégias de trapaça, pressão nem ansiedade sociopática. Podia simplesmente... ser. Sem nada que me segurasse, comecei a explorar a vida como uma pessoa "normal".

Isso me lembrou de um programa a que eu assistia no canal Nickelodeon chamado *Super Toy Run*. Nele, as crianças tinham cinco minutos para correr por uma loja de brinquedos Toys "R" Us e pegar tudo o que pudessem. Quando menina, eu ficava horas recriando as circunstâncias na mente, classificando os corredores e aperfeiçoando minha estratégia para alcançar o melhor resultado no tempo mais curto. Naquele momento, eu fazia algo parecido. Meu plano era simplesmente correr pela vida e pegar o máximo possível de experiências normais. Sair para jantar e assistir a um filme depois do trabalho era uma alegria. Passear pelo bairro na manhã de domingo e tomar café de mãos dadas era uma aventura. Quanto mais mundana, melhor. Aproveitei todas as oportunidades de ser convencional. Coisas comuns como fazer compras de mercado ou me enfiar na cama com ele no fim do dia faziam com que eu explodisse de felicidade. Pela primeira vez, imaginava uma vida livre do isolamento emocional e das vontades sombrias. Eu simplesmente vivia. Estava livre! Queria gritar minha empolgação do alto de um terraço.

E eu não era a única pessoa grata pela influência de David. Meu pai, embora surpreso com a velocidade de nosso relacionamento, deu boas-vindas à mudança no estilo de vida da filha.

— Parece que você gosta mesmo desse cara — disse ele.

Papai e eu estávamos em nosso jantar de todo domingo no Palm. Como sempre, estávamos no bar enquanto nossa mesa não ficava pronta. David logo se tornou um elemento fixo de nossos jantares em "família", mas estava um pouco atrasado. Fiquei contente com a oportunidade de elogiá-lo pelas costas.

— Pai — falei —, eu não só *gosto* dele. Parece que estou ficando doida. Estou maluca, insana, louca de amor por ele! — O garçom pôs à minha frente um martíni gelado, e dei um longo gole, chupando as lasquinhas de gelo que flutuavam por cima. — Ele me faz sentir que todas as minhas partes ruins não têm nada de ruins; só são incompreendidas. Eu percebo que sou minha melhor versão quando fico perto dele. Estou falando sério. Se amanhã ele pedisse minha mão, eu me casava.

— Uau — comentou papai. — Talvez seja bom pisar um pouco no freio.

— Por quê? — perguntei. — David é o cara certo. Sei no fundo da alma. — Parei e baixei a voz. — Parece maluquice, mas é como se eu tivesse encontrado a metade que me falta: a metade *boa*. — Balancei a cabeça com descrença enquanto pensava. — Todas as coisas com que sempre tive dificuldade, como empatia, emoções... — Fiz outra pausa e suspirei. — É como se David preenchesse o espaço de meu coração onde elas deveriam estar. E ele é uma pessoa tão *boa*, pai. Ele me dá razões para melhorar. Ele me faz sentir que *posso* ser uma boa pessoa também.

Era verdade. David era paciente. Ponderado. Calmo. Porém, ao contrário de minha sensação de calma (que muitas vezes era apenas indiferença), David irradiava uma imobilidade serena. Isso era evidente tanto em seu comportamento quanto na capacidade maravilhosa de reconhecer o sublime no simples. Fosse demorando para devorar o sanduíche perfeito da Bay Cities Deli ou parando para apontar uma constelação no céu noturno, David era mestre em saborear a simplicidade. Surpreendentemente, pela primeira vez, eu conseguia acompanhar. Até as tarefas domésticas, como cozinhar, passaram a me trazer uma alegria incomensurável.

Embora sempre tenha adorado comer, nunca me interessei muito por aprender culinária. Contudo, quando David chegou, cozinhar se tornou minha paixão. Adotei o papel da gerente do lar feliz e comecei a preparar o jantar quase toda noite. Comecei com coisas básicas, mas fui ficando arrojada e passava horas mapeando cardápios e experimentando diversos sabores. Depois do trabalho, eu ia diretamente para a cozinha picar ingredientes e selecionar o vinho. Depois de planejada a refeição, removia as camadas de bolo da geladeira (onde as tinha deixado esfriar depois de assá-las pela manhã) e me sentava à mesa da sala de jantar. Lá, cortava cada camada ao meio usando pedaços de linha — exatamente como minha mãe fazia — e passava recheio feito em casa entre elas, empilhando os pedaços em torres pecaminosas.

Lá sentada, lambendo o chocolate da ponta dos dedos, pensava no homem com o pastor alemão que segui até sua casa com a família perfeita. A fatia de vida que registrei pela janela da sala permanecia cristalina, como uma antiga foto Polaroid presa durante anos em um mural dos sonhos. *Certo dia, serei exatamente igual a eles*, imaginei na época. Naquele momento, era.

Eu me baseava muito em minha visão de utopia doméstica e sempre me assegurava de que a casa estivesse perfeita antes de David voltar. Com o jantar em andamento, eu punha a mesa cuidadosamente, acendia as velas e dava uma volta para verificar, de novo, se tudo estava limpo e arrumado. Todas essas tarefas eram táticas para retardar o prazer e preparar o palco para meu ritual mais amado: selecionar a trilha sonora da noite.

Eu guardava os discos na sala, numa estante perto da lareira. Havia centenas de LPs, a maioria do meu pai, vestígios de uma vida passada no rádio. Mas, nos últimos tempos, eu tinha começado a dar minhas próprias contribuições. Jackie McLean, John Coltrane, Hank Mobley, Thelonious Monk, B. B. King, McCoy Tyner, Bill Evans, Duke Ellington e Nina Simone eram apenas alguns dos acréscimos às prateleiras. Fazia anos que tinha os discos, mas nunca os deixava à vista. Eu os mantinha escondidos por uma razão específica.

O jazz sempre teve um efeito profundo e quase paranormal sobre mim. As notas rapsódicas nunca aliviavam minha apatia, mas sentavam-se a seu lado, como um companheiro calado ou uma taça de vinho perfeitamente combinada. Eu sempre tomava cuidado com a dose. Acho que temia que a música perdesse seu poder se eu a escutasse demais. Ou, talvez, começasse a associá-la a uma lembrança ou um período específico. Queria mantê-la limpa, potente, e recusava qualquer risco de superindulgência. Em vez disso, esperava a pressão se aproximar do pico insuportável e, só então, estendia a mão para meus discos. Com o jazz aos berros nos fones, me sentia menos sozinha e mais propensa a aceitar o nada interior. Nunca precisei mudar a letra para se adequar a meu vazio. Nunca tive que fazer algo senão escutar. Dessa maneira, a música era sua própria recompensa, e eu desfrutava qualquer oportunidade para desaparecer dentro dela.

Ao lado de David, eu não precisava desse raciocínio. Jazz, comida ou vinho; eu poderia me entregar a tudo o que quisesse, *sempre* que quisesse. Não tinha que estar sempre no controle. Não tinha que ser comedida. Sabia que estava segura com ele, e isso significava que estava livre. Livre para ser normal. Livre para fazer o jantar, tomar meu vinho e seduzir meu namorado. Livre para escutar minha música... toda noite!

Para ser justa, sempre fiz questão de fazer isso antes de David chegar. Embora nosso gosto musical fosse quase igual em todos os outros aspectos, David *detestava* jazz e não escondia isso de ninguém.

— Essa música parece maluca! — declarou certa noite, rindo. — Não faz sentido!

Ri com ele.

David trabalhava com tecnologia e preferia coisas lineares. Sua devoção à lógica era inflexível. Para ele, só havia um modo de fazer as coisas: o "certo". Essa era uma das razões para ele ter se tornado tão bom como programador de computadores. David nunca cometia erros. *Nunca*. Era metódico e paciente e não usava atalhos. Por isso, não foi surpresa que, pouco depois de se mudar para Los Angeles, ele fosse contratado por uma startup de marketing on-line para comandar a criação de todas as suas iniciativas digitais. Ele conseguiu o emprego com pouco esforço, e consolidamos ainda mais nossa vida doméstica bem-aventurada.

— Por que você tem um kit para arrombar fechaduras? — perguntou David.

Isso foi vários meses depois que chegou, e ele estava rearrumando meu armário para abrir espaço para algumas coisas. Depois de algumas tentativas mornas de encontrar um lugar para David morar, decidimos admitir o óbvio. "Você deveria vir morar comigo", falei. E ele veio.

— Você sabe mesmo usar essas coisas? — perguntou.

Ele segurava um cadeado de plástico transparente, uma ferramenta de aprendizagem que permite ver o mecanismo interno durante o treinamento.

— Sei! — respondi com orgulho.

— Por quê?

Entrei no closet e ergui uma sobrancelha enquanto me inclinava contra o cabideiro.

— Você sabe por quê — respondi.

David *sabia*, é claro. Sabia tudo o que havia para saber sobre mim, mas, muitas vezes, agia com surpresa diante de minhas revelações, uma reação que me confundia.

— O que vou fazer com você? — perguntou ele, me envolvendo num abraço sensual. — Você é uma menina muito má.

Sorri e o beijei.

— Sim.

— Mas é *minha* menina má — disse ele, se afastando para me olhar nos olhos. — Estamos nisso juntos agora. Portanto, vamos deixar de lado os arrombamentos e as invasões.

Ele jogou meu kit de arrombar fechaduras num cesto de lixo próximo. As ferramentas tilintaram quando bateram no fundo da lata metálica, e fiz uma careta.

— Caramba, querido. Precisa *jogar fora*?

Seus olhos castanho-escuros imploraram com ternura.

— Só estou tentando manter você a salvo — respondeu ele. — Você pode parar, por favor? Por mim?

Suspirei, balancei a cabeça e plantei-lhe um beijo no rosto.

— Claro — ouvi minha voz dizer. — Por você, sim.

Algumas horas depois, voltei ao closet, os braços cheios de roupa limpa. Enquanto pendurava as peças e tirava os sacos plásticos da lavanderia, meu olhar foi direto para a lata de lixo e o meu kit ainda lá dentro. Analisei os sacos em minha mão, e a lata onde pretendia jogá-los. A ideia de sepultar minhas ferramentas sob um punhado de plástico parecia estranhamente horrenda.

Foda-se, pensei, e me abaixei para recuperá-las.

O tilintar suave dentro do estojo de couro era relaxante. Enfiei o plástico na lata e me virei para a gaveta onde guardava minhas camisetas favoritas.

— Você pode ficar aqui — disse ao kit ao enfiá-lo sob uma pilha de camisetas de shows.

Satisfeita com o esconderijo, fechei a gaveta, apaguei a luz e saí do closet. As ferramentas, sem serem vistas, descansavam em silêncio sob uma montanha de algodão macio, aguardando com paciência a próxima aventura.

CAPÍTULO 14

Liberdade

— Você sabe que isso não vai durar, não é? — disse a dra. Carlin.

Fazia seis meses que David estava morando comigo, e eu estava no consultório para a costumeira sessão. O parque no outro lado da rua estava vazio, e me ocorreu que a grama macia seria um lugar excelente para um piquenique. Era parecido com aquele da propriedade Rockefeller onde nos conhecemos. Em vez de responder à dra. Carlin, comecei a fazer uma lista mental do que precisava para criar uma cesta perfeita.

— Patric? — interrompeu ela. — O que acha do que acabei de dizer?

— *Acho* — respondi dramaticamente — que Bergamot Station é o segredo mais bem guardado de toda a cidade de Los Angeles.

Localizado no centro de Santa Mônica, Bergamot Station é um imenso complexo cultural que abriga várias galerias de arte. David e eu o tínhamos encontrado recentemente, e eu ainda estava meio surpresa por nunca ter sabido de sua existência.

— Consegue acreditar naquele lugar? — continuei. — É como o país das maravilhas da arte. Já esteve lá?

— Já — respondeu ela secamente —, como todo mundo de Westside.

Ergui as mãos, brincando.

— VIU? — Balancei a cabeça com espanto. — Essa é minha questão! *Olhe* todas as coisas novas que estou descobrindo! — Recostei-me em triunfo no divã.

A terapeuta ficou exasperada.

— Essa é *minha* questão — disse ela, suavizando a voz e balançando a cabeça com empatia. — Não me entenda mal. Estou empolgada com todas essas novas experiências que está tendo. Mas a raiz disso, a empolgação, a exploração, a obsessão com a domesticidade, a fantasia de dona de casa... tudo parece paixão, a primeira fase do amor. Que, como você sabe, não dura.

Olhei-a de cima.

— Uau — comentei com desdém.

— Bom, você quer que eu seja franca ou não? — perguntou a dra. Carlin.

Revirei os olhos para indicar a obediência relutante.

— Porque venho tentando falar disso com você faz algum tempo. Você tinha acabado de concordar em parar de usar sua receita de comportamento quando David chegou — explicou ela —, e nem fomos capazes de processar sua experiência com a pressão e a apatia sem ela. Não encontramos maneiras mais saudáveis de lidar com elas. E, para ser bem franca, estou preocupada com isso.

— Por quê? — perguntei com alegria. — É o que estou tentando fazer você entender! A apatia sumiu. E, como consequência, a pressão também sumiu. É como se eu tivesse achado uma receita permanente. Estou curada! — anunciei de forma semissarcástica. — Curada pelo amor.

— Você quer dizer por procuração — disse a dra. Carlin.

— Como assim?

— Isso *não* é permanente — insistiu ela. — Nada disso é permanente. Sua apatia pode ter sido removida por ora, mas *voltará* com a pressão e, muito provavelmente, a ansiedade. E, quando voltar, quero que você tenha um modo mais saudável de lidar com ela. — Ela suspirou, o rosto cheio de preocupação. — A sociopatia simplesmente não some. Você sabe. Só digo isso porque quero que você se prepare.

— Compreendo — falei muito séria. — E *estou* preparada. Estou tentando, pelo menos.

Isso a surpreendeu.

— Como assim?

Aquilo tinha me ocorrido algumas semanas antes. Eu estava sentada junto à janela panorâmica da sala de estar, escutando música, esperando David voltar para casa. Era a mesma janela pela qual observara tantas vezes os vizinhos de Tarzana para me assegurar de que ambos tinham saído para trabalhar antes que eu me aventurasse em sua casa para meu "remédio" semanal. Olhei a casa escura e vazia no outro lado da rua. O casal tinha se mudado, o imóvel estava à venda. *Será que ainda é igual?*, me perguntei.

Não me dei ao trabalho de fechar a casa atrás de mim quando saí. Na sala, tocava o *Volume 2*, de Miles Davis, seu trompete flutuando até meus ouvidos enquanto eu atravessava a rua. Toquei o kit de arrombamento junto à coxa. As ferramentas de metal tilintavam de forma satisfatória enquanto eu andava. Nunca tinha visitado a casa depois de escurecer, e o quintal parecia estranhamente desconhecido quando me aproximei da porta dos fundos. Girei a maçaneta e descobri que estava destrancada.

— Portanto, tecnicamente, não é *arrombamento* e invasão — sussurrei.

Quando pisei na cozinha, minha memória muscular entrou em ação e me preparei para encontrar meu cúmplice canino. Mas fazia tempo que Samson tinha ido embora. O luar se despejava pelas janelas e oferecia a pouca luz suficiente para eu me orientar pela casa vazia. Entrei na sala de estar e subi a escada até o segundo andar, passando a mão pelas paredes nuas. Então, segui o curto corredor até o quarto que tinha sido do casal. Da janela, via minha casa no outro lado da rua. *Se alguém me visse aqui*, pensei, *acharia que sou um fantasma*. Vista, mas não vista. O melhor dos dois mundos.

Pousei a mão na moldura da janela e, com os polegares, empurrei as travas para erguer suavemente a vidraça. A brisa do desfiladeiro encheu o quarto com a nota dos instrumentos de sopro que ainda berravam pelos alto-falantes de minha sala. Senti tudo e nada ao mesmo tempo. O efeito foi inebriante, e deslizei pela parede até descansar abaixo da janela aberta. Encostei a cabeça no parapeito.

— Se isso não for o paraíso — disse em voz alta —, não sei o que é.

Fitei as sombras na parede oposta e sorri. Estar dentro da casa parecia diferente, e não era só pela falta de mobília. *Eu* me sentia diferente. Algo tinha mudado, e gostei, embora não conseguisse identificar exatamente o quê.

De repente, uma música do Radiohead surgiu em minha cabeça e cantarolei.

— Lá, por um minuto — cantei baixinho —, eu me encontrei.[*]

---

[*] O verso original da música é "For a minute there / I lost myself", que pode ser traduzido como "Lá, por um minuto/ eu me perdi". [N. E.]

Era um verso de "Karma Police", levemente alterado para se adequar às circunstâncias. Enquanto cantava, meus pensamentos foram para o comentário de papai sobre ser uma budista sociopata. Olhei o quarto vazio em volta, me deleitando.

— Quanto carma custaria uma visita como esta?

Era uma pergunta retórica, mas me fez pensar.

Estar nesta casa não machuca ninguém. E não parece "mau", pensei. *Então, quem vai dizer que é?* Era a mesma pergunta que me fizera no Ensino Médio. Tantos anos depois, eu ainda não tinha resposta.

— Só que agora não me importo — sussurrei.

Inclinei minha cabeça preguiçosamente para o lado, e, no canto do quarto, um brilho metálico chamou minha atenção. Engatinhei para investigar; era um chaveiro com a Estátua da Liberdade ou, pelo menos, *tinha* sido. A correntinha estava quebrada, e faltava a argola das chaves.

Peguei a estátua e passei o dedo pela base lisa.

— Você vem comigo — disse a ela.

Então, fiquei um tempinho sentada em silêncio satisfeito. O brilho de faróis na rua abaixo me tirou do devaneio. Levantei e inspirei de forma longa e satisfatória. Em seguida, fechei a janela do quarto, desci a escada e saí da casa. Só que, dessa vez, não me preocupei com a entrada dos fundos. Saí pela porta da frente, a música provocante de minha sala ainda baixinha e distante, mas aumentando conforme eu me aproximava.

Naquela noite, deitada na cama, contei a David sobre minha visita à casa do outro lado da rua e lhe mostrei o enfeite que tinha achado lá dentro.

— Acho que deveria ser nosso sinal — falei.

— Como assim? — perguntou ele.

— Sempre que eu fizer algo... não ortodoxo — expliquei, escolhendo as palavras com cuidado —, deixarei isto aqui sobre a mesa junto à porta da frente. Assim você saberá.

David me puxou para perto e perguntou:

— Não ortodoxo? É *assim* que vamos chamar?

Dei uma risadinha.

— É — respondi. — Então esse é nosso Bat-Sinal.

Ele balançou a cabeça.

— Não tem nada a ver com o Bat-Sinal.

Fiz questão de revirar os olhos.

— Não importa. A questão é: quando o vir, pode me perguntar o que fiz, e tem minha palavra de que serei franca. Ou, se não quiser saber, não contarei. O que você preferir.

— O que *prefiro* — respondeu David — é entender por que você foi lá. — Ele soava desapontado. — Você disse que não estava com vontade de fazer algo mau. Você disse que não sentia apatia desde que vim para cá.

— Eu ia chegar nisso — retruquei, empolgada para explicar. — Porque você tem razão. Hoje, eu não estava mesmo apática. Fui porque *quis*. —Não é loucura?

— Loucura *como*? — Ele se virou e apoiou o cotovelo no travesseiro para descansar a cabeça na palma da mão. — Essa é a parte que não entendo. Você disse que não gosta de sentir que tem de fazer esse tipo de coisa, que estava contente de finalmente ser apenas normal. Desde que nos conhecemos, você diz que esse era seu desejo.

— Sim! E é verdade! — Apertei o braço dele com afeto e fiz um gesto como se mostrasse a casa. — Isso é que é tão louco. Nossa vida inteira, tudo o que fazemos juntos. É incrível. Viver assim, com você, *sentindo* que... Essa é a questão: só sentindo. Sentimento *constante*. Céus, David, não dá para você imaginar como é.

Comecei a rir.

— Então, por quê? — perguntou ele com gentileza. — Juro que não estou julgando você. Só estou curioso. Se a única vez que você sente que tem de desobedecer às regras é quando *não* sente nada, por que, se está tendo tanto "sentimento" comigo, invadiu aquela casa hoje?

— Porque não senti que *tinha* — expliquei. — Senti que *queria*. Não estava caçando um sentimento, tentando me adiantar à apatia nem querendo prevenir a fervura da panela. Como você disse, eu sabia que não me julgaria.

Eu me sentei de pernas cruzadas na cama, o sangue pulsando de entusiasmo.

— É como se, sem a ansiedade de ser "descoberta", houvesse eu, a sociopata — expliquei, estendendo uma das mãos para o lado. — Mas agora também houvesse eu, a pessoa normal. — Fiz o mesmo gesto com a outra mão. — É como se eu tivesse achado a peça que faltava ou coisa assim. E agora... bum! — Bati uma mão na outra, unindo-as.

— Bum *o quê?* — perguntou ele.
Fiz uma careta e balancei a cabeça.
— Essa é a questão — respondi. — Ainda não elaborei essa parte.
David caiu de costas, balançando a cabeça ao olhar para o teto.
— Só sei que o jeito como me senti hoje naquela casa é o mesmo que me senti quando furei Syd. E quando tranquei as meninas no banheiro.
— Decidi não lhe contar sobre o caso do gato na Virgínia.
David ficou profundamente preocupado.
— Mas como isso é *bom?* — perguntou.
Ele escutou com paciência enquanto eu falava do efeito eufórico que os atos de violência sempre produziam, e, em consequência, minha recusa inabalável de cometê-los.
— Nunca encontrei mais *nada* que produzisse o mesmo sentimento. — Fiz uma pausa. — Até hoje.
— Então, o que *é* esse sentimento? — questionou ele, sentando-se. — Consegue descrever?
Deixei meu olhar sumir nas dobras do gigantesco edredom branco enquanto pensava em como explicar.
— Rendição — respondi devagar. — Completa entrega apática. Não ligo para nada e, mais importante, não ligo para não ligar. E estou no controle total.
— Ainda não entendo de que modo isso é bom — respondeu David.
— É bom porque grande parte de meu mau comportamento resultava da ansiedade, do estresse com o fato de eu *não* sentir. Mas, hoje, nada disso estava em jogo. — Sorri só de lembrar. — Hoje, fiz algo errado porque queria, não porque a pressão ou o estresse entalado me forçou. Sabia que não sentiria culpa, medo, remorso, nada. Sabia que seria divertido.
Dei de ombros e sorri.
— É como se eu me permitisse só apreciar ser quem sou — continuei. — E, quando fiz isso, tive aquele sentimento eufórico. Uma sensação de completude. Exposição total, mas nada do estresse. — Soltei o ar satisfeita. — É como sentir que "isso sou eu, isso é quem sou". E não me importa quem sabe ou o que pensem disso; e não me sinto nem um pouco mal a respeito. Juro, foi um sentimento bom.
Pude ver que ele ainda se esforçava para entender.

— Tudo bem — disse David. — Olha só, no grande esquema das coisas, o que você fez hoje não foi tão ruim assim. Entendo. Tecnicamente, você não deveria estar lá, e daí? Meu único problema é a ausência *completa* de culpa. Não é grande coisa não se sentir mal por invadir uma casa vazia. O problema é quando você não se sente mal com *outras* coisas... coisas maiores. Temo que seja uma ladeira escorregadia para você.

Comecei a protestar, mas ele me interrompeu.

— Sei que você acha que não faz sentido, querida, mas faz. A culpa é uma das coisas que unem as pessoas, sabe? A sociedade se desfaria se ninguém jamais se sentisse mal por fazer coisas ruins. — Ele fez uma pausa e acrescentou: — A culpa, por falta de palavra melhor, é boa.

— Então você é o inverso de Gordon Gekko, do filme *Wall Street* — comentei, impassível.

David riu.

— O que você espera depois de doze anos de escola católica?

Dei um sorriso maroto.

— Bom, talvez eu possa ajudá-lo a largar parte dessa culpa de menino — disse eu, rastejando-me para cima dele e passando os lábios por sua orelha. — A sociopatia tem suas vantagens, sabe? Sua primeira aula pode começar na casa vizinha... comigo.

— Quer ir até lá *agora*?

— Por que não? Não tem ninguém em casa...

David agarrou minha cintura, me virou e me prendeu na cama. Depois, começou a me beijar, e esquecemos tudo sobre a casa vizinha.

Na manhã seguinte, joguei a estatuazinha na gaveta da mesa de cabeceira. Achei que não a usaria tão cedo. Apesar da excursão até o outro lado da rua, eu não tinha mais vontade de procurar oportunidades de desventuras. No fim das contas, não precisei procurar. As oportunidades vinham atrás de mim.

CAPÍTULO 15

Pegadinha

— Aqui está a chave — disse ela. — Você vai fazer isso por mim?

Ela se chamava Arianne e era produtora da MTV. Também era minha amiga. Estávamos na manhã de uma pegadinha complicada que filmávamos para o *Punk'd*, um reality show da emissora. *Punk'd*, popularíssimo por algum tempo, transformava celebridades em vítimas de pegadinhas cuidadosamente montadas. Um artista que eu representava para a empresa de meu pai foi selecionado como participante involuntário, e Arianne, da equipe de produção, estava se esforçando ao máximo. Inclusive com algumas surpresas próprias.

Estávamos em pé junto aos carros depois da sessão final de planejamento. Arianne me seguiu para verificar alguns detalhes de última hora, nenhum deles ligado ao programa.

— E aí? — insistiu ela. — Como está o plano secundário?

O "plano secundário" (nome que ela criou algumas semanas antes) era que eu invadisse a casa de seu namorado para descobrir se ele a traía. Jacob era câmera do *Punk'd*. De acordo com Arianne, um vislumbre rápido do diário dele revelaria se era infiel.

A princípio, concordei. Como a ida à casa do outro lado da rua alguns meses antes, eu *queria*. Arianne, por sua vez, pensou tudo aquilo para que fosse leve e parecido com *Punk'd*. Mas, recentemente, a situação começara a ficar mais obsessiva. Nos dias anteriores ao trote, Arianne só queria falar do "plano secundário". Tinha se convencido de que Jacob mentia e a manipulava, e estava sendo devorada pela ideia de que ele tinha uma "amante misteriosa" e pelo que "nós" faríamos quando descobríssemos.

O problema era que, a não ser por minha participação nessa coisa, eu não *queria* ter nada a ver com a vida amorosa de Arianne. Tudo me parecia infantil e melodramático. Eu não estava com vontade de lidar com aquilo, sem falar que tinha meus próprios problemas de relacionamento.

Desde a ida à casa de Tarzana, comecei a passar por uma brecha emocional que, para mim, era difícil de resolver. Por um lado, estava muito feliz. David morava comigo havia quase um ano e, nesse período, eu não conseguia imaginar vida mais perfeita. Estava apaixonada e plenamente realizada. Nossa vida a dois era tudo o que eu sempre quis.

O problema era ainda ser sociopata. Como dissera a dra. Carlin, não resolvi a ansiedade nem as compulsões que, com tanta frequência, acompanhavam minha apatia; tive apenas uma trégua. Mas isso não se devia a nenhuma descoberta psicológica. Era tudo emprestado, provavelmente, resultante de minha proximidade de David. Era como se me concedessem emoção por osmose, normalidade por delegação e autoaceitação por procuração. Estar com David era como viver um devaneio. Não em termos figurativos, mas de forma literal. Eu visualizara aquilo milhares de vezes. Desde quando eu tinha 14 anos e nossos olhares se encontraram pela primeira vez, eu *sabia*. Mesmo assim, o alerta da dra. Carlin sobre a volta da pressão nunca estava longe de meus pensamentos, e eu temia estragar tudo.

— Diga de novo — pedi a Arianne —, o que quer que eu faça.

Ela pôs a chave em minha mão.

— Se você chegar lá às 14 horas, não haverá ninguém em casa. Jacob tem que chegar no serviço às 13h30, e o lugar estará vazio. — Ela respirou fundo e olhou para o céu, tentando impedir que as lágrimas rolassem. — Só preciso que você leia o diário dele. Está na mesinha de cabeceira. Ele escreve tudo nesse negócio. E nunca, *jamais* me deixa ler.

— Bom, esse é meio que o propósito de um diário — comentei, impassível, sentindo a chave na mão. — Arianne, tem certeza de que quer que eu faça isso? Sem brincadeira, parece loucura. E olha *quem* está falando.

Eu tinha certeza de que ela sabia que estava certa. Era uma amiga inteligente que conhecia tudo sobre minha personalidade. Meio que esperava que ela recuperasse a sensatez e descartasse a missão como um todo. Em vez disso, o rosto dela empalideceu de medo.

— Por favor, Patric — implorou ela, com a voz trêmula. — Não consigo viver assim. Não consigo comer. Não consigo dormir. Não consigo trabalhar. Só penso nisso. Acho que vou enlouquecer.

Observei minha amiga chorar e senti o que talvez fosse um toque de compaixão. Não conseguia ter empatia por ela, mas, claramente, entendia como era sentir que enlouquecia. Só que algo me incomodava.

Balancei a cabeça outra vez.

— Mas por que *hoje*? — perguntei. — Já não temos merda suficiente para fazer?

A pegadinha estava marcada para aquela tarde em Hollywood. Exigia preparativos de última hora, e nós duas já estávamos sobrecarregadas até o limite na tentativa de fazer tudo a tempo. Mas Arianne não cedeu.

— Porque — disse ela, recobrando-se — ele estará no estúdio das 14 às 20 horas. Além disso, ele mora a um quarteirão do parque. Mesmo que você leve vinte minutos, ainda voltará a tempo.

O acampamento-base da produção ficava em Griffith Park, perto do local da pegadinha. Eu não poderia estar lá na hora para não revelar tudo, e o plano era assistir remotamente num trailer no estacionamento.

— Tudo bem — cedi.

Arianne me fitou com gratidão, os olhos inchados, mas agora cheios de alívio.

— Obrigada — sussurrou.

— Ora, para que serve uma amiga sociopata?

O resto do dia foi corrido. Entre os preparativos do evento e os detalhes da produção, mal tive tempo de respirar. Quando deu 14 horas, fiquei aliviada por estar sozinha, estacionada diante da casa de Jacob. Saí do carro e andei até a porta. Quando me aproximei, vi um idoso sentado na varanda, algumas casas mais abaixo. Ele acenou para mim, e uma citação de Ronald Reagan de que meu avô gostava me veio à mente: "Não há nada melhor para o interior de um homem do que o exterior de um cavalo".

Sorri e pensei: *Não há nada melhor para o interior de um homem do que... o interior da casa de outro homem*. Gostei mais de minha versão.

O sapato de salto causou estalidos agudos quando atravessei a varanda. Zombei da fechadura que protegia a casa. *Tsc, tsc,* pensei. *Devia ter trazido meu kit.*

Lá dentro, me surpreendi ao descobrir que a casa estava impecável. Os móveis simples eram arrumados com bom gosto. Estantes cobriam uma parede, e todas as prateleiras estavam cheias de livros de não ficção, meticulosamente organizados em ordem alfabética pelo nome dos autores. Várias fotos em preto e branco emolduradas de Arianne enfeitavam o corredor que levava ao quarto dele. O namorado era muito mais interessante do que eu tinha imaginado. *Quem é esse sujeito?*, pensei. Não demorei muito para descobrir.

O diário estava onde Arianne disse. Fui até a última página e comecei a ler.

13 de maio:
Levei Arianne ao St. Nick's. Ela sempre fica uma gracinha quando bebe.

Voltei à página anterior:

10 de maio:
Briga com Arianne. Ela odeia meu emprego. Odeio meu emprego. Preciso ir em casa ver como está papai.

De repente, senti uma inquietação estranha. Sentei-me no chão e pulei para a primeira página. Então, comecei a ler. Quando terminei, passava das 16 horas. Ergui os olhos e me espantei ao perceber que o quarto estava cheio de sombras. Olhei o diário enquanto pensava no conteúdo. Arianne estava errada sobre Jacob. Ele não a traía. Não era egoísta, manipulador nem mentiroso a respeito de qualquer coisa. No mínimo, parecia alguém que vasculhava a própria alma. O diário estava cheio de perguntas e pedidos de ajuda, como cartas a Deus.

Levantei-me e trinquei os dentes.

— Não acredito que fiz isso — disse para as sombras.

Eu me sentia meio esquisita. Pesada. Não gostei nem um pouco. Na parede oposta havia um espelho, e avistei meu reflexo.

— Foda-se — sibilei.

Joguei o diário na gaveta, mas não a fechei. Em vez disso, saí da casa pisando duro e bati a porta.

A viagem curta até Griffith Park não melhorou meu humor. Quando cheguei, eram 16h30, e eu estava quase uma hora atrasada. Consegui me sentar no trailer da produção a tempo de ver meu cliente ser habilmente enganado.

Quando terminou, parabenizei o diretor pelo serviço bem-feito.

— É só mais um dia de trabalho — falou. — Vai ficar para a festa? Sua parceira no crime está a caminho.

Arianne teve um pequeno papel na execução da pegadinha e ainda não saíra do set.

Fiz que não com a cabeça.

— Não estou me sentindo bem — respondi. — Acho que vou embora.

Não era mentira. A ideia de encontrar Arianne me deixou nauseada de raiva, embora eu não soubesse direito por quê, e decidi sair antes que ela voltasse. O ar do início da noite estava fresco contra o rosto enquanto eu andava até o carro. Liguei para David, que, como sempre, atendeu na hora.

— Olá, belíssima — disse ele. — Como foi?

Sorri, acalmada por sua voz profunda.

— Incrível — respondi. — Mal posso esperar para contar para você.

— O que houve? — perguntou ele.

— Nada. Tudo deu certíssimo — respondi com calma.

— Bom, então tá. Estou saindo do trabalho — falou. — Quer me encontrar para jantarmos cedo no Nozawa?

— Chego primeiro que você!

O Sushi Nozawa era meu restaurante japonês preferido de Los Angeles. Contudo, não era a ideia do sashimi delicioso que me atraía naquele dia. Era David. Eu não conseguira desfazer a opressão estranha que sentia desde que saíra da casa de Jacob. E, assim que ouvi a voz dele, entendi por quê. David era minha âncora. Era a pessoa que eu mais amava. Era ele que me mantinha a salvo, principalmente, de meu lado sombrio. E o que fiz? Eu me separei dele e saí à deriva. Nada do que fiz naquele dia foi agradável. Nada provocou a liberação psicológica que parte de mim ainda buscava. E isso me deixava furiosa — não só zangada, mas inquieta e desesperada para nadar de volta até meu namorado e a vida normal que criara com ele.

Desliguei. Assim que cheguei ao carro, ouvi gritarem meu nome no outro lado do parque.

— Patric! — gritava Arianne. Ela voltara da gravação e vinha em minha direção.

Forcei um sorriso tímido.

— Oi — falei. — Boa pegadinha.

— *Não foi?* — sorriu Arianne. — Quer dizer, acertamos totalmente. Ele quase se cagou quando ameaçamos prendê-lo. *Não* fazia ideia do que estava acontecendo.

Sorri, apesar de tudo.

— Foi incrível.

— Espere — disse Arianne ao perceber que eu me preparava para ir embora. — Você não está *indo*, está?

— Estou — respondi. — Vou me encontrar com David no Nozawa.

— Ora, espere — disse ela, diminuindo a voz e olhando em volta. — O que aconteceu?! Você... *foi?*

— Fui — disse com rispidez. — Li a coisa toda.

— Eeeeeee? — insistiu ela, sem ligar para a mudança de meu tom de voz.

— Boas notícias — respondi, tentando manter a situação leve. — Ele claramente não está traindo você.

— *É mesmo?* — Arianne sorriu, pôs as mãos em meus ombros e me balançou suavemente como se tentasse que eu atingisse seu nível de animação. — Isso é maravilhoso! Não é?

Concordei com a cabeça.

— Ele parece um sujeito muito bom — continuei. — Você tem sorte de estar com ele. Falando nisso, David está me esperando, tenho mesmo que ir.

— Não, *espere* — insistiu Arianne, as mãos ainda em meus ombros. — O diário — insistiu. — O que mais havia nele?

Dei de ombros com indiferença.

— Pouca coisa.

— Pouca... *coisa?* — indagou Arianne, baixando as mãos.

— Isso — respondi. — Você me pediu que descobrisse se ele está traindo você. Não está. Fim da história.

Arianne ficou chocada.

— Você não vai mesmo me dizer o que mais havia lá?

— Não.

A princípio, ela ficou perplexa. Então, pôs as mãos na cintura, revelando seu lado mimado.

— Pois eu quero saber o que está acontecendo com ele — afirmou ela —, e acho esquisito você não me contar.

Olhei-a com raiva.

— Bom, para começar, *eu* acho esquisito você me pedir para ler — respondi, descartando qualquer fingimento de cordialidade. — Então, se quiser saber o que mais tem lá, invada o caralho da casa dele e leia você mesma.

— Então... O quê? — explodiu Arianne. — Agora está zangada comigo? Eu não fiz nada!

— Não, você *me* levou a fazer — respondi. — Toda essa coisa foi idiota, e estou possessa comigo por ter concordado. Portanto, se eu fosse você, iria à *merda*.

Ela não estava preparada para uma repreensão tão drástica. Nervosa, olhou em volta e mudou de posição.

— Desculpe — sussurrou. — Só não... não grite comigo.

— Olha — disse eu. — O dia foi cansativo. Só quero sair daqui.

Abri a porta do carro e entrei. Arianne parecia triste e confusa. Relutei em deixar pontas emocionais soltas; assim, respirei fundo e forcei um tom de voz conciliador.

— Desculpe por gritar com você — pedi. — Como eu disse, só estou incomodada.

— É isso que não entendo — afirmou. — Por que está incomodada?

— Já lhe disse. — Naquele momento eu estava exasperada. — Fazer isso foi uma merda.

— Por que você se importa? — perguntou Arianne. — Você é sociopata.

Fitei-a, a raiva dando pontadas em minha barriga. Suspirei de leve, abaixei a cabeça. Então a olhei de novo, seu rosto pouco visível, iluminado por trás pelo sol.

— Vá tomar no cu, Arianne — falei.

Ela ficou boquiaberta e deu um passo para trás quando bati a porta do carro. Então, enfiei a chave na ignição e saí à toda.

CAPÍTULO 16

Abismo

No dia seguinte, contei a David o que tinha feito. Decidida a manter meu lado do acordo, deixei o chaveiro da Estátua da Liberdade sobre a mesa para ele ver quando chegasse. Para ser franca, torci para que não notasse. Ou, se notasse, que o ignorasse e pudéssemos continuar a vida como se nada "não ortodoxo" tivesse acontecido. Errei nos dois casos.

— Isso é foda — concluiu ele.

Estávamos sentados na sala, um na frente do outro. Ele me olhava como se minha confissão pesasse na consciência dele, em vez de na minha.

— Estou falando sério, Patric — afirmou ele. — Pelo menos você se sente mal?

Lista de Cleckley. Número seis. Falta de remorso ou vergonha.

— Você sente *alguma coisa*? — insistiu David.

— Não sei — respondi. — Quando terminei de ler, com certeza me senti diferente. Não como normalmente me sinto quando faço algo ruim.

— O que *isso* significa? — perguntou ele.

Fiquei incomodada. Ele sabia exatamente o que eu queria dizer. Conversamos muitas vezes sobre isso. Então, por que, mais uma vez, fazia perguntas se já sabia a resposta? Firmei meu olhar, respirei fundo e tentei ao máximo não trair minha frustração.

— Como eu *já* disse — comecei, a voz ríspida, mas firme —, normalmente me sentiria feliz. Assim, aliviada. — Tentei me lembrar exatamente da sensação que tive depois de ler o diário de Jacob. — Mas não. Foi mais um sentimento negativo... quase pesado. — Então, acrescentei: — Claramente, não faria isso de novo.

Ele suspirou.

— Bom, já é um começo — comentou.

Ficamos alguns segundos calados, sem saber o que dizer. Então, ele veio se sentar a meu lado no sofá. Pôs a mão em minha nuca e a acariciou suavemente com o polegar.

— Escuta — disse —, amo você. Amo tanto que, às vezes, acho que meu coração não aguenta. É como se você fizesse parte de mim. Nada do que você fizer mudará isso, nada.

Fiz que sim com a cabeça, os dentes mordiscando um canto do lábio inferior.

— É só que... Às vezes, é difícil para mim entender. Como você arromba a casa de alguém, lê o *diário* dele... e, depois, janta comigo como se nada tivesse acontecido? É isso que me incomoda. Por que você não me contou?

— Estou lhe contando *agora*. — Dei de ombros e brinquei com a franja de uma das almofadas do sofá. — E, tecnicamente, não *arrombei* nada.

David me olhou com raiva.

— Essa é outra história — disse ele. — O que *você* fez já foi bastante ruim. Mas Arianne... que "amiga", hein? Pedir a *você* para fazer o trabalho sujo? Uma merda de pessoa.

Olhei para ele, pensativa.

— Não — contrapus. — Não acho que ela seja uma merda de pessoa. Só é dominada pelos sentimentos.

— A *maioria* das pessoas é dominada pelos sentimentos, querida — interrompeu ele.

— Eu sei. Mas as pessoas que não conseguem controlar esses sentimentos são perigosas. Pelo menos, para *mim*.

— Tudo bem — disse ele, me puxando para perto. — Então, talvez você precise tomar mais cuidado na hora de revelar sua... situação.

A voz dele soou paternalista, e recuei.

— Tudo bem, *papai*.

— Não gostei — rosnou ele.

David estava cada vez mais ressabiado com meu pai. Detestava que eu trabalhasse para ele e queria que eu me demitisse. Sua maior preocupação era a frequência com que eu comparecia a shows e reuniões de trabalho tarde da noite, em geral, com homens do setor musical. Um jantar recente com um produtor especialmente sinistro (e bem-sucedido) nos deixou nervosos.

— Desculpe — murmurei.

— Minha questão — continuou David — é que acho que seu diagnóstico é usado contra você. As pessoas sabem que você descumpre as regras. Que consegue furtar, mentir e invadir lugares, e só Deus sabe o que mais sem se importar... Isso é atraente para gente panaca. É como se você tivesse um superpoder que eles querem explorar.

— Não vejo assim — refutei.

— É porque *você* não é panaca — explicou David. — Mas, confie em mim, a maioria é. Você é... diferente. E isso atrai pessoas que não conseguem fazer ou não farão essas coisas. Elas usam você. — Ele esperou que eu entendesse e acrescentou: — Acho que, às vezes, seu pai usa você. *Sei* que Arianne usou você.

Era difícil argumentar.

— Você tem razão sobre Arianne — concordei. — Mas acho que papai não é assim.

Ficamos sentados em silêncio por um tempo. Finalmente, David disse:

— Não importa. Acho que você não deveria ser tão aberta sobre como se sente. Ou não se sente. Não há lado bom. — Ele se endireitou no sofá. — Pense em sua pesquisa. O que você me falou mil vezes?

Dei um sorriso falso.

— Que tudo bem mentir se você planeja finalmente dizer a verdade?

Ele revirou os olhos.

— Que os sociopatas nem sempre fazem a coisa errada. Então, por que se abrir para ser explorada? — Ele balançou a cabeça. — Você pode optar entre ser uma sociopata "má"... ou boa. A escolha é *sua*, Patric. De mais ninguém.

Na semana seguinte, irrompi no consultório da dra. Carlin.

— Fiz uma coisa semana passada e, antes que você diga alguma coisa, quero que saiba que sei que foi errado e não farei de novo. A questão é que não fiz pelas razões que costumava fazer coisas assim... Dessa vez foi diferente.

A dra. Carlin escutou enquanto eu confessava a invasão da casa do outro lado da rua, meses antes. Contei também sobre David e o chaveiro. Depois, expliquei o que tinha acontecido com Arianne e a reação de meu namorado. Quando acabei, ela se mostrou cética.

— Em que isso é diferente?

— Porque eu quis fazer! — exclamei. — Eu escolhi. Admito que não foi a melhor escolha. Mas o importante é que não me senti *obrigada*. No caso de Arianne, fiz para ajudar alguém.

A terapeuta suspirou. Claramente, não estava impressionada.

— Mesmo assim estava errado, Patric — disse ela.

Fiz que sim com a cabeça.

— Sim, eu sei — concordei. — Mas a questão é que, sem sentir compulsão, sem a reação ansiosa à apatia que força tanto comportamento errado, as características psicológicas *inerentes* da sociopatia não são necessariamente negativas. Na verdade, acho que me lembro de ter exatamente essa conversa com a dra. Slack.

— Sua professora de psicologia?

— Isso — respondi. — Quando comecei a pesquisar, vi que a maior parte das características sociopáticas é comportamental. Mentir, furtar, manipular, tendências antissociais... Tudo isso é comportamento.

— E? — insistiu a dra. Carlin.

— E esses comportamentos são errados, não é? São explicitamente "maus" — continuei, fazendo aspas com os dedos. — Não há espaço para interpretação.

— Certo.

— Mas as características *psicológicas* da sociopatia *não* são boas nem ruins — continuei. — Por exemplo, não há nada "errado" na apatia. É possível usá-la para fazer escolhas boas *ou* ruins. E quanto mais normalizarmos coisas assim, quanto mais os sociopatas forem educados para entender que não são "errados" nem "maus", provavelmente, menos estresse terão. Portanto, vão se sentir menos obrigados a aprontar *por causa* disso.

A dra. Carlin fez um gesto para eu continuar.

— Olhe, os sociopatas talvez não sejam capazes de fazer nada a respeito de sua formação psicológica, mas podem ser educados para mudar seu *comportamento*. Percebi isso quando David disse que era como um superpoder. Os sociopatas são diferentes porque, por padrão, não internalizamos as coisas com base nos sentimentos nem na pressão exterior. Pelo menos, eu não. Não tenho esse problema.

— E David acha que isso é um superpoder? — perguntou ela.

Empolgada, me inclinei para a frente na cadeira.

— Bom, claramente é uma vantagem estratégica. Pense bem. Muitas pessoas são perigosamente governadas pela emoção. Como Arianne. Ela é muito cheia de emoção, certo? Está tão "apaixonada". E o que fez? Me convenceu a invadir a casa do namorado. — Revirei os olhos.

— Jacob é a pessoa com quem Arianne afirma que mais se preocupa. Mesmo assim, violou a confiança dele... por causa das emoções.

— Sim, mas a emoção nem sempre leva as pessoas a fazerem coisas ruins, Patric.

— Mas a *falta* de emoção também não precisa fazer! — exclamei.

— Não entende? É o outro lado da moeda. As pessoas normais aprontam quando suas emoções ficam estressantes demais. Os sociopatas aprontam quando a falta de emoção fica estressante demais. — Pausei por alguns segundos e continuei: — Você precisa entender. Não é que eu esteja inundada de emoções agora que David está aqui. Quer dizer, sim, eu o amo e tudo é ótimo, claro. Mas acho que não foi por isso que o estresse sumiu. Minha ansiedade não sumiu porque foi substituída pelo amor. Ela sumiu porque me sinto *aceita*. David não me julga quando não me importo com as coisas; não acha esquisito quando fico em silêncio. Não tenho de ficar o tempo todo na defesa de minha apatia, e aí a apatia em si ficou menos estressante.

Esperei ela processar e continuei:

— Como a opinião generalizada é que não ter sentimentos é "ruim", os sociopatas, desde criancinhas, aprendem a esconder ou negar a apatia para não serem excluídos como monstros. Assim, o vazio emocional se torna um gatilho do estresse, da *ansiedade*, que leva ao comportamento destrutivo. É um ciclo vicioso. Mas, se for possível reformular esse sistema de crenças, se for possível ensinar os sociopatas a entender que suas características inerentes *não* são ruins, poderemos substituir aquela reação ansiosa por aceitação e, talvez, reduzir o mau comportamento. — Balancei a cabeça de um lado para o outro. — Em teoria.

— Mas normalizar o comportamento antissocial não é bom, Patric — argumentou ela. — Nem ético. Por isso lhe pedi que parasse de usar suas "receitas". Porque queria que descobríssemos uma estratégia de convivência mais saudável.

— Não estou falando de normalizar comportamentos — insisti. — Estou falando de normalizar *características* psicológicas. Sei que, para mim, quanto mais entendo meu tipo de personalidade e menos preocupada fico com a apatia, menos apronto. Lembre-se: a apatia não é a *causa* da sociopatia. É só um sintoma. Sei porque, embora não esteja aprontando tanto, ainda me *sinto* sociopata.

— Não entendi — disse a terapeuta.

— Mesmo que eu não tenha me sentido obrigada a agir de forma extrema — expliquei —, ainda sou *eu*. Ainda não vivencio emoções como você. Ainda sou imune à vergonha e à culpa.

— Portanto, você não se sente mal por ter lido o diário de Jacob?

— Não. Só lamento ter deixado que Arianne me convencesse a fazer algo que eu não queria. Eu me permiti ser usada. Foi *por isso* que fiquei tão zangada comigo mesma, por ter feito uma escolha ruim.

— Mas é sempre você que escolhe.

— Na verdade, não. Do mesmo modo que as pessoas com TOC não escolhem quando contam coisas, lavam as mãos ou fazem as coisas que sentem que "têm" que fazer.

Pude ver que ela não acreditava em mim.

— É isso que estou tentando lhe dizer! — insisti. — Grande parte do comportamento negativo do sociopata é *compulsivo*. É movido pela reação ansiosa à pressão, pela vontade de dissipar a apatia. É assim que *sinto*. Mas, na ausência dessa ansiedade, os sociopatas têm escolha — expliquei. — Entrei na casa do outro lado da rua porque queria, porque *escolhi*. E, como a ansiedade não foi a motivação, consegui apreciar a experiência.

— Certo. Vamos nos aprofundar *nisso* — sugeriu ela.

Balancei a cabeça, brigando com a resposta.

— A vida inteira achei que queria ser outra pessoa. Queria ser normal. Não mais. *Gosto* de não me importar com o que os outros pensam. *Gosto* de não ficar sobrecarregada com a culpa, como acontece com todo mundo. Para ser sincera — completei —, até gosto da apatia às vezes. Não sentir as coisas... Isso me lembra o Grande Buraco Azul.

A dra. Carlin piscou.

— O *quê*?

Sorri e expliquei.

— O Grande Buraco Azul. É um sumidouro ao largo de Belize. Tem dezenas de metros de profundidade, e, em volta dele, a água é azul-clara e cristalina. Mas, lá no fundo, a água é preta. — Paro e olho pela janela. — É uma das pouquíssimas coisas que já me apavorou de verdade. Quando era menina e via as fotos... a *ideia* de nadar por ele sempre me fez querer...

Minha voz sumiu, e tive uma sensação profunda de imobilidade.

— Fez você querer o quê?

Franzi as sobrancelhas e a encarei.

— Ferir — respondi.

Ela ergueu as sobrancelhas e esperou que eu continuasse.

— Minha apatia sempre pareceu um abismo, mesmo antes que eu a percebesse, mesmo quando eu era criança. — Baixei o olhar e me senti sumir nos padrões do tapete. — Acho que tinha medo dela porque nunca soube se sairiam monstros daquela escuridão.

— E agora? — perguntou ela.

Dei de ombros.

— Bom, agora conheci os monstros. — Sorri. — E me entreguei.

A sala ficou tão silenciosa que deu para ouvir o tique-taque do relógio. As sombras da tarde avançaram para os cantos do consultório e se instalaram à minha volta como antigos companheiros. Foi aí que percebi.

— É assim que deveria ser — falei baixinho, relaxando. — É assim que os sociopatas *deveriam* sentir. É a esperança. Aqui sentada, talvez, pela primeira vez desde que era criança, *gosto* de quem sou. Estou em paz com *o que* sou. E começo a perceber que a única coisa de que eu não gostava era o que eu fazia. Eu não gostava do meu comportamento.

A dra. Carlin concordou com a cabeça.

— Esse é o outro lado da escuridão. É como todos os sociopatas deveriam se sentir. — Fechei a cara. — Não é justo que não consigam.

— Não entendi — disse ela. — Por que não conseguem?

Dei de ombros.

— Porque não há ninguém para explicar. Os únicos que falam são os sociopatas falsificados. As únicas pessoas que escrevem livros são idiotas com informações de bosta — reclamei. — Quer dizer, como os sociopatas reais vão descobrir as coisas?

— Bom, parece que *você* descobriu — comentou a dra. Carlin.

— Tive sorte — retruquei com uma risada sarcástica. — Entendi um pouco disso porque, por acaso, achei um monte de pesquisas numa biblioteca.

Olhei pela janela enquanto voltava a me recostar nas almofadas do sofá.

— E as pessoas que não têm a mesma sorte? — perguntei, erguendo fracamente as mãos. — Onde estão os terapeutas *delas*? Onde estão os grupos de apoio para *elas*? — Eu estava exasperada. — Onde estão os livros para *elas*?

A dra. Carlin esperou um instante e disse:

— Ué, escreva um.

Olhei-a como se ela estivesse maluca.

— Já lhe disse isso, Patric. Acho que você tem um verdadeiro talento para a psicologia. Acho que deveria procurar uma pós-graduação. — Ela estudou minha reação. — E acho que deveria escrever um livro.

Fiquei espantada.

— Quem sou eu para escrever um livro?

— Você é uma sociopata bem-ajustada, para começar — disse ela, dando risada.

— Certo — respondi. — Sou sociopata. Quem vai acreditar no que eu disser?

— *Outros* sociopatas. Como você mesma disse: você se identifica. Sabe como é viver assim. Tem uma perspectiva exclusiva porque é capaz de dissecá-la do ponto de vista pessoal *e* profissional. Mesmo que não tenha todas as respostas, tem capacidade para entender os outros sociopatas e ajudá-los, exatamente como ajudou a si mesma.

Voltei a olhar o parque.

— Dizem que os sociopatas são impulsivos, irracionais, incapazes de introspecção — acrescentou ela. Depois, balançando a cabeça, se inclinou na minha direção. — Mas não é o que vejo aqui. Dizem que os sociopatas não conseguem amar, mas vi você fazer isso. Dizem que os sociopatas são incapazes de empatia...

Me virei para olhá-la nos olhos.

— Não sou muito boa nisso — disse baixinho.

— Ah, é sim — protestou ela. — Com *outros* sociopatas. — Ela se recostou e cruzou os braços. — Agora, me diga: quem mais consegue tudo isso?

Dei uma olhada no relógio.

— Uau, veja só — anunciei, me levantando do sofá. — Nosso tempo acabou.

Ela sorriu e ergueu as mãos com resignação.

— Só pense nisso.

CAPÍTULO 17

Órion

Algumas semanas depois, eu estava no trabalho examinando os relatórios de despesas com meu pai. O tempo lá fora estava atipicamente sombrio, e, olhando pela janela que emoldurava sua grande sala no canto, me lembrei da conversa com a dra. Carlin. Papai apertava os olhos para o computador, brigando com uma planilha, quando lhe perguntei:

— O que você acha de eu voltar para a faculdade?

Ele ficou confuso.

— Psicologia — expliquei. — Minha terapeuta acha que sou boa nisso.

— É uma ótima ideia — disse ele. — Acho mesmo. E penso que já passou da hora.

— De quê?

— De achar algo que deixe você apaixonada. — Papai se inclinou para a frente. — O que David acha?

— Bom, ele adora a ideia de eu sair deste emprego, com certeza.

Ele inclinou a cabeça.

— Ele não gosta muito de mim, não é?

Dei de ombros.

— Não é que ele *não* goste de você — respondi, pisando em ovos em torno da pergunta. — Ele só detesta o setor musical.

— Esse é o problema das pessoas como ele — comentou meu pai, com um gesto de desdém. — Tudo é preto e branco. Ele não entende que o mundo é quase todo cinza.

Eu me mexi na cadeira, ansiosa para mudar de assunto.

— É por isso que o amo tanto — disse eu. — Nós nos equilibramos.

Papai ficou calado.

— De qualquer modo — continuei —, provavelmente, um pouco de estabilidade seria bom para mim, sabe? Voltar à faculdade significaria ter horários e uma meta.

— Bem a praia do David — implicou papai. — Tenho certeza de que ele está empolgado.

— Na verdade, *não* — refutei.

— É mesmo? Isso me surpreende.

Também me surpreendia.

Na noite seguinte à minha sessão com a dra. Carlin, fiquei empolgada para contar tudo a David. Admito que toda a ideia da pós-graduação havia me surpreendido e eu não tinha muita certeza naquele momento. Contudo, quando cheguei em casa, estava decidida.

— Deixa ver se entendi — pediu David quando lhe contei.

Tínhamos acabado de jantar e eu ouvia Keith Jarrett tocando baixo na sala de estar.

— Você está dizendo que, entre sair do consultório e chegar em casa, decidiu que quer fazer uma pós-graduação? Em psicologia?

Sorri.

— É.

— É um momento estranho — disse. — A maioria não volta a estudar por capricho.

— A maioria não é como eu — lembrei.

— É verdade. — Ele sorriu. — É só que *eu* estava pensando que está na hora de começar a pensar no futuro. *Nosso* futuro.

Quando viu que eu não fazia ideia do que ele queria dizer, ele se aproximou e cochichou:

— Como... filhos.

— *Filhos?* — perguntei, surpresa. — Quer começar a falar sobre filhos? Nem somos casados.

— Eu sei, mas vamos nos casar. Algum dia. — Ele sorriu. — Não é?

Instintivamente, devolvi o sorriso. Sabia que queria me casar com David desde o segundo que pus os olhos nele. Para mim, esse era um fato consumado.

— É — respondi. — Sabemos disso.

— É isso que estou dizendo — explicou ele. — Nós dois queremos nos casar. Queremos filhos. Talvez voltar à faculdade seja um pouco demais, neste momento.

— Não concordo — comentei, franzindo a testa. — Para mim, agora é a melhor hora para voltar à faculdade. *Antes* de nos casarmos. *Antes* de termos filhos. Voltar a estudar só vai ficar mais difícil se eu esperar.

Ele se levantou e pegou minha mão.

— Vem comigo — pediu.

David me conduziu pelas portas duplas que se abriam para o quintal.

— Está vendo? — perguntou, apontando o céu. — Aquelas três estrelas alinhadas?

Apertei os olhos e segui o dedo dele.

— Acho que sim.

— É Órion. O caçador. O protetor. Minha mãe me falava dele quando eu era pequeno — contou David. — Ela conhecia todos os mitos gregos e suas constelações. Mas ele era seu favorito.

Forcei um sorriso, me perguntando aonde ele queria chegar com aquilo.

— Soa bem — respondi baixinho, recordando a resposta padronizada de Kimi.

Ele deu um passo para trás e pegou minhas mãos.

— Estava esperando a hora certa de lhe contar — disse, tentando, sem sucesso, não sorrir. — Recebi uma oferta de emprego semana passada.

— É mesmo? — Fiquei empolgada por ele. — Onde?

— É uma startup em Santa Monica — falou. — Precisam de um sócio, alguém que conheça tecnologia. E têm dinheiro. Muito.

— David! Isso é ótimo! — Ele parecia nervoso. — *É, não é?*

— Acho que é, sim — respondeu. — Mas, provavelmente, será difícil por algum tempo. Querem que eu monte um sistema imenso. Quando ficar pronto será incrível.

Inclinei a cabeça, confusa.

— Patric, amo você. Quero me casar com você. Quero cuidar de você para sempre. — Ele me puxou para um abraço. — Você não tem que voltar à faculdade. Você nem tem que trabalhar mais para o seu pai. Pode pedir demissão amanhã, se quiser.

Balancei a cabeça, com dificuldade para saber como responder.

— Mas eu *não*... quero — gaguejei e me afastei. — Querido, por favor, não me entenda mal. Acho muito fofo que você queira cuidar de mim. Mas não precisa.

Ele me deu um sorriso torto.

— Sei que não — respondeu ele baixinho. — Eu *quero*. Quero que você seja livre. Não só do trabalho e das contas, mas de tudo o que enfrentou a vida inteira. Pense como seria legal levar uma... vida normal. A vida que você sempre quis. — Ele beijou minha mão. — A vida que *nós* sempre quisemos.

Seus olhos castanhos intensos eram afetuosos e convidativos. Era um olhar que eu só recebia dele, uma expressão compassiva no rosto de alguém que conhecia todos os meus pensamentos mais sombrios. David não brincava sobre as batalhas que aconteciam dentro de minha cabeça. Não negava as coisas atrozes que eu era capaz de fazer. Mais ainda, ele as aceitava. Naquele instante, me senti completamente vista. Era como se ele falasse com minha alma, dizendo em voz alta coisas que eu só sussurrava desde que conseguia me lembrar. Eu também queria, mais do que podíamos imaginar. A ideia desse tipo de liberdade, desse tipo de vida.

Juro por Deus que tentei.

Durante meses, me esforcei para deixar de lado todos os pensamentos sobre faculdade e sociopatia. David começou no novo emprego logo depois, e eu continuei trabalhando com papai. Embora eu tivesse que admitir que as coisas entre nós não eram mais as mesmas. David tinha acertado sobre as jornadas de trabalho mais longas. Desde o dia em que começou, raramente estava em casa. Ficava até tarde da noite, às vezes, fins de semana inteiros, trancado no novo escritório, enquanto sua equipe se preparava para lançar a aplicação web. Foi uma mudança extrema de nosso estilo de vida, e eu não estava preparada. Contudo, tentei tirar o máximo proveito. Pelo menos, no início.

Naqueles primeiros meses, aperfeiçoei o papel de parceira acolhedora. Nas noites em que ele trabalhava até tarde, eu fazia a longa viagem até o outro lado da cidade para jantarmos juntos a comida feita em casa. Mantive a boca fechada quando ele ia ao escritório nas manhãs de sábado. Tentei não me zangar quando ligava na última hora para cancelar os planos do jantar. Guardei comigo as queixas e opiniões. No entanto, com o passar do tempo, descobri que ficava mais difícil segurar a minha língua.

— Puta merda, você está falando sério? — exclamei certa noite quando David ligou para avisar, pela terceira vez na semana, que não viria jantar em casa. — Vai fazer isso *de novo*?

— Desculpe, querida — respondeu ele. — Eu estava saindo pela porta quando Sam me chamou para uma reunião.

Sam era o chefe e sócio de David. Era rígido e esquisito socialmente, uma verdadeira personalidade negativa. Havia poucas pessoas de quem eu gostasse menos do que Sam, e meu desdém aumentava sem parar.

Pousei na bancada da cozinha o chantili que estava batendo, e a base sólida fez um barulho alto.

— Bom, acabei de preparar a sobremesa. Torta de limão feita em casa. Tive que ir até o centro para encontrar os limões certos. — Soltei o ar com impaciência, e a voz se suavizou um pouquinho. — Você não pode dizer que temos outros planos? Não pode dizer não? Só dessa vez?

— Eu diria, se pudesse — respondeu ele, e percebi que tentava me fazer desligar. — Mas Sam está nervosíssimo com o lançamento semana que vem. Escute. É só mais uma semana. Depois disso, a situação volta ao normal. Juro.

Tenho que admitir que a situação voltou ao normal na semana seguinte, e tudo foi maravilhoso outra vez. Ele chegava em casa por volta das 18 horas e fazíamos coisas como jantar, assistir ao noticiário e ser... normais. Porém, parecia que o "normal" nunca durava. Na outra semana, ele voltou a fazer hora extra, dessa vez, para uma "atualização trimestral" que precisava estar pronta até o fim do mês. Era o que eu mais detestava no emprego dele. Nunca havia uma linha de chegada. David se matava para terminar um projeto grande só para começar outro imediatamente. Ele sempre insistia que Sam prometera que *aquela* seria a "última vez", mas nunca era. Tentei dar apoio, mas, passado um tempo, comecei a ficar ressentida.

Isso é uma merda, disse comigo.

Estava sozinha em casa, depois de outro telefonema de última hora para avisar sobre uma última reunião. A mesa estava banhada pela luz de velas, mas o halibute assado que preparei estava frio; os legumes, murchos. Peguei a taça de vinho de David e bebi tudo. Depois, fui para a sala de estar. Pus o toca-discos num volume alto de rebeldia e me sentei no banco sob a janela. Olhei o jardim do outro lado da rua, desejando que a casa Tarzana estivesse vazia ou, pelo menos, que os novos donos não fossem os paranoicos que instalaram um monte de câmeras de segurança.

Notas hipnóticas de blues e contrabaixo encheram a sala, e descansei a cabeça na parede. Encarei a pirâmide de maçãs que montara com perfeição num suporte de bolo antigo, e me peguei pensando no filme *Amigas para sempre*. Nele, Hillary, personagem de Barbara Hershey, abandona a carreira de advogada para criar um lar aconchegante para o marido bem-sucedido. Certa manhã, saindo para o trabalho, ele pergunta o que ela planeja fazer naquele dia.

— Vou comprar uma chave inglesa — responde.

O marido pensa um segundo e exclama:

— Boa!

Hillary dá um sorriso fraco. Na área de jantar onde ocorre a cena, há um prato de maçãs ao lado de um bule de café. Ela pega uma maçã e a coloca sobre a cabeça, olhando fixamente para a frente enquanto o marido sai para trabalhar.

Meus olhos se estreitaram enquanto eu encarava minha própria torre de maçãs. Levantei do banco e fui até a cozinha. Lá, peguei uma maçã verde madura e me curvei sobre a ilha. Mordi a maçã e a equilibrei no alto da cabeça.

— Talvez eu devesse comprar uma chave inglesa.

Parecia uma ideia decente que não estaria completamente deslocada. Grande parte minha quis sair correndo e comprar a ferramenta naquele instante. Pensei em diversas maneiras de usá-la. A mais notável: contra a lateral do carro de Sam, que eu sabia que estava estacionado no escritório, ao lado do de David.

Contudo, entendi que o personagem de Hershey não compraria a chave inglesa para alguma tarefa antissocial emocionante a ser determinada. Ela faria aquilo porque não tinha nada melhor a fazer. Fiquei furiosa, porque, de repente, me identifiquei. A afirmativa de David de querer que tivéssemos uma vida normal era autêntica, mas sua ideia de normal não era igual à minha. Ele trabalhava 24 horas por dia para alcançar seus objetivos. Então, por que eu não podia fazer o mesmo?

Tentei conversar sobre isso, mas ele estava sempre preocupado com o trabalho. Nunca era uma "hora boa" para debater o tema. Sempre que eu tentava puxar o assunto, ele só se irritava.

— Por que você fez isso?

Estávamos no escritório dele almoçando alguns dias depois e cometi a gafe de mencionar que tinha ficado uma hora no telefone com o departamento de psicologia da UCLA.

— Não fale comigo assim — pedi, instantaneamente frustrada com o tom irritadiço dele.

— Desculpe — ele se retratou, suavizando o tom. — Só estou estressado. E não entendo. Por que ligou para eles?

— Queria saber se a dra. Slack ainda estava lá — continuei, tentando levar a conversa de volta aos trilhos. — Quer saber? Está.

David não se impressionou.

— E daí?

— E daí que imaginei que poderia conversar com ela sobre a pós-graduação. A UCLA não é a única universidade daqui. Se voltar, posso me candidatar a várias e ter algumas opções.

— Opções para quê? — perguntou David, desconcertado.

Senti minha raiva aumentar.

— Pare com isso — retruquei.

— Parar com o quê?!

— Pare de fazer perguntas de que sabe a resposta. — Eu estava muito irritada. — Você faz isso o tempo todo, e é enfurecedor.

— Porque o que você está dizendo não faz sentido! — Ele quase gritou.

— Não faz sentido para *você*, David. Porque a única coisa que "faz sentido" para você é que eu fique em casa dando uma de esposinha feliz enquanto você trabalha o tempo todo.

Ele ficou chocado.

— Acha que é isso o que quero?

— E não é?! Você quer que eu largue o emprego. Claramente, não quer que eu volte a estudar...

— Porque estou tentando protegê-la! — interrompeu David.

Fiquei espantada.

— Me proteger? — perguntei. — Do quê?
Depois de uma longa pausa, ele respondeu:
— *Sei* o que você fazia na faculdade, as coisas que me contou.
— Ah, não enche — respondi exasperada. — Eu era uma pessoa completamente diferente naquela época.
— Eu sei — respondeu. — Mas detestava ouvir você falar de furtar carros e invadir casas enquanto eu estava a quase cinco mil quilômetros. Agora estou aqui. Posso cuidar de você. É por isso que você deixa o chaveiro da Estátua da Liberdade para mim.
Arregalei os olhos quando percebi que ele tinha entendido tudo errado.
— Ah, David, não — disse eu, desesperada para esclarecer. — Deixo o chaveiro porque quero ficar perto de você. Quero que saiba o que faço porque quero ser franca com você sobre tudo, o tempo *todo*, exatamente como prometi. Não porque precise que você "me proteja".
Ele não me olhou.
— Ei — falei com gentileza enquanto ia até seu lado da mesa. — Estou falando sério. Sou sua parceira, não alguma pessoa insana de quem você precisa cuidar. — Segurei o rosto dele nas mãos e o olhei nos olhos. — Estou falando sério. Não quero nunca que você sinta que é responsável pelo que faço. Desculpe se fiz você se sentir assim.
— Não, *eu* é que peço desculpas. Estou de péssimo humor neste momento — admitiu ele, apontando para os monitores de tela plana sobre a mesa. — Sam está me enchendo o saco com essa merda desse programa novo, e tenho que terminar. — Ele suspirou. — É claro que apoio sua volta à faculdade. — Ele me deu um de seus sorrisos tortos e irresistíveis. — Podemos falar sobre isso mais tarde?
Franzi a testa.
— Você disse que ficaria aqui a noite toda.
— Certo. Merda. Sinto muito. — Ele deu de ombros. — Amanhã à noite. Ou que tal no fim de semana?
— Claro — falei baixinho.
O telefone tocou, ele atendeu. Beijei o alto de sua cabeça e fiquei lá, sem graça, alguns segundos. Então, peguei a bolsa e fui embora.

Uma hora depois, eu estava atrás do volante de meu carro, os pensamentos num labirinto bagunçado enquanto ia para casa. A tarde estava no fim, a pior hora para pegar o tráfego de Los Angeles. Enquanto avançava lentamente, pensei em nossa conversa e em por que a ideia da faculdade parecia tão assustadora para ele. Parte de mim entendia.

É meio maluquice, imaginei. *Nem sou boa aluna.*

Ao mesmo tempo, passei anos caçando por conta própria informações sobre sociopatia e psicologia. Fazer o doutorado parecia um avanço natural. Desafiador, mas factível. Lá no fundo, eu sabia que teria bons resultados.

Atravessei a 405 em Brentwood e decidi evitar a autoestrada. Em vez dela, continuei rumo a Westwood, perdida em pensamentos. Quando cheguei à Hilgard, parei no sinal vermelho e recostei a cabeça no banco, cheia de saudade. Conhecia bem o cruzamento, provavelmente, melhor do que qualquer outra pessoa na cidade. Afinal de contas, Hilgard Avenue foi meu primeiro endereço em Los Angeles. Olhei a rua onde ficava meu dormitório. Muita coisa tinha mudado desde que cheguei. A rua era maior do que me lembrava. Na verdade, o campus todo parecia ter explodido em obras. Por outro lado, algumas coisas continuavam iguais.

Segurei o volante com mais força e, de repente, virei-o para sair da Sunset e entrar em minha antiga rua. Grandes letras douradas cintilavam na parede de pedra que emoldurava o lado norte do campus. *UCLA*. A rua larga estava vazia e receptiva, e senti um pico inesperado de liberdade. Dali a cem metros havia uma rua secundária da qual ainda me lembrava bem. Entrei na via estreita e manobrei o carro rumo ao estacionamento. Eu sabia que era o mais próximo do departamento de psicologia.

Trinta minutos, pensei ao estacionar. *O prédio fecha em trinta minutos. Há bastante tempo para ver se a dra. Slack pode me receber.*

Quando saí do carro, o ar do início da noite me deixou à vontade. Olhei para cima e, por instinto, procurei Órion. Sorri comigo. Eu já sabia que era a decisão certa. *Minha* decisão... Que mudaria o rumo de minha vida. Segui para o prédio de psicologia, vislumbrando um plano.

— Vou fazer meu doutorado — decidi. — E me especializar em sociopatia.

Impulsiva ou não, a trajetória de meu futuro ficou clara. Eu já estava a caminho.

PARTE III

CAPÍTULO 18

Hábito rebelde

Um ano e meio depois, eu estava na sala de uma pequena casa dilapidada perto de Mulholland Drive. Havia um buraco no telhado, pelo qual dava para ver o fraco contorno da lua crescente contra o sol claro da Califórnia.

A casa não ficava longe do campus onde, recentemente, eu tinha começado o segundo ano do programa de doutorado de uma faculdade particular na zona oeste de Los Angeles. Era raro que eu tivesse uma folga naquela época, e mais raro ainda matar o tempo na casa de um desconhecido. Em geral, o curso em horário integral, combinado às longas horas que eu ainda passava trabalhando como produtora, consumia quase todos os meus dias e deixava pouco tempo para tarefas "não ortodoxas". No entanto, naquela tarde, abri uma exceção. E tinha companhia.

Uma nova amiga estava a meu lado. Seu nome era Everly. Cantora de uma banda que eu incluíra recentemente em meu plantel, ela era minha cliente favorita. Compositora prolífica, era talentosa e sua voz soava como um cruzamento de Mazzy Star com Courtney Love. Além disso, acabara de lançar uma demo que ouriçou vários selos grandes. Nos preparativos para mostrar seu desempenho ao vivo, passávamos muito tempo juntas e, para variar, eu estava grata pela companhia.

David ainda trabalhava sem parar. Sua empresa não era mais uma *startup*. Tinha desabrochado com o sucesso e planejava abrir capital. Havia mais de um ano, ele trabalhava praticamente 24 horas por dia para preparar o lançamento das ações, um passo que praticamente garantiria seu futuro financeiro e lhe daria liberdade real na carreira.

Em termos vocacionais, nós dois não estávamos apenas sobrevivendo. Prosperávamos. Porém, isso cobrava um preço alto. Entre a faculdade e o trabalho, David e eu nos tornamos navios de passagem num oceano passivo-agressivo. Mal ficávamos algum tempo juntos e, quando isso acontecia, brigávamos. Mesmo depois de morar comigo durante anos, ele não conseguia aceitar a ideia de que sua "garota dos sonhos" era sociopata. Não entendia que isso não tinha nada a ver com ser boa ou má pessoa. Era um tipo de personalidade, e suas características faziam parte de meu tecido psicológico. Comecei a ter a sensação de que a aceitação dele deixara de ser incondicional. Ele abordava minha sociopatia como se fosse uma série de escolhas que ele não tinha problema nenhum em selecionar.

    Notei que David era rápido para mostrar sua desaprovação dos comportamentos sociopáticos de que não gostava. Contudo, ficava contente de cooptar elementos de meu tipo de personalidade quando lhe convinha. Por exemplo, não se importava quando, de forma sub-reptícia, eu punia os que achava que o prejudicavam. E não tinha nenhum problema em invadirmos juntos casas vazias para fazer sexo. Era como se eu não pudesse ser sociopata sem a permissão dele, e a hipocrisia era frustrante. Era a mesma hipocrisia que eu via repetidas vezes na sociedade quando a questão eram pessoas como eu.

    Desde que tinha conversado sobre isso com a dra. Carlin, não conseguia deixar de pensar que minhas características só eram vistas sob luz negativa. Para mim, esse ponto de vista era míope. Com certeza, algumas seriam usadas de forma destrutiva. Porém, como qualquer outra característica, também podiam ser usadas de forma *con*strutiva. Por exemplo, minha capacidade reduzida de sentir emoções me tornava muito mais capaz de tomar decisões pragmáticas do que, digamos, David, cujo excesso de emoção o tornava mais propenso a querer agradar os outros. Quanto à falta de culpa, eu me sentia afortunada por ter sido poupada de um fardo desses.

    Quanto mais tempo passava estudando psicologia, mais convencida ficava de que a culpa era um estado de espírito pensado para oprimir, não para libertar. Parecia que as pessoas não precisavam pensar por conta própria quando a culpa fazia isso por elas. E, embora a pesquisa sobre sociopatia fosse escassa, não havia falta de recursos a respeito dos efeitos prejudiciais da culpa e da vergonha. Das reações emocionais — como baixa autoestima e propensão à ansiedade e à depressão — às físicas — como o aumento da atividade do sistema nervoso simpático, incluindo problemas de sono e digestão —, os aspectos negativos da culpa e da vergonha pareciam maiores do que os positivos. E minha nova amiga concordava.

Everly não era estranha aos subprodutos da culpa. Apesar de cantora de uma banda de rock em ascensão, deixava a opinião dos outros (e o impulso avassalador de ser "boa") atrapalhar seu sucesso. Eu ficava espantada com isso. Em todos os aspectos, ela era uma boa pessoa, uma ótima pessoa. Contudo, tinha que rechaçar constantemente sentimentos de contrição. De várias maneiras, David e ela eram parecidos. Os dois eram excepcionalmente gentis, compassivos e amorosos. Ambos possuíam abundância de generosidade e fluência emocional, que eu considerava a habilidade que mais me faltava, para se conectar e se comunicar por meio dos sentimentos. Eram muito inteligentes e talentosíssimos. Ironicamente, também eram prejudicados pelo que me parecia uma noção de moralidade quase compulsiva. Everly ficava fascinada por eu nunca vivenciar nada parecido.

— Sabia que isso é raro? — me perguntou certa vez. — A maioria passa a vida tentando se livrar dessa bosta de culpa e vergonha. Sei que eu passo — confessou ela. — Você é tipo um unicórnio.

A apreciação que Everly demonstrava por minhas características sociopáticas fazia eu me sentir vista de um jeito bom. Enquanto David parecia obcecado por me fazer expressar emoções e criar alguma aparência de culpa e vergonha, Everly me aceitou como eu era. Como resultado, achei mais fácil me aceitar.

— Ser amiga sua é como tomar um comprimido de imunidade anticulpa — disse ela, olhando a casa abandonada. — Sério, você acha que já invadi alguma casa? Sem chance. Não consigo fazer coisas assim. Mas consigo quando você faz. — Então, ela acrescentou: — Adoro pegar carona em sua sombra escura.

Sorri e passei o olhar para o antigo piano de cauda num dos cantos da sala de estar decrépita. A madeira castigada pelo clima estava coberta de folhas e manchas d'água, mas, fora isso, o instrumento parecia notavelmente intacto. Sentei no banco e apertei as teclas. Para minha surpresa, as cordas estavam afinadas. Dei uma olhada em Everly, que perambulava pelo térreo.

— E aí, gosta? — perguntei. — Acho que quero comprar.

— Está à venda? — perguntou ela.

— Ainda não — respondi. — Mas estará.

Aquela era a casinha perto de Mulholland Drive, no fim da rua da casa de meu pai, pela qual passei tantas vezes.

— Acho que é mágica.

Everly ergueu o pé e inspecionou com cautela uma pilha de lixo no chão.

— Como a encontrou?

— Ah, estou de olho nela há anos — respondi. — É o lugar de que lhe falei, onde moram os velhinhos. Os que sempre estão no jardim.

Ela ergueu a cabeça, surpresa.

— É *esta* casa?

— É! — Fiz que sim com entusiasmo. — Não é incrível?

— É. — Ela riu, olhando em volta. — Um incrível desastre!

Ela tinha certa razão. A casa *era* um desastre. Além do grande buraco no teto, havia trepadeiras crescendo pelas janelas quebradas; parecia que ninguém tocava na cozinha desde a década de 1940, e não havia como dizer quando a eletricidade funcionou pela última vez.

— Como sabe que será posta à venda?

Eu tinha descoberto poucas semanas antes. Fazia semanas, meses, que não via o senhor e a esposa cuidando do jardim. Depois de alguma investigação, descobri seu destino.

— O homem foi atropelado. Ia de bicicleta buscar água no Glen Centre.

Everly ficou boquiaberta.

— Então ele *morreu?!*

— Ah, não — respondi para tranquilizá-la. — Os dois estão bem. Só que tiveram que levá-lo para o hospital. A questão é que, quando vieram avisar a esposa, os policiais descobriram que eles moravam assim. — Fiz um gesto para mostrar todo o lixo e abandono. — Parece que foram removidos da casa.

Everly ficou melancólica.

— Que coisa triste.

Dei de ombros.

— Pelo menos estão num lugar com eletricidade e água corrente. A cidade vai vender a casa em nome deles. Faz parte de uma tutela ou coisa parecida.

Everly olhou em volta outra vez e sua expressão se suavizou.

— Uau — disse ela. — Consegue se imaginar aqui? Desse jeito?

— Na verdade, meio que adoro — respondi.
Andei até a gigantesca escadaria no outro lado do piano e me sentei num degrau em ruínas.
— Eu sabia — falou com uma risada.
— Quer dizer, sim, é velha e precisa de muito trabalho — continuei. — Mas tem uma energia muito legal. Me lembra a casa de Miss Havisham.
— De *Grandes esperanças*? — perguntou, me olhando em dúvida.
— A velha mansão decadente que ficou em ruínas depois que ela foi abandonada no altar?
Dei-lhe uma olhadela presunçosa.
—Essa. A que Estella mandaria reformar quando Pip disse que precisava morar no lado oeste.
Everly fez que sim com empatia.
David e eu vínhamos tendo uma discussão parecida havia meses. Ele decidiu que não deveríamos mais morar na casa de Coldwater. Queria um lugar novo, mais perto do emprego. Concordei com relutância, mas adorava minha casa e não estava com muita vontade de me mudar. Principalmente por causa do emprego *dele*. No entanto, a possibilidade de comprar a casinha de Mulholland me fez mudar de ideia. Tudo aquilo soava como uma aventura criativa.
Everly sorriu e atravessou a sala para se encostar no piano.
— É por isso que te amo. Só *você* gostaria de uma casa assim. Só *você* teria coragem de comprá-la. — Ela fez uma careta enquanto olhava em volta. — Eu ficaria nervosa demais. Só conseguiria pensar em *Um dia a casa cai*.
Tive que admitir que também pensara no filme de Tom Hanks.
— Aquela casa acabou se tornando uma obra-prima — lembrei.
— Essa é a questão — disse Everly. — Você não tem dúvidas porque é destemida.
— O que posso dizer? Há vantagens em ser sociopata.
— Por falar nisso — falou, mudando de assunto. — Preciso pegar emprestado um pouco desse destemor para o show de hoje.
O "show" era a apresentação inicial de uma série semanal que tinha sido oferecida à banda de Everly no lendário Roxy Theatre. Para capitalizar a empolgação que cercou a demo, convidei vários selos importantes para assisti-la.

Meu celular zumbiu e olhei; era uma mensagem de David.

Boa sorte hoje, amor. Não vejo a hora de encontrar você!

Sorri. David não gostava que eu ainda trabalhasse com meu pai, e eu realmente apreciava que ele me apoiasse mesmo assim e fosse ao show.
Respondi: *Obrigada, querido. Estou muito empolgada!*
— É o David? — perguntou Everly. — Ele vem hoje, não é?
— É claro — respondi, guardando o celular. — Só que vai direto do trabalho.
Ela balançou a cabeça.
— Seu namorado trabalha mais do que todo mundo que conheço — comentou ela. — Sério, se Ben passasse tanto tempo no trabalho quanto David, eu apareceria na sala dele como Glenn Close em *Atração fatal*.
Ben era músico da banda e namorado de Everly. Também se autointitulava seu "empresário". Era bastante inofensivo, mas havia determinadas coisas nele que me incomodavam. Por exemplo, eu não gostava que fizesse piadas às custas dela, em geral diante dos "amigos", um grupo rotativo de candidatos a gente do setor. Resistia intensamente a qualquer tentativa que eu fizesse de mostrar Everly como artista independente e parecia nunca prestar atenção nela, a menos que tivesse algo a ver com a banda.
Revirei os olhos com a ideia de *alguém* dar a mínima para onde Ben estava, expressão que Everly interpretou erradamente como desaprovação.
— Não me julgue! — Ela riu. — Você sabe que fico enciumada. *Gostaria* de ser mais parecida com você. — Ela pôs os braços em meu pescoço. — Minha gatinha geniosa!
— Pare com isso — pedi, me esforçando para me afastar. Everly sabia que eu detestava abraços.
— Posso *lhe* ensinar algumas coisas. Coisas como amor e afeição!
— Ela deu um beijo exagerado em meu rosto. — Simbiose simétrica! Quem juntar nós duas terá uma pessoa perfeita!
Eu me desvencilhei dela e ri.
— Chega de educação por hoje. — Dei uma olhada no relógio.
— De qualquer modo, temos que ir. A passagem de som começa em meia hora.

Hábito rebelde

— É! — respondeu Everly, os olhos azuis faiscando. — Vamos fazer um show de rock.

Mais tarde, me sentei atrás do palco, no camarim do Roxy, e examinei a lista de convidados. Embora não fosse social por natureza, descobri que meu papel de produtora de uma banda de rock combinava de forma contraintuitiva com minha personalidade. Nunca havia ninguém à minha volta nos shows de Everly, nunca surgia a oportunidade de alguém me abordar ou começar uma conversa prolongada. A não ser pelas breves interações que tinha com os convidados do setor musical, eu mantinha o olhar baixo e as mãos ocupadas. Era muito raro parar para pegar uma bebida enquanto trabalhava numa das apresentações de Everly. A não ser uns vinte minutos antes do show. Era aí que eu sumia no andar de cima para desmoronar num dos sofás e tirar um cochilo rápido antes do show.

O pequeno espaço do camarim estava cheio de gente naquela noite. Pus a lista de lado e pousei a cabeça no braço do sofá, os olhos pesados com o zumbido suave da conversa em voz baixa.

— Ei — disse Tony, me cutucando com a ponta do pé.

Abri os olhos e sorri para o empresário da banda, que nunca deixava de me fazer rir com seu humor rápido e sorriso cativante.

— Vai dormir durante o show?

— Sem chance — comentou Everly de brincadeira, piscando para mim. — Patric só gosta de se esconder.

— Descanse em paz.

A porta do camarim se escancarou.

— Aqui estou! — anunciou um homem baixo e detestável. — Agora o show pode começar.

Dale era um dos amigos de Ben no setor. Embora exatamente *qual* setor, eu ainda não tinha descoberto. Era um escroto cheio de energia, um amálgama falante e ambulante de todos os clichês de Los Angeles. Não aguentava lidar com ele.

— Desculpem pelo atraso — disse ele com o dedo dentro do nariz. — Levei a merda de uma hora para achar onde estacionar. Acabei deixando o carro lá em Wetherly.

— *Wetherly?* — ganiu Ben. — Lá só é permitido carro de morador. Você vai levar uma multa. Patric — gemeu ele, claramente irritado porque não dei um jeito de prever a situação que se desenrolava. — Pode, por favor, arranjar para Dale uma permissão de estacionamento?

— É claro — respondi, me levantando do sofá. — É só me dar as chaves que resolvo isso. Que tipo de carro?

Dale me deu uma olhada presunçosa e inclinou a cabeça para a frente. Estava com um boné enfeitado com um Z metálico brilhante. Apontou a letra e ergueu as sobrancelhas, esperando que eu respondesse. Balancei a cabeça para indicar que não reconhecia o símbolo.

— Não faço ideia do que é.

— É um Z — respondeu Dale, incrédulo. — Um *Nissan* Z.

— Ah, é só dar as chaves a Patric — disse Everly. — Não queremos que você seja multado.

Dale deu a ela um sorriso afetado, enfiou a mão no bolso e puxou um chaveiro com um grande Z prateado. Ele o balançou à minha frente como um hipnotizador de meia-tigela. Fiz o máximo para não rir. Em vez disso, estendi a mão com calma para pegar a chave. Contudo, pouco antes de conseguir, ele puxou o chaveiro para longe.

— Sem chance, boneca — disse ele, jogando-o sobre uma mesa próxima. — Ninguém toca o Z. — Ele fez uma pausa. — Mas *aceito* uma bebida.

Everly reagiu.

— Dale — disse ela, abandonando toda pretensão de gentileza. — Patric não é garçonete.

Ao perceber que tinha exagerado, Dale pôs a mão na frente da boca, os olhos arregalados com arrependimento falso.

— Meu Deus! Sinto *muitíssimo*!

— Tudo *bem* — vociferou Ben. Depois, disse num murmúrio: — É para isso que ela está aqui.

— Na verdade, não me importo — disse a Everly.

Era verdade. Eu faria qualquer coisa só para sair dali.

Senti meu celular zumbir no bolso.

— Além disso, David está chamando — falei, depois de dar uma olhada na tela. — Provavelmente, está lá fora. Vou buscá-lo.

— E um Jack Daniels com Coca Diet! — gritou Ben quando saí.

Desci correndo a escada dos fundos e fui em linha reta para a entrada, enquanto o celular continuava a vibrar no bolso.

— Alô — disse quando atendi. — Estou a caminho.

Ouvi a voz de David, mas, com o aperto da multidão, não consegui entender nada do que ele disse.

— Estou saindo pela porta agora — falei.

Pisei lá fora e examinei o mar de rostos à procura dele, mas não o vi em lugar algum. *Que estranho*, pensei. Olhei o celular e vi que tinha uma mensagem.

Preso no trabalho. Sinto muitíssimo, querida! Prometo que vou te compensar. Seja boazinha!!!!!

Inspirei com força. A mensagem não era nenhuma novidade. Provavelmente, tinha recebido dezenas de mensagens exatamente iguais nos últimos meses. Contudo, naquela noite, algo nela me pareceu especialmente enfurecedor. Apertei o celular, a ponta dos dedos branca de raiva, dei meia-volta e entrei de novo.

Depois do show, voltei ao camarim para dar parabéns à minha amiga.

— Você estava incrível — disse.

Everly me deu um grande sorriso, o rosto ainda corado de adrenalina.

— Estou com vontade de comemorar! — disse ela empolgada, segurando minha mão. — Vamos à casa de Dorian.

A casa de Dorian, seu colega de banda, ficava na encosta bem pertinho do Roxy. Normalmente, eu iria na mesma hora ao local mais frequente de reunião pós-show. Daquela vez, só queria voltar para casa. Fiz que não e olhei para baixo, tentando esconder minha decepção.

— Na verdade, vou para casa — disse.

Everly me olhou com tristeza, sua percepção perfurando minha psique.

— Ele não veio, não é?

— Tudo bem — respondi, sem expressão.

Ela balançou a cabeça.

— Isso é horrível — comentou. — Quer dizer, sei que você ama muito David. Mas não aparecer hoje? Não aparecer em *nenhuma* noite?

Que merda. — Ela pegou minha mão. — Venha — implorou. — Vamos tomar vinho e nadar peladas à noite.

A lembrança da piscina de borda infinita de Dorian no alto do morro me fez sorrir.

— Acho que eu poderia ir só um pouquinho — disse, cedendo.

Everly sorriu.

— Viva! — exclamou ela, beijando-me no rosto. — Venha atrás de mim e Tony. Vou me trocar bem depressa. Dale foi com Ben. Você pode pegar as chaves dele? — pediu Everly.

Revirei os olhos e me virei para pegar as pobres chaves na mesinha, mas fui interrompida por uma lufada de ar. Avistei uma janela aberta no canto do camarim. Era o vento de Santa Ana que soprava no segundo andar com a força de um exército medieval. Fui até a janela e enfiei a cabeça pela moldura estreita para observar a brisa barulhenta açoitar com ferocidade o beco lá embaixo. Fitei com assombro os morros acima de Sunset Plaza. O vento era um atacante invisível, sacudindo tudo pelo caminho. Então, com a mesma rapidez com que veio, sumiu... como se parasse para recuperar o fôlego. Descansei a cabeça na vidraça e apreciei a calmaria passageira. Sabia que o vento voltaria a qualquer momento. Como a pausa entre as ondas, sua ausência era apenas temporária. Enquanto esperava, uma lufada de ar frio atingiu meu rosto. Estendi a mão para fora e notei que a temperatura tinha caído um pouquinho. O outono chegara oficialmente.

— Tempo das bruxas — disse com um sorriso.

Um lampejo atraiu meu olhar; olhei para baixo e vi o reflexo da lua me fitando numa poça. Inclinei a cabeça, achando esquisito olhar a lua lá embaixo. E não era uma lua qualquer, mas uma lua-sorriso, a mesma que eu tinha visto naquela tarde pelo buraco no telhado. Minha expressão se fechou quando lembrei da mensagem de David. *Seja boazinha*, pensei amargamente. *Que merda ele quer dizer com isso?* Balancei a cabeça. Por que ele disse como me comportar? E por que para ele não havia problema em quebrar promessas? Nem em trabalhar até tarde toda noite? Por que ele não tinha de sacrificar sua casa? Nem se esforçar para ser "bonzinho"?

Lá fora, o vento uivou de novo. Enquanto fitava com inveja o caos que ele deixava em sua esteira invisível, uma ideia deliciosa começou a se formar. Olhei as chaves. O Z prateado, embora ainda detestável, representava possibilidades infinitas, uma oportunidade de me rebelar contra meu namorado e obter uma dose muito necessária de esquecimento.

— Ei, E — gritei. — Vou dar uma passada no In-N-Out. Quer alguma coisa?

Everly pensou rapidamente nas opções.

— Um hamburguer duplo com queijo, estilo animal — berrou de volta —, duas fritas e um milk-shake de chocolate.

— Vejo você lá — respondi.

A caminhada só levou um minuto. Girei as chaves na palma da mão e parei na base da rua para olhar a ladeira. Não tinha ideia de como era um "Z". Apertei o chaveiro e esperei que o carro se apresentasse.

— Prazer em te conhecer — sussurrei.

A brisa assoviou sua aprovação quando me aproximei do carro esportivo e abri a porta. Relaxei no banco do motorista e descansei a cabeça no apoio. O carro, como tantos antes dele, parecia uma câmara de descompressão. Só que, em vez de empurrar a sensação de apatia, fiquei empolgada ao recebê-la.

Era uma sensação estranha; eu não estava segura. No mínimo, flertava com o desastre, prestes a embarcar numa aventura ilegal e arriscada.

Pouca capacidade de avaliação e dificuldade de aprender com a experiência, pensei. Número oito da lista de Cleckley. De onde eu estava, parecia verdade, e não me importei.

Algo naquele passeio era diferente. Parecia um novo tipo de liberdade — um giro amplo, do qual eu tinha um ponto de vista mais elevado e bem embasado. Era uma noção evoluída de libertação: o tipo que vinha de me entender e de seguir meus instintos, em vez de aplacar outra pessoa. Talvez estivesse aprontando do jeito antigo, mas não era para me acalmar nem evitar a fervura. Nem porque quisesse quebrar algumas regras. Fazia por uma razão muito específica: me rebelar.

Apesar do glorioso período de lua de mel que tivemos, meu relacionamento com David estava ficando sufocante. Eu o amava intensamente, mas era um pouco demais. A pressão de sentir que tinha que me adequar aos ideais e às expectativas dele me enchia de raiva. E não uma raiva qualquer, mas uma raiva conhecida. Era uma lança afiada de fúria forjada em minha infância, cujas cicatrizes passei grande parte da vida adulta tentando ignorar.

Desde o dia em que David chegou à cidade, eu me esforcei para me manter contida. Restrita. Para ser a garota boazinha que ele queria. E tudo bem. Contudo, aquilo era muito melhor.

— Seja boazinha — zombei outra vez ao pôr a chave na ignição. — Que graça tem?

Pus o câmbio em *drive* e pisei no acelerador. O carro soltou um ronco satisfatório quando disparei morro abaixo. Eu sabia exatamente o que David diria se soubesse o que eu estava aprontando.

Você não precisa fazer isso.

Mas esse era o problema. Porque lá, com as ruas da cidade à minha mercê, eu não me sentia da mesma maneira que todas as vezes anteriores. David tinha razão. Eu não precisava fazer aquilo.

Mal podia *esperar* para fazer.

CAPÍTULO 19

Anônimo

Algumas semanas depois, eu estava no trabalho, quando um e-mail apareceu na caixa de entrada. Dizia:

> querida patric,
>
> é uma vergonha eu não a conhecer, mas seu pai fala muito de você. agora, vou lhe dizer quem sou. sou uma das várias "garotas" de seu pai que vai ao escritório "depois do expediente" para se divertir depois do horário. tenho fotos de seu pai comigo e com outras garotas e essas fotos vão prejudicar a reputação dele e acabar com a carreira dele. seu pai prometeu cuidar de mim e me transformar numa estrela, mas isso não vai acontecer, então o acordo é o seguinte: quero 50.000 dólares num pacote levado ao Holiday Inn de Highland perto do Best Western. quando eu tiver o pacote, um amigo meu vai mandar para seu escritório um envelope em seu nome com as fotos.
>
> se contar a alguém ou for à polícia, machuco você. sei onde você mora. vou caçar você como um animal e deixar uma bela cicatriz nesse lindo rostinho. seu namorado não vai querer uma garota feia, né? Você decide!!!!!!

Franzi os olhos para a tela. O e-mail não estava assinado, mas suspeitava quem era a remetente. Seu nome era Ginny Krusi. Mãe de um cantor/compositor talentosíssimo chamado Oliver, Ginny tinha a merecida fama de ser desequilibrada. Como membro da equipe de produção de seu filho, eu já a tinha visto em ação. Aquela mulher dava novo significado à palavra "mimada".

No ponto de vista de Ginny, o sucesso de Oliver era a vitória financeira que *ela* merecia. Como muitas mães-empresárias que conheci, Ginny tinha uma sede insaciável pelo dinheiro que não era fruto de seu trabalho. Os rendimentos de um dos filhos não bastavam.

Recentemente, ela tinha começado a focar em Liam, seu filho mais novo. Infelizmente, Liam não tinha o mesmo nível de talento do irmão. Contudo, Ginny insistiu e implorou a meu pai que aceitasse Liam como cliente e o "transformasse num astro".

Tenho que admitir que papai fez o que pôde: contratou estilistas e professores de canto, violão e mídia. Fez todo o possível para ajudar. Liam não impressionou. Era amável, e sua habilidade vocal era inegavelmente grande. A questão é que ele não *queria* ser cantor. Depois de meses de rejeição das gravadoras, papai teve que dar a má notícia.

— Sinto muito — disse a Liam e à mãe. — Tentamos todo o possível. Vamos ver daqui a alguns anos.

Papai manteve o tom positivo, mas era impossível não entender a mensagem: Liam não seguiria tão cedo os passos do irmão. Eles apertaram as mãos e se separaram. Foi aí que Ginny Krusi descarrilou.

Em poucos dias, começamos a receber telefonemas ameaçadores. Ginny ligava para a produtora a qualquer hora, com vários níveis de raiva e noção de merecimento. Ela sempre pedia para falar com meu pai, mas, quando não conseguia, ficava igualmente satisfeita de me dirigir sua agressão.

— Escute bem, garotinha — disse certa tarde. — Você está me *devendo*. Larguei o emprego para apoiar a carreira de Liam. Então *você* precisa mandar seu pai me dar um adiantamento do adiantamento dele.

Eu tratava essas ligações com indiferença apaziguadora.

— Claro — respondia com minha voz mais calma. — Direi a ele que entre em contato assim que voltar ao escritório. — Então, desligava e esquecia que a ligação tinha acontecido.

Após algumas semanas, Ginny percebeu que sua tática não estava funcionando. Começou a aumentar a aposta e vir pessoalmente. A princípio, essas visitas eram alarmantes, mas não abertamente ameaçadoras. Com o tempo, ficaram mais preocupantes. Ela aparecia várias vezes por semana, importunava a recepcionista e exigia ser "levada a sério".

Depois de uma visita dramática na qual ela brandiu um taco de beisebol, papai decidiu que já bastava. Avisou seus advogados, que ligaram para Ginny e a ameaçaram de processo. Finalmente paramos de ouvir falar dela. Isto é, até o e-mail.

Ao reler a mensagem, quase senti o mau hálito de Ginny enquanto ela catava milho no teclado. Achei que só podia ser ela. Mas, para ter certeza, decidi pedir ajuda a um profissional.

Entrei em contato com Anthony "Tony" Pacenti, detetive particular que já fizera alguns serviços independentes para meu pai. Conhecido como "detetive das estrelas", a tática de Tony era discreta, ainda que nem sempre legal. Assim, quando ele me ligou algumas semanas depois, não demorei a ir a seu escritório.

— É Krusi, sim. Rastreei os e-mails até a copiadora Kinko's perto da casa dela — disse ele, me entregando uma foto em preto e branco de Ginny curvada sobre um teclado. — Você disse que recebeu outro e-mail ontem à noite, não é?

Realmente recebi. Como a primeira exigência não obteve resposta, Ginny continuou a enviar mensagens, cada uma com mais detalhes e ameaças.

— É — respondi, pegando meu laptop. Abri a caixa de entrada. — Chegou às 20h06.

Tony fez que sim com a cabeça.

— Então a peguei no flagra. Este aqui é o endereço de IP do e-mail — falou, apontando uma janela em minha tela e pegando um bloco de anotações com números escritos. — Este é o IP daquele computador.

Os números eram iguais.

— Olhe o horário — acrescentou ele. — Essa foto foi tirada às 19h40. Provavelmente, ela estava redigindo o e-mail.

Estudei a fotografia. A prova do desespero de Ginny me fez sorrir de leve.

— Obrigada, Tony — agradeci, erguendo os olhos. — Era exatamente disso que eu precisava.

Ginny morava num condomínio decadente de casinhas geminadas localizado em um dos muitos subúrbios sem atrativos de Los Angeles. Minhas idas até lá começaram pouco depois do encontro com Tony. Como as visitas de Ginny a *meu* escritório, no início foram bastante inócuas. Na primeira vez, nem saí do carro. Só fiquei parada diante da casa, e a satisfação da proximidade oculta me encheu de uma conhecida sensação de serenidade. Em vários aspectos, era como escapulir pela janela de meu quarto para observar os rituais noturnos dos vizinhos. Só que Ginny não era minha vizinha. E meu interesse não era mais o de um espectador inocente. Aquilo era diferente. Na casa de Ginny, senti um tipo de desejo, um desejo por maldade que eu não tinha muita certeza se queria conter. E *gostei*.

Durante quase um mês, só o que fiz foi ficar de tocaia. Com David trabalhando durante semanas em mais um projeto que o prendia no escritório até depois da meia-noite, eu tinha uma série incessante de noites em que podia escapulir sem ser notada. Tentei manter a situação equilibrada. Mais ou menos. Finalmente, a intensidade do desejo cresceu demais para resistir. Talvez de forma inevitável, autorizei minha aproximação.

Certa noite, estacionei o carro num espaço rotulado VISITANTE e atravessei um gramado rumo à casa dela. Era óbvio que o condomínio precisava de reparos. As lâmpadas queimadas e os caminhos estreitos me deixaram quase invisível enquanto eu caminhava até a unidade de Ginny. Passei os dedos pela cerca alta de madeira que contornava seu quintal. Então, parei um segundo e espiei entre as tábuas. Tudo estava vazio e, a não ser pela luz da sala, escuro.

Icei-me por sobre a cerca e caí com um ruído esquisito na grama. Portas de correr de vidro cobriam a largura da construção e pareciam uma tela de cinema pela vista que ofereciam do interior. Tranquila com a suposição de que o quintal era privado, Ginny não fechava as cortinas cafonas que pendiam abertas aos lados. Levava a vida como se ninguém a observasse. Só que *eu* observava. E o *timing* era perfeito.

Minha vida, naquele momento, não ia muito bem. Além de chantageada, meu namorado mal falava comigo. David não aceitou meu passeio no Z de Dale e me fez duvidar de que as confissões do chaveiro fossem mesmo uma boa ideia.

— Você furtou a merda de um *carro*? — David não conseguia acreditar. — Por quê?

Era o dia seguinte à apresentação de Everly, e estávamos na sala de estar falando de minha transgressão mais recente. Ele andava de um lado para o outro, zangado, a miniatura da Estátua da Liberdade balançando entre seus dedos como um metrônomo. Mantive o olhar nela e desejei que nos fizesse dormir.

Dei de ombros.

— Porque tive vontade.

Ele me olhou com raiva.

— Mas você *sabia* que era errado.

— Sim, sabia que era errado. Mas não *liguei*. Você não entende? Tenho que *querer* escolher o certo, seguir as regras. E o que obtenho em troca? Nada. Essa é a questão.

Isso estava em minha mente desde que Everly descreveu nossa amizade como uma "simbiose simétrica". Com a mesma facilidade com que ela adotava algumas características "sombrias" minhas, eu tomava emprestadas características "luminosas" dela. O resultado era uma polinização cruzada psicológica que beneficiava as duas. Nós nos apoiávamos. Mas, enquanto minha amizade com Everly se baseava em um dar e receber igual, o relacionamento com David, não.

— Que porra *isso* significa? — explodiu ele.

— Acho que você não percebe com que frequência me pede conselhos. Com que frequência aceita meu comportamento sociopático quando é adequado para você — respondi. — E não me importo! Gosto de ver você explorar esse lado seu. Adoro dividir isso com você. Mas você não faz o mesmo comigo. Desde que se mudou para cá, faço das tripas coração para ser uma boa parceira —, para *entender* você. E, além de não estar aqui para me ajudar, você pega emprestada a força de meu ego e, ao mesmo tempo, me diz que tenho de ser boazinha. É um monte de bosta.

— Não sou eu que furto carros, Patric.

— Nem eu, até ontem à noite. E fiz isso porque queria me rebelar... contra *você*. Sabia que ia se irritar, que brigaríamos e... talvez resolver as coisas.

— Então a culpa é *minha*?!

Cerrei os punhos e fechei os olhos. As portas duplas estavam abertas para o quintal, e o cheiro de lenha vinha da chaminé de um vizinho. Céus! Como gostaria de acender o fogo, com jazz no som e uma taça de vinho nas mãos. Como gostaria de me sentar junto à janela panorâmica para esperar alegremente a volta de David. Em vez disso, me sentia presa em minha própria casa e combatia a vontade de lhe dar uma surra.

— Não — consegui responder calmamente. — Mas acho que o equilíbrio de nossa relação está desigual. — Para começar, acho que essa não é mais uma boa ideia. — Apontei a estatuazinha que ele ainda segurava.

Os dedos dele se fecharam instintivamente em torno do estatuado objeto.

— O quê? Por que não?

— Porque é burrice! Por que tenho que lhe confessar as coisas? Você é meu namorado, não um padre. — Estendi a mão e peguei as deles. — Você é o homem que amo, e quero que me aceite como aceito você. Quero que sejamos parceiros. Parceiros *iguais*.

Ele ficou confuso, mas deu para ver que tentava.

— Também quero isso — falou.

Portanto, concordamos. Faríamos o possível para apoiar um ao outro. Faríamos um esforço maior para nos comunicar. Porém, aparentemente, nada mudou. David mergulhou ainda mais fundo no trabalho. Toda tentativa de atraí-lo para meu mundo era recebida com consternação, para não dizer raiva. Eu sabia que, em parte, a culpa era minha. Relacionar-se comigo não era fácil. Por outro lado, eu sentia que David usava isso em proveito próprio. Afinal de contas, era *eu* a sociopata, e ele nunca precisava assumir a responsabilidade pelo comportamento *dele*. Escondia suas falhas atrás das minhas, e não havia nada que eu pudesse fazer. Era como estar na guilhotina e esperar que a lâmina caísse.

Nosso relacionamento estava estagnado, e eu não tinha para onde ir. Minha própria casa, o único verdadeiro refúgio que já tive, naquele momento era o lugar de que menos gostava. Para onde olhasse, me lembrava de uma época mais feliz. Era perseguida pelas lembranças e fotografias da vida "normal" que parecia escorrer entre meus dedos. No mínimo, estar em casa era incômodo. Claustrofóbico. Então, pus os olhos na casa de Ginny. Seu mundo minúsculo era o ambiente perfeito para minha inquietude em expansão. Se David não me aceitava mais, raciocinei, eu não precisava jogar segundo as regras dele. Poderia adotar todo o meu eu. De certo modo, eu me sentia como um tigre que fugiu do zoológico. Não estava apenas com fome, mas empolgada por caçar. E não era a única.

Nas últimas semanas, Ginny ficou mais desesperada nas tentativas de me extorquir. A princípio, foi uma chuva incessante de e-mails. Como eu não respondia, ela começou a dar telefonemas ameaçadores. Dia após dia, noite após noite, a tela de meu celular anunciava ligações de "número desconhecido". As mensagens de voz, cada vez mais irracionais, deixavam pouco espaço para a imaginação. As ligações de Ginny pareciam uma dádiva do abismo, uma carne sem riscos da qual meu lado sombrio poderia se alimentar. Os alertas transtornados da mulher, por mais sinistros que fossem, não eram páreo para a força de minha indiferença. A cada e-mail "anônimo" e telefonema "desconhecido", ela causava uma avalanche de provocações sociopáticas. A mais forte era a descrição de meu pai como um homem nada honrado. Eu não sabia direito como lidar com isso.

Por um lado, eu sabia que meu pai tinha a merecida fama de "sedutor". Só que isso nunca me incomodou. Talvez *devesse*, dado o preço que sua atenção nômade cobrou de minha mãe. Só que ele, como tantos homens de seu grupo, fazia um excelente trabalho de normalização. "Eu não presto, garoto", ele gostava de dizer, "como na música".

Mas até eu tinha que admitir que, às vezes, havia algo errado com suas atividades extracurriculares. Nunca era gritante, só uma consciência sutil de que algo não estava muito certo, um quebra-cabeça do qual faltava uma peça. Como a noite em que fomos jantar e uma mulher, achando que estávamos namorando, foi atrás de mim no banheiro e me avisou para "tomar cuidado". Ou a vez em que eu estava limpando o sótão e encontrei uma pilha de fotos dele com dezenas de moças diferentes em vários estágios de nudez.

Era isso que realmente me perturbava no e-mail de Ginny. Como todo bom estelionatário, as informações dela eram suficientemente adequadas para parecerem verossímeis. Eu sabia que papai ficava até mais tarde no escritório, por exemplo. Mais de uma vez, passei pelo prédio depois da meia-noite e vi o carro dele lá. E, pela descrição, as fotos que Ginny afirmava possuir eram parecidas com as que achei no sótão. O problema era que eu não conseguia decidir se algo disso era *ruim*. Ginny não acusou meu pai de fazer nada ilegal. A única queixa era de que ele não a transformou em "estrela". As fotos que afirmava ter serviriam para envergonhá-lo, não para prendê-lo. Assim, importava que ele fosse tarde da noite ao escritório "para se divertir depois do horário"?

Minha posição era complicada. Eu sabia melhor do que ninguém que não era a melhor pessoa para distinguir o comportamento bom do mau, principalmente, tratando-se dos outros. A dra. Carlin tinha confirmado isso numa de nossas primeiras sessões.

— Você tem a chamada alta tolerância à patologia — disse.

Quando lhe perguntei o que era aquilo, ela explicou:

— Significa que seu patamar de medo é alto. As pessoas e circunstâncias que quase todo mundo reconhece como perigosas ou problemáticas nem sempre são percebidas assim por você. Sua capacidade de avaliação é distorcida para perceber situações possivelmente ameaçadoras como se não fossem. Isso é bem comum em sociopatas.

Eu me lembrei do homem dos gatinhos. Estaria acontecendo agora? O relacionamento de meu pai com mulheres seria atípico? Minha "alta tolerância à patologia" me cegava outra vez para o que todos viam que era "perigoso ou problemático"?

Eu não sabia o que estava acontecendo e, pior, não tinha a quem perguntar. David tinha deixado clara sua opinião. Obviamente, não confiava em meu pai. Everly era minha cliente, portanto, não podia falar com ela.

Até minha terapeuta estava proibida. Sabia que a dra. Carlin não aceitaria que eu vigiasse Ginny. Significava que eu tinha rompido nosso acordo.

—*Por isso eu queria processar as coisas na terapia anos atrás* —, imaginei-a falando. —*Para você estar preparada quando suas vontades destrutivas retornassem. Por* qualquer *razão.*

E ela estaria certa. Mais ainda, provavelmente entraria em contato com as autoridades. Era o que qualquer pessoa racional faria. Contudo, eu não queria contar à polícia... nem a qualquer outra pessoa, aliás.

Trazer à luz as ameaças de Ginny neutralizaria a válvula de escape que encontrei para minha escuridão, e eu ainda não estava pronta para desistir disso. Por que mandá-la para a prisão, se era muito mais gratificante lidar eu mesma com ela? Eu estava desimpedida, por assim dizer. E decidi aproveitar ao máximo.

Na noite de um dia de semana, eu estava no jardim de Ginny e a observava pelas janelas. Por meu padrão, eu estava de ótimo humor.

Harlowe estava na cidade, e eu passara boa parte da tarde com ela e Everly na casa abandonada perto de Mulholland, a moradia vazia me proporcionando a trégua temporária das frustrações em casa.

A ida à casa de Ginny foi uma decisão de última hora. Deixei Harlowe na casa de papai depois do jantar e estava a caminho de minha casa vazia — sabia que David ainda levaria horas para chegar —, quando percebi: *não estou com vontade.*

Pela primeira vez em muito tempo, fiquei relaxada. Estava a fim de aprontar, não de me deprimir, e imaginei que uma ida à casa de Ginny seria a forma perfeita de encerrar o dia. Peguei a autoestrada rumo ao subúrbio, onde as sombras do pequeno jardim me envolveram como um banho morno. O ar noturno estava fresco, e me postei atrás de uma árvore no canto, bem escondida pelo tronco grosso, enquanto Ginny andava de um lado para o outro na sala de estar. Era claro que estava agitada com alguma coisa.

Meu longo desvio gerou um resultado melhor do que pensei. Pegar Ginny de mau humor era um bônus. *Gostava* de vê-la aborrecida. *Queria* que sofresse, mesmo que eu não fosse diretamente responsável pelo sofrimento. No entanto, depois de cerca de meia hora, fiquei entediada. Estava prestes a partir quando o telefone zumbiu. Olhei para a tela.

Número desconhecido.

Nem acreditei. Ergui os olhos para ver o que Ginny estava fazendo. Ela estava em pé diante da janela do quarto, o telefone junto à orelha. Cobri a boca com uma das mãos para me controlar e atendi.

— Alô? — disse baixinho, disfarçando a voz com um sotaque sulista.

De vez em quando, eu mudava o tom de voz para desequilibrar Ginny. Isso sempre a irritava, e aquela noite não foi exceção. Sorri enquanto observava, a expressão dela mudando para confusão enquanto conferia para garantir que tinha ligado para o número certo.

— Alô? — disse de novo, de maneira provocativa.

— Ah — disse Ginny, depois de um instante. — É *Harlowe*?

O sangue sumiu de meu rosto com a menção do nome de minha irmã.

— *Soube* que você estava na cidade. Pode dar um recado meu à sua irmã mais velha? — perguntou Ginny, a voz rascante e malévola. — Diga que ela precisa pagar suas contas. Ou vou procurar e machucar você, Harlowe. Mesmo que tenha que pegar um avião até a *Flórida*.

Desliguei. Quando percebeu, Ginny olhou para o fone com orgulho antes de devolvê-lo a seu lugar. Cada músculo de meu corpo ficou imóvel, enquanto uma lembrança vinha à frente no palco da consciência.

A fazenda de meus avós no Mississippi tinha um estábulo onde ficavam os cavalos. Harlowe e eu adorávamos visitá-lo quando crianças; fazíamos isso sempre que íamos lá. A maior parte dos cavalos era gentil, criada ali mesmo e fácil de montar. Mas havia uma exceção. Charlotte era uma gigantesca égua preta, de temperamento implacável e crina desgrenhada que pendia quase até o chão. Era difícil e imprevisível, tanto que nunca a tiravam do estábulo quando estávamos lá. No entanto, eu jamais esqueci o som que fazia quando queria protestar contra o confinamento. A princípio, era isolado, um coice forte na porta da baia enquanto observava os outros cavalos sendo levados para o pasto. BUM.

— Charlotte! — gritava meu avô. — Não comece! — Então ele olhava para mim e para minha irmã e sussurrava: — Ignorem.

Mas Charlotte não seria ignorada. Dava vários coices, sua objeção rítmica e poderosa. As tábuas tremiam com o poder de seu casco. BUM. BUM.

Eu me lembro de olhar para aquela égua, seus olhos negros se fixando, sem paixão, nos meus, enquanto ela demonstrava sua vontade. BUM. BUM. BUM. Ela só estava visível do peito para cima, e eu não via movimento naquele torso. A força dos coices parecia não ter impacto na parte superior do corpo, que era estoico e metódico enquanto ela continuava seu protesto controlado.

Com o celular ainda na mão, percebi que tinha meu próprio trovão crescendo lá no fundo. A princípio, mal foi perceptível, enterrado como estava sob alguns anos de disciplina, controle, terapia e esperança. Contudo, começava a crescer. BUM. BUM. BUM. BUM.

O estrondo de uma porta batendo me trouxe de volta ao presente, e vi Ginny sair para a varanda para fumar um cigarro. Não era a primeira vez que isso acontecia. Ela era fumante inveterada e, com frequência, perambulava ao ar livre durante minhas visitas, perdida em sua dissonância cognitiva enquanto eu estava ali perto, observando. Em geral, eu gostava dessas interações unilaterais. A experiência era o mais próximo que chegaria da real invisibilidade, e eu tinha descargas extras de empolgação quando, às vezes, ela olhava diretamente para mim e não tinha a mínima ideia de que eu estava lá. Naquela noite, algo diferente aconteceu. Eu fitava Ginny enquanto, contente, ela sugava seu cigarro. Sua cara deixava claro que não estava mais agitada. Parecia quase eufórica, e eu sabia por quê.

É porque você ameaçou minha irmã, pensei. *Ou, pelo menos, pensa que ameaçou, sua puta do caralho.*

Ginny apagou o cigarro num vaso próximo. Então, fez algo que nunca tinha feito. Saiu para o jardim. Observei-a andar desatenta, aproximando-se a cada passo do lugar sob a árvore de onde eu a observava. De tocaia.

Com a resistência de minha disciplina só um pouquinho mais forte do que a atração de minhas trevas, uma batalha sociopática de vontades se desenrolava a poucos passos de onde Ginny passeava, abençoadamente ignorante. O aumento do risco produziu uma satisfação aguda. Céus, adorei o modo como me senti. Poder, força, nada e aceitação, tudo junto. *Ela nunca veria isso chegando*, pensei com um sorriso.

Cada músculo de meu corpo se preparou para o movimento enquanto eu pensava nas opções. Ela estava a apenas um metro, mais ou menos. Eu só precisava que ela desse mais um passo. Mais um passo, e meu lado sombrio assumiria o comando. Mais um passo, e eu nem precisaria sair das sombras para a força de minhas trevas usar seu poder. Mal podia esperar pelo barato, pela *liberação*.

Ginny parou. Foi como se decidisse ficar lá para sempre. Então, finalmente, ergueu o pé para se deslocar rumo à minha árvore. Inspirei devagar enquanto me preparava para agir. Foi aí que a porta da frente bateu. Ginny e eu nos viramos para olhar a casa.

—Olá! — gritou ela.

Não houve resposta. Ambas ficamos imóveis, os olhos na entrada da sala de estar. Apareceu um menino.

— Oi, mãe — disse Liam.

Ele parou à porta, enquanto Ginny voltava à varanda.

— Como foi o filme? — perguntou.

O garoto deu de ombros.

— Idiota.
Ginny o abraçou.
— Está com fome? — perguntou, dando um beijo em seu rosto. — Quer pedir uma pizza?
Liam sorriu.
— Queijo extra?
Ginny assentiu.
— Tudo bem.
Ela envolveu o filho com o braço e os dois entraram. Observei, meu lado sombrio afundando mais na escuridão a cada passo deles. Por um segundo, fiquei paralisada. Parada, desliguei a psique que rodopiava, mas também não conseguia parar de observar a cena que se desenrolava lá dentro: mãe e filho ligaram a televisão e preparavam a mesinha de centro para a pizza tarde da noite.

A justaposição era paralisante. Eu poderia ter ficado lá a noite toda. E aí Ginny fez outra coisa que nunca tinha feito. Virou-se de frente para o jardim, estendeu o braço e puxou a cordinha que fechava a cortina. Como um cinéfilo que demorou demais para sair do cinema, fiquei desajeitada no canto do jardim, observando as fitas verticais deslizarem lentamente para o lado e jogarem o espaço todo nas trevas.

CAPÍTULO 20

Fumaça e espelhos

Posso dizer que a situação não ia bem. Minha vida pessoal estava um desastre. David e eu mal nos falávamos. Minhas atividades extracurriculares eram extremamente questionáveis. E eu começava a pensar seriamente se deveria me internar numa instituição para pessoas com doenças psiquiátricas.

Fazia semanas que não ia à dra. Carlin. Com trabalho, faculdade e as fugas frequentes até o jardim de Ginny, eu mal tinha tempo de comer, imagine para ir ao outro lado da cidade para fazer terapia. Mas isso era irrelevante, porque, conforme meu comportamento sociopático se apresentava, a escolha de permanecer longe dela tinha menos a ver com logística e mais com autopreservação. O fato de que a maior parte de meu tempo livre se desenrolava como um teste da regra de Tarasoff significava que a terapeuta não era mais uma confidente aceitável.

Eu estava sozinha.

As teclas soltavam cliques agudos enquanto meus dedos voavam sobre elas. Era a manhã após a visita à casa de Ginny e, em vez de trabalhar, eu estava à minha mesa procurando centros de atenção psicossocial na internet. Minhas ações da noite anterior tinham me abalado. O que começou como um alongamento inofensivo do músculo sociopático se transformou em algo que eu não sabia se conseguiria controlar. Fiquei perturbada com a rapidez com que minhas intenções mudaram do desvio disciplinado para a quase ferocidade. À luz do dia, ficou claro: eu precisava de ajuda profissional séria. E me dispunha a fazer qualquer coisa para conseguir.

Anorexia, li, transtorno bipolar, depressão. Meus olhos examinaram a lista de transtornos tratados por um prestigiado centro de bem-estar no norte da Califórnia. Franzi a testa para as opções enquanto descia pela lista. *Transtorno esquizoafetivo, esquizofrenia, transtorno de ansiedade social, síndrome de Tourette.*

— Foda — murmurei, decepcionada com a ausência de sociopatia entre as opções. Exatamente como nos dicionários.

Peguei outro nome na planilha que imprimi. Era o número 33 de minha lista. Nas várias horas desde que tinha começado, a busca de intervenção profissional não me trouxe uma única opção viável. Nenhum dos serviços psiquiátricos listados nos sites de instituições de saúde mental oferecia tratamento ligado à sociopatia. Nos vários lugares para os quais telefonei, ninguém sequer me indicou a direção certa. A sociopatia estava "clinicamente obsoleta", explicou uma mulher. A esquizofrenia, indicou ela inutilmente, era muito popular.

— Você está ouvindo vozes? — perguntou a mulher. E respondi "não" antes de ter tempo de pensar direito.

"Ausência de ilusões e outros sinais de pensamento irracional" era o número dois da lista de Cleckley. Os sociopatas, teorizou o psicólogo, não sofrem de sintomas de psicose como os esquizofrênicos. Como resultado, são capazes de raciocínio lógico e acredita-se que têm controle sobre boa parte de seu comportamento antissocial. Em outras palavras, os sociopatas se sentem tentados a fazer coisas violentas porque acham que querem, não porque ouvem vozes que os obrigam.

— Patric — estalou a voz de minha assistente pelo intercomunicador —, seu pai quer falar com você.

Inspirei fundo e me levantei.

Talvez eu devesse fingir que sou esquizofrênica, pensei, enquanto descia o corredor. Afinal de contas, eu *ouvia* vozes. Minhas. E elas me incentivavam a fazer coisas terríveis com Ginny Krusi.

— Ei — disse papai quando entrei na sala dele arrastando os pés —, preciso que você confira a demo da Hudson.

Essa demo era uma coletânea de canções de um grupo pop que representávamos. Fazia semanas que papai esperava sua conclusão, e estava nos últimos estágios de produção num estúdio de gravação em Hollywood.

Não respondi porque ainda pensava no que teria que fazer para dar uma impressão esquizofrênica convincente.

— Patric — chamou papai. — Você está me ouvindo?

— Estou — respondi. — Desculpe, fiquei meio confusa. Tem certeza de que está pronto?

— Não — respondeu ele, irritado —, mas preciso que *fique* pronto. Vou me reunir com os selos na semana que vem. Portanto, se eu tiver que mandar você ao estúdio todo maldito dia para insistir nisso, é o que vou fazer.

A ida até o estúdio foi rápida. Acenei para a recepcionista no saguão e desci o longo corredor principal em busca da equipe da banda. Eu gostava de estúdios de gravação desde menina, quando papai me levava para trabalhar com ele. Para mim, lembravam cavernas artísticas, sempre escuros, sempre frios, sempre cheios de música. Nunca se sabia o que poderia encontrar.

Depois de procurar por alguns minutos, avistei um produtor que reconheci. Ele estava encostado na porta aberta de um estúdio, de frente para mim, à vontade dentro da moldura, conversando com alguém que eu não via.

— Oi, Patric — disse ele quando me aproximei. — O que há?

— Oi, Neil — respondi com um sorriso. — Por acaso você viu o Andy por aí? — perguntei, me referindo ao produtor-chefe. — Estou tentando acompanhar uma demo.

Nesse momento, outro homem espiou de dentro do estúdio. Um violão pendia da alça larga no ombro, e o reconheci na mesma hora, embora fosse mais alto do que eu pensava.

— Oi — disse ele.

— Ah, sinto muito — desculpou-se Neil. — Vocês se conhecem?

O cara fez que não com a cabeça. Autoconfiante, saiu para o corredor e estendeu a mão. Eu ri. Não conseguia me acostumar com a ideia de ser apresentada a alguém cuja identidade era óbvia. Apesar de crescer no setor de entretenimento e passar boa parte da vida adulta trabalhando muito perto de tudo quanto era artista de sucesso, o ritual da apresentação, como se o nome da pessoa à minha frente não fosse ridiculamente claro, sempre me pareceu engraçado. Decidi contar isso ao homem com o violão.

— Nunca pensei nisso — disse, sorrindo. Com os olhos travessos faiscando, sugeriu: — E se fingirmos que não sou eu. — Ele estendeu a outra mão. — Nome é Max. Max Magus.

— Legal — falei, entrando na brincadeira. — Um vilão de Batman com um toque pornô.

— Sua vez — disse ele.

— Sou Patric — respondi.

Ele aprovou com a cabeça.

— Então, me diga, Patric, conhece algum bom lugar para comer por aqui?

— Conheço — respondi, fazendo que sim com a cabeça.

— Então, que tal um almoço?

Fiz que não, ao mesmo tempo impressionada e desconcertada com sua confiança.

— Obrigada pelo convite — falei, sorrindo —, mas meu namorado não gosta que eu almoce com desconhecidos.

— Ah, ótima inserção do namorado — respondeu ele sem titubear. — Viu o que ela fez aqui, Neil? Avisou que é comprometida com toda a suavidade. Mas você dançou, porque eu também tenho alguém.

— Ótimo para ela! — comentei, rindo.

— Que tal? — perguntou ele. — Agora que sabe que não estou dando em cima de você, o almoço é perfeitamente inocente. Além disso, estou morrendo de fome, e Neil se recusa a ir comigo.

— Estou no meio da mixagem do *seu* disco — resmungou Neil.

Max fez um gesto de desdém.

— Não posso — respondi. — Também estou trabalhando. Só vim aqui procurar uma demo.

— Mike! — gritou Max de repente.

Outro homem apareceu à porta.

— O que é, chefe?

— Preciso que você encontre uma demo. — Max me olhou com expectativa.

Suspirei, fingindo exasperação.

— É a banda Hudson — expliquei a Mike com um sorriso de desculpas. O produtor é Andy Wallis.

Mike pegou o telefone.

— Um segundo. Vou ligar para o técnico.

— Parece que você não tem mais desculpas.

— Eu preciso mesmo voltar ao trabalho — expliquei.

— Eu também — insistiu ele.

— OK, se puder esperar que eu encontre a demo — cedi —, há um restaurante perto de meu escritório chamado Smoke House.

Quando cheguei ao Smoke House, Max já estava lá. Aguardava por mim numa mesa reservada em forma de meia-lua.

— Você demorou bastante.

Quase decidi não ir. Almoçar com alguém que acabei de conhecer era atípico para mim. Almoçar com *qualquer um*, na verdade. Porém, depois de uma manhã buscando centros de atenção psicossocial, um almoço espontâneo com um desconhecido famoso parecia um modo decente de passar a tarde. Com certeza, vencia qualquer medida de distração que eu vinha usando ultimamente. E o Smoke House era o cenário perfeito. Com o interior de madeira escura e os cantos reservados com paredes altas, eu sempre me sentia desconectada do mundo e de meus problemas, mesmo que temporariamente. Assim que me sentei, Max perguntou:

— Como achou este lugar?

— É um dos restaurantes mais antigos da cidade — respondi. — Também é um de meus favoritos, empatado com o Jar. E o James Beach. El Coyote. Giorgio Baldi. Eu poderia continuar.

— Parece que você gosta de comer — brincou. — Então, me diga. Se pudesse ir a qualquer restaurante do mundo agora mesmo, qual seria?

— Per Se — respondi sem hesitar. — Em Nova York. Nunca fui, mas é o número um da minha lista gastronômica de coisas a fazer antes de morrer.

— Então você tem bom gosto — gabou-se Max humildemente.

Sorri e me recostei contra o espaldar de couro do banco, avaliando meu colega de almoço. Ele era divertido. Eu já sentia que conversava com um velho amigo, alguém que cativava sem esforço e interesse em papo-furado sem sentido.

Depois que o garçom anotou nossos pedidos, Max me perguntou:

— Você já sentiu que estava maluca?

Fui brevemente derrubada pela pergunta e fiquei com a sensação de que esse era o objetivo, como se ele tentasse me desequilibrar. Era uma tática que eu também usava com os outros. Sorri, agradavelmente surpresa, e respondi:

— Sim.

Ele baixou a voz e se inclinou um pouco à frente.

— Não, falo *realmente* maluca. Assim, agora me sinto totalmente são. Mas aí me lembro de algo que fiz, digamos, alguns meses atrás que era uma merda totalmente *insana*. Só que, quando fiz, parecia uma decisão perfeitamente lógica.

— Você está achando que tem uma noção falsa de autoconsciência — propus.

— Isso — respondeu ele, impressionado ao ver que entendi bem depressa.

— Como se não pudesse confiar que, a qualquer momento, saberia o que é ou não um comportamento saudável.

— Jesus Cristo — disse ele, passando a mão pelo cabelo escuro e espesso. — *Isso*.

— Eu me sinto assim — assumi. — Na verdade, passei quase toda a manhã procurando um centro para pessoas com doenças psiquiátricas para me internar.

Saboreei as palavras quando saíram de minha boca. Foi legal dizer a verdade. A reação de Max, boa ou ruim, não significava nada. Sem nada a perder, decidi ser eu mesma. Não sabia quanto tempo duraria a liberdade, mas pretendia aproveitá-la.

Max me olhava como se não conseguisse decidir se me levava a sério. Achei na bolsa a lista de centros e a coloquei sobre a mesa.

— Sou sociopata — revelei. — Fui diagnosticada alguns anos atrás e venho tentando me tratar desde então.

Ele respirou fundo e se recostou no assento.

— O que isso significa exatamente?

Ele escutou enquanto eu esboçava minha luta contra a sociopatia e a frustração de que não houvesse mais informações clínicas ou opções de tratamento.

— Consultei uma terapeuta por algum tempo, e ela foi ótima. Mas não era especialista, e é disso que acho que preciso. — Fiz uma pausa e confessei: — Porque venho tendo alguns problemas ultimamente.

— Problemas de que tipo? — perguntou Max, concentrado.

— Controle de impulsos, por exemplo. Uma mulher vem tentando me extorquir há alguns meses — expliquei. — E ontem à noite a situação... piorou.

— Piorou... *como*?

Dei de ombros.

— Quase a ataquei no jardim da casa dela.

Ele cuspiu o que estava bebendo e pegou um guardanapo.

— O bom — continuei, franzindo as sobrancelhas — é que, quando acordei hoje de manhã, soube que precisava adotar algumas medidas preventivas. Mas não consegui encontrar quem pudesse me ajudar. A sociopatia não é considerada um "transtorno tratável". Estou fazendo doutorado em psicologia para aprender mais a respeito.

— Espere — disse Max, limpando o queixo. — Pensei que você fosse produtora.

— E sou. Faço as duas coisas.

— Isso é que é vida dupla — disse ele com admiração. — E quem é essa pessoa?

— Que pessoa?

— A chantagista!

— Ah — disse eu. — É a mãe de Oliver Krusi.

Ele espichou o pescoço, os olhos arregalados.

— Oliver Krusi — repetiu ele. — O *cantor*?!

— É.

— Meu produtor acabou de me convencer a trabalhar com ele.

— Bom, a menos que perder quase tudo o que tiver de valor não seja um problema, eu não convidaria a mãe dele para a sessão de composição. — Tomei um gole. — Embora eu não queira julgar ninguém.

— Espere — disse ele, balançando a cabeça. — Volte um pouco. Por que a mãe de Oliver está chantageando você?

Esfreguei os olhos.

— Ela diz que tem fotos comprometedoras de meu pai e, se eu não deixar 50 mil dólares em dinheiro no Holiday Inn de Highland, ela vai levá-las à imprensa. E cortar meu rosto. Ou, talvez, cortar meu rosto e depois ir à imprensa. Não me lembro.

Minhas palavras ficaram no ar e, então, nós dois começamos a rir, espantados com o absurdo da situação, que, pela primeira vez, se tornou hilariante para mim.

— Tudo bem, espere — pediu ao recuperar o fôlego. — Seu pai também é produtor, não é?

Fiz que sim.

Max baixou a voz, conspirador.

— Então, você acha que ela tem mesmo as fotos?

— Provavelmente — disse, e, depois, suspirei de alívio. Mais uma vez, era revigorante ser sincera, como se uma tonelada fosse removida de meus ombros. — Embora eu não tenha certeza de que isso seja importante. Isso é parte de meu problema. Nunca sei quando algo mau é *mau*.

— É, mas você deveria saber que o que *ela* está fazendo é mau — observou Max. — Senão, não teria vontade de castigá-la.

— Essa é a questão — respondi. — Acho que não tinha a ver com castigo.

Contei minhas várias idas ao jardim de Ginny e a sensação de libertação que vinha depois.

— Não fui lá por causa do que ela fez, fui porque a oportunidade se apresentou. — Fiquei calada quando uma antiga lembrança passou pela consciência. — Igualzinho a Kiki.

Max levantou uma sobrancelha.

Kiki era a gata de minha mãe. Gata doméstica desde o nascimento, passou a vida inteira dentro de casa... até o dia em que a deixei sair.

— Foi um verdadeiro acidente — contei. — Abri a porta e ela simplesmente disparou. Acho que estava escondida atrás do sofá, aguardando a oportunidade. No segundo que conseguiu, sumiu. No entanto, dali a cerca de uma hora, voltou. Eu a achei na varanda, tomando sol.

Descansei a cabeça na parede do compartimento enquanto continuava o passeio pelas lembranças.

— Mamãe nunca soube, mas, depois disso, toda tarde eu me sentava ali fora e deixava a porta da frente aberta para Kiki sair. Às vezes, ela se deitava a meu lado. Outras vezes, perambulava pelo quintal. Mas nunca fugiu de novo.

— Ela sabia o que era bom para ela — respondeu Max.

Sorri.

— É verdade. Kiki não queria ser um gato de rua. Só precisava escolher por conta própria. — Pensei um pouco. — Não me entenda mal.

O instinto protetor de mamãe estava certo, mas a estratégia estava errada. Mamãe queria manter Kiki contida. — Foi aí que percebi. — Como David.

Max piscou, confuso.

— Meu namorado — esclareci sem rodeios. — Ele não gosta que eu seja sociopata. Não gosta que eu não sinta as coisas como ele, como todo mundo. Ele gostava, acho. Mas, agora, isso o assusta. Acho que ele tem medo de que, se eu sair de casa, nunca mais volte. Sabe, metaforicamente falando.

Max inclinou a cabeça, espanto e prazer passavam por seu rosto.

— Você é de verdade? — perguntou ele. — Quer dizer, você é uma pessoa real ou só estou tendo o sonho mais foda da vida?

Ri com a bravata. Percebi que ele flertava, mas não me incomodei. Até gostei. Era bom ser aceita como era. Recompensador, até. Além disso, era inofensivo.

Sorri.

— Talvez eu tenha que lhe dar um retorno sobre isso depois.

— Há quanto tempo vocês estão juntos? — perguntou Max.

— Alguns anos.

— É bastante tempo — disse ele.

— Eu sei — respondi. — Mas foi por isso que aproveitei a oportunidade de ir à casa de Ginny. Acho que uma parte de mim pensou: "É só questão de tempo para David e eu pararmos de brigar e eu decidir ser boazinha de novo. Seria bom aproveitar enquanto posso".

— Mas é isso que você quer? — perguntou ele, provocador. — Ser *boazinha*?

Suspirei e olhei para o teto.

— O que quero é ser melhor — respondi, a voz me traindo e revelando um toque de exaustão. — Diferente.

Ele pareceu chocado.

— Por quê?

— Porque não estou *bem*. — Ri. — Você não ouviu o que eu disse? Quase ataquei alguém ontem à noite.

— Mas não atacou... Não sei. Acho interessante. E o fato de você ser tão aberta a respeito. — Ele balançou a cabeça e tomou um longo gole de sua bebida. — Eu não mudaria merda nenhuma.

Eu me remexi de leve no assento. Era outra declaração ousada, que reverberava mais do que eu me dispunha a admitir. Forcei uma expressão inquisitiva, ansiosa para mudar de assunto.

— E você? — perguntei. — Qual é seu vício?

— A bajulação, provavelmente — respondeu ele, depois de uma pequena pausa. — Atenção, validação. Não é muito original, admito. Mas essa é a questão neste ramo — explicou. — O vício alimenta o vício.

— Deve ser uma vida bem louca.

— Como assim?

— Todo mundo é atraído pela fama — expliquei. — Tudo é muito fascinante. Mas, ao mesmo tempo, apavora. — Tremi, pensando na falta de invisibilidade. — Eu me mataria se, em qualquer lugar que fosse, todos soubessem quem eu era.

— Em vez de matar outras pessoas, você quer dizer? — brincou ele.

Ri.

— Por falar nisso — continuou ele, chamando o garçom —, acho que devemos pedir outra rodada.

Pensei em fazer objeção, mas decidi: *Por que não?* Eu não tinha mesmo nada melhor para fazer.

O garçom se aproximou. Martíni para mim. Uísque para ele. Max esperou que ele se afastasse e disse:

— Esse é meu problema com tudo, na verdade. Às vezes, fico à vontade com o sucesso. Outras, o odeio. Às vezes, quero a garota. Outras, quero que ela suma.

— Isso é totalmente normal — comentei. — Você entende, não é? Uma questão de limites.

— Como assim?

— As pessoas que não têm acesso aos limites convencionais estão sempre buscando novas maneiras de estabelecê-los. Assim como eu.

Max me olhou de cima.

— Você está dizendo que sou um sociopata latente?

— Não. Você precisa demais de validação. — Nesse momento, tive uma ideia. — Embora aposte que eu poderia fazer um estudo sobre a sociopatia e o efeito negativo da fama.

— Oi?

Recostei-me, perdida em pensamentos.

— Os sociopatas não reconhecem os limites naturais — disse, praticamente para mim —, e não socializam facilmente quando crianças. Portanto, não seguem as mesmas regras sociais dos outros. — Voltei minha atenção para Max. — Mas é a mesma coisa que acontece com as pessoas famosas, não é? Quanto mais conseguem, menos limites têm. Não precisam seguir as regras e começam a agir de forma destrutiva para procurar um novo normal, buscar novos limites. Começam a *agir* como sociopatas. — Percebi que estava divagando e dei de ombros. — Sou meio nerd em psicologia. Desculpe.

— Achei que você não sentia remorso — brincou ele.

— Eu disse que não me vem naturalmente. Mas sei fingir bastante bem. — Dei um grande sorriso.

— Estou começando a entender. Mas você ainda não respondeu à minha pergunta. — Ele descansou o cotovelo na mesa e pousou o queixo na palma da mão. — Perguntei se você era de verdade. Você respondeu que me daria um retorno sobre isso depois.

— Ah. — Dei uma risadinha. — Que tal você decidir?

Ele me olhou intensamente.

— Digo que você é de verdade.

— Ótimo.

— Então, quanto tempo você diria que temos?

Eu lhe dei um olhar desaprovador e brincalhão, a pergunta intencionalmente vaga, mas ousada. Ainda assim, inofensiva.

— Agora que sabemos que você é de verdade, quero dizer — disse ele. — Quanto tempo acha que tem antes de se internar num centro?

Suspirei e olhei para o teto outra vez.

— Quem sabe? Primeiro tenho que encontrar um que me aceite.

— Bom... Você acha que ainda estará por aqui amanhã à noite? — perguntou ele.

— É bem provável. Por quê?

— Alguns amigos vão tocar no Hollywood Bowl. Se quiser, está convidada. — Max sorriu. — Com seu namorado, é claro.

Mais tarde, esperei na sala de estar David voltar do trabalho. Enchi duas taças de vinho e, enquanto relaxava no banco sob a janela que dava para a rua, não pude deixar de desfrutar o contentamento trazido pelo almoço com Max. Tinha começado o dia abatida, resignada com a ideia de me internar numa instituição para pessoas com doenças psiquiátricas. Naquele momento, incrivelmente, me sentia leve. Não estava procurando, mas Max se mostrou um substituto excepcional de aceitação. Sair com ele foi divertido. Inesperado. Pela primeira vez em meses, tive a oportunidade de ser quem sou, do jeito que *gostava* de mim. E torcia para manter esse ritmo com David.

O ar estava fresco e as portas de vidro do quintal estavam abertas. Um tronco ardente crepitava na lareira e o jazz flutuava das caixas de som; achei que explodiria de alívio. Vinte e quatro horas antes, estava atrás dos galhos de uma árvore, a centímetros de cometer um erro imenso. Naquele momento, não conseguia me imaginar fazendo nada do tipo. O desejo de ir à casa de Ginny — de fazer qualquer coisa destrutiva, na verdade — estava tão distante de mim quanto um hino batista da Louisiana, quanto algo vagamente recordado da infância.

Encostei a cabeça na janela panorâmica. Um brilho suave iluminava o desfiladeiro lá embaixo. Vi o cintilar dos faróis de David e saí correndo do lugar. Fechei as portas do quintal, corri para desligar o som e peguei a outra taça de vinho enquanto me apressava para chegar à porta da frente. Tinha planejado encontrá-lo na entrada. Queria lhe entregar a taça de vinho no segundo em que saísse do carro para lhe dar uma recepção calorosa. No entanto, na pressa, esqueci de pousar minha taça e, com as duas mãos ocupadas, não tinha como abrir a porta. Curvei a cintura na tentativa de girar a maçaneta com o ombro. Não consegui abri-la antes que a silhueta de David aparecesse no vidro fosco da porta.

— Patric? — perguntou. — Que *merda* você está fazendo?

Ri e me endireitei quando ele abriu a porta.

— Eu ia encontrá-lo lá fora — expliquei —, só que não tinha nenhuma mão livre.

Ele riu e fechou a porta.

— Ora, isso é bom — disse, aceitando alegremente o vinho. — Por que ainda está acordada? É quase meia-noite.

Coloquei o braço ao redor do pescoço dele e o puxei para um longo beijo.

— Eu sei — respondi. — Imaginei que você estaria com fome.

— Hummm... Estou morrendo — disse ele.

— Tem torta de frango no forno.
Ele sorriu.
— Não era isso que eu queria dizer.

Horas depois, estávamos deitados na cama. Com paciência, ele escutava enquanto eu tagarelava sobre os detalhes de minha tarde. Fez que sim quando falei da ida ao estúdio e da apresentação casual ao músico curioso.
— Então... agora vocês dois são amigos? — perguntou ele.
— Eu não iria tão longe — respondi, rindo. — Mas ele nos convidou para um show no Bowl. Não é incrível?
— Bom, não gosto muito que você fique aleatoriamente bêbada com alguém no meio da tarde.
— Ah, viva um pouco. — Cutuquei-o. — Além disso, não foi assim.
— Ahã — comentou. — Então, como foi?
Tentei achar um jeito de explicar.
— Hoje, com esse desconhecido, consegui ser eu mesma. Não importava quem ele era. Podia ser um robô falante, inclusive. Só foi legal conversar com alguém sobre meu diagnóstico e dizer a palavra "sociopata" sem que isso fosse uma coisa ruim.
— Você *disse* isso a ele? — perguntou David, espantado. — Por quê?
— Porque é o que sou, querido. É a minha vida — expliquei. — E foi divertido! Por isso fiquei de tão bom humor o dia todo. Foi... libertador. Libertador me sentir *aceita*.
— Eu aceito você — sussurrou David.
— Nem sempre — respondi no mesmo tom.
Ele ergueu uma sobrancelha.
— Que vida empolgante ele deve ter — pensou David, mudando de assunto.
Eu o olhei com horror.
— Está brincando? Ele só faz compor, gravar, sair em turnê. Compor, gravar, sair em turnê. Cadê a normalidade? Cadê a *vida*? — Balancei a cabeça. — Você acha que alguma daquelas pessoas, os artistas, quero dizer, consegue ter relacionamentos ou vida normal? Pense só em como a existência delas é transitória. É como se, no segundo em que decide ser artista, com ou sem sucesso, a pessoa parasse

de evoluir com o resto da sociedade, ficasse presa num estado de impermanência suspensa.

David sorriu.

— Acho que nunca pensei assim, mas adoro que você analise meticulosamente todo mundo que encontra.

— Porque para mim é fascinante! É isso que adoro na faculdade. Nunca soube de nada sobre isso, todas essas coisas sobre as pessoas. A única coisa que eu tinha pesquisado era a sociopatia. Mas agora estou aprendendo sobre *todos* os tipos de personalidade. *Todas* as maneiras diferentes de as pessoas lidarem com suas limitações psicológicas. É como se nada fosse suficiente para mim. — Fixei meus olhos nos dele. — As pessoas são do caralho, sabia?

Ele deu um leve sorriso e afastou uma mecha de cabelo de minha testa.

— Eu me orgulho de você — falou. — O trabalho que faz consigo mesma, fazer o PhD... É incrível. — Ele fez uma pausa. — Acho *você* incrível.

Sorri e rechacei a leve pressão da responsabilidade. Eu sabia muito bem que não tinha cumprido meu lado do acordo. Não contei a ele sobre Ginny, as visitas ao condomínio nem a manhã que passei procurando uma instituição para pessoas com doenças psiquiátricas. No entanto, também sabia que não era seguro. Ainda não, pelo menos. E, com certeza, não naquele momento, com tudo tão relaxado e maravilhoso.

— E amanhã? — perguntei, ansiosa. — Pode voltar para casa mais cedo e irmos juntos? Ou prefere me encontrar no Bowl?

Ele fez cara de dor.

— Ah, querida — disse. — Não posso ir *amanhã* à noite. É o jantar da empresa, lembra?

— Droga — murmurei, encostando-me nele. — Esqueci. Então não importa, eu encontro você no restaurante.

Pude sentir que ele balançava a cabeça.

— Querida, não — disse ele. — É uma merda de uma festa profissional com as pessoas mais chatas do planeta. Fuja enquanto pode.

Aninhei-me sobre seu peito, meu corpo se entregando à exaustão.

— Bom, se você *diz*... — respondi.

— Seja boazinha — disse ele com sono.

CAPÍTULO 21

Exposição

Um mês depois, eu estava na casa de Max para jantar com um monte de amigos dele. No pouco tempo desde o encontro por acaso no estúdio, nossa amizade cresceu depressa. E gostei. Apreciei ter mais um amigo que gostava de mim pelo que eu era. Com a aceitação, eu me sentia estável. Foi um alívio bem-vindo.

Apesar do clima leve algumas semanas antes, a situação com David continuava a se deteriorar. Percebi que inventava razões para discutir com ele e, depois, usava suas reações irritadas para justificar meu desaparecimento. Na noite em que finalmente confessei minhas idas à casa de Ginny, por exemplo, ele praticamente enlouqueceu.

— Que *merda* é essa, Patric? — perguntou ele. — Você tem ido à *casa* dela?

Era uma dinâmica desesperadora que me lembrava a infância. Mais uma vez, me arrependi da decisão de ser sincera.

— Que importância tem? — retorqui, irritada com ele por me julgar. — Não fiz nada violento. (Por pouco.) Não perdi o controle. (Mais ou menos.)

Conversar com David sobre meus desejos sombrios era inútil. Sempre terminava com ele tentando suprimi-los ou negá-los. Falar sobre eles com Max, por outro lado, era divertido.

Relaxei na almofada macia e observei entretida Max se levantar da cadeira.

— Todos ergam o copo — disse, piscando em minha direção. — Gostaria de propor um brinde a uma pessoa muito especial. Uma lunática que, por acaso, obteve sua primeira bolsa de pesquisa esta tarde! — Ele sorriu quando fiz uma careta por estar sob os holofotes. — A Patric! — anunciou Max. — Que suas descobertas psicológicas nos deixem todos mais perto da sanidade.

Sorri e revirei os olhos para ele acima da borda do copo.

Quando todos se instalaram em seus lugares, a mulher a meu lado, uma atriz chamada Michelle, perguntou:

— Então, o que você está pesquisando?

— Sociopatas — respondi. — Estou estudando a relação entre sociopatia e ansiedade.

A expressão dela passou de curiosidade distante para interesse sincero. Pelo canto do olho, vi Max sorrir. Ele adorava observar o desenrolar dessas conversas.

— Espere — interrompeu a morena sentada ao lado dele. — Os sociopatas não são, por assim dizer, maus? Não são eles que não têm sentimentos, como o assassino em série Ted Bundy e coisas assim?

— Não exatamente — respondi. — Na verdade, não são maus. Só *sentem* de forma diferente da maioria.

— Essa é a diferença entre um sociopata e um psicopata? — perguntou Tim, sentado à minha frente. Também músico, era um dos amigos mais antigos de Max.

— É uma questão complicada — respondi —, porque eles são agrupados como transtorno de personalidade antissocial.

Parei para pensar num jeito fácil de resumir.

— A questão é o diagnóstico. As pessoas com transtorno de personalidade antissocial são avaliadas segundo os critérios do *Manual Diagnóstico e Estatístico de Transtornos Mentais*. É como a Bíblia do campo psicológico. Mas psicopatas e sociopatas *não podem* ser diagnosticados assim. Há um exame especial só para eles.

— Por que eles têm um exame exclusivo? — perguntou Tim.

— Porque os exames medem coisas diferentes — expliquei. — Ser diagnosticado como antissocial não transforma a pessoa automaticamente em psicopata nem sociopata. E vice-versa.

— Então, por que eles estão agrupados? — perguntou Michelle.

— Porque são *tipos* diferentes do mesmo transtorno. É como os tons diferentes da mesma cor — respondi.

— E qual é a diferença entre um sociopata e um psicopata? — insistiu Tim.

— Bom, no momento, não há — respondi. — Não em termos clínicos, pelo menos. Mas acho que deveria haver. Há muita pesquisa indicando que os que estão na ponta extrema do espectro são fisicamente *incapazes* de aprender as emoções sociais, como vergonha ou remorso. Considero-os "psicopatas verdadeiros", os que têm um bloqueio biológico para avançar pelos estágios normais do desenvolvimento emocional. É como se a fiação do cérebro estivesse desligada. Nunca aprendem com os castigos e as consequências.

— Mas os sociopatas também não são assim? — perguntou Brian, empresário de Max.

— Não — respondi. — Por isso acho que deveriam ser separados. Há muita gente com pontuação muito mais alta do que a maioria no teste de psicopatia, mas que fica abaixo do limite. São fisicamente capazes de aprender as emoções sociais; só precisam que lhes ensinem de forma diferente. Acredito que *esses* são os verdadeiros *sociopatas*. E acho que a maioria deles, provavelmente, fica num espectro.

A morena de Max arregalou os olhos.

— Tive um ex assim — disse ela sem fôlego.

Max ergueu a mão dela e a beijou com afeto.

— Tudo bem — disse Michelle —, mas o que isso tem a ver com ansiedade?

— Bom, é isso que quero saber — respondi.

Falei sobre a lista de verificação de psicopatia de Cleckley e que havia características nela que eu considerava questionáveis.

— Vejam o número três: ausência de nervosismo e de manifestações psiconeuróticas — expliquei. — Isso é dizer que os sociopatas não ficam nervosos, preocupados nem estressados. E, embora eu concorde com a parte do nervosismo, não acredito que os sociopatas sejam imunes à ansiedade. Na verdade, acho que é isso que realmente os separa dos psicopatas.

Michelle balançou a cabeça e pegou o vinho.

— Fascinante — comentou. — Por que você se interessou por tudo isso?

— Espere! — interrompeu Max. — Posso contar?

Sorri timidamente e respondi:

— Pode.

— A Patric — declarou ele com um floreio dramático — é uma autêntica sociopata.

Ele deu um sorriso orgulhoso e se recostou na cadeira.

— É verdade — admiti. — Fui diagnosticada alguns anos atrás. Tentei me tratar, mas não existe tratamento "oficial" para a sociopatia. Por isso, resolvi voltar à faculdade para entender, em vez de ficar parada esperando que o mau comportamento piore.

Os olhos de Michelle se arregalaram.

— Por falar nisso — disse Max, levantando-se e indo para a cozinha. — Alguém precisa de alguma coisa?

Senti o celular vibrar e vi que havia uma mensagem.

A caminho de casa. Você estará lá?

No dia seguinte, David viajaria cedo a trabalho, e eu queria vê-lo antes que partisse. As viagens de negócios tinham se tornado parte frequente de seu trabalho. Com a expansão da empresa, às vezes, ele passava uma semana ou mais montando sistemas de computador em diversas partes do país.

Senti uma pontada de tristeza quando li a mensagem. Sabia que ele se esforçava. No decorrer da vida, talvez ele é que tivesse se esforçado mais do que todo mundo, e pensar nisso me deixou inquieta. De repente, tive vontade de voltar para casa para ficar com ele. Pedi licença para me levantar da mesa, peguei meu copo e fui até a cozinha.

— Ei — disse a Max, que abria outra garrafa de vinho. — Tenho que ir. David está voltando para casa.

— Que pena. — Ele franziu a testa. — Ele vai viajar amanhã, não é?

— É — respondi. — Mas a viagem é curta. Uma semana, só.

Max fez que sim com a cabeça e pousou a garrafa de vinho aberta na bancada.

— Algum plano enquanto ele estiver fora?

— Na verdade, não.

Max inclinou a cabeça.

— Então vamos jantar no Per Se na quinta-feira. Terá que ser mais tarde. Que tal às 20h30?

Percebi que ele falava sério.

— O que você está aprontando? — perguntei.

— Tenho uma coletiva marcada — explicou. — A gravadora vai me mandar para o aeroporto JFK ao amanhecer. Venha comigo. Vamos pousar por volta das 3 horas da manhã. Termino em uma hora, e poderemos fazer o que quisermos. Voltamos depois do jantar.

Ri.

— E o que vou dizer para o David? — perguntei, cruzando os braços. — Que vou dar um pulinho em Nova York enquanto ele viaja?

— Por que não? Não é um encontro romântico. São só dois amigos partindo numa aventura maluca — insistiu Max. — Ele não vai ligar.

— Ele vai ligar *absurdamente*.

Max deu de ombros.

— Então não conte — disse com um sorriso.

Sufoquei um sorriso e desviei o olhar.

— Você é má influência.

Era verdade. Ao contrário de David, que sempre queria que eu suprimisse minhas características sociopáticas, Max vinha me empurrando para adotá-las desde o dia em que nos conhecemos. Tínhamos uma relação tranquila e natural, ainda que não totalmente saudável. Eu sabia. Também sabia que sair com Max não era a opção mais sábia. Ele era como uma droga recreativa que fazia eu me sentir forte e invencível. Minha salvação é que havia um limite para o que eu conseguia tomar. Ficar doidona com Max não era algo que eu pudesse fazer o tempo todo nem o que eu *queria*. Ele era extravagante demais para mim, e seu acesso a recursos quase ilimitados o transformava num ímã frequente de caos. Eu, por outro lado, preferia a disciplina. Portanto, ficava atenta às doses.

Dei-lhe uma beijoca amistosa no rosto.

— Vou pensar — respondi.

— Péssima ideia! — gritou ele quando saí pela porta.

Na manhã de quinta-feira, acordei com o celular vibrando com mensagens. Apertei os olhos para a tela e vi que uma era de Max, uma foto de seus sapatos jogados contra a janela da cabine de um jato.

Perdedora

Fiz uma careta e passei à mensagem seguinte. Era de David.

Sei que provavelmente você está dormindo, mas só queria que soubesse quanto amo você. Não há ninguém no mundo que me deixe mais louco do que você. Mas também não há mais ninguém com quem eu preferisse ficar. Amo você demais, Patric.

Suspirei ao fechar a tela e me recostei na cabeceira da cama. Embora não tivesse sido fácil, estava contente por ter decidido não aceitar o convite de Max. O músico sabia como instigar meu lado sombrio. No que dizia respeito à viagem a Nova York, eu não tinha problema com a ginástica mental dele. Não estava errado fazer uma viagem por impulso com um *amigo*. Max e eu não faríamos nada ilegal nem teríamos um caso ilícito. Jantar em Manhattan seria um luxo divertido. A única questão era que David não gostaria.

Não era justo. Por que eu tinha de me abster de fazer algo divertido simplesmente porque outra pessoa achava errado? Por que esperavam o tempo todo que eu obedecesse a um conjunto de regras emocionais com as quais não me identificava? Por que não poderia ser ao contrário para variar? Quando alguém se identificaria *comigo*?

Céus! Teria sido facílimo embarcar naquele avião. Eu faria o bate e volta e David nunca saberia. E mais, eu não me sentiria mal com isso. Porém, algo me segurou. Na manhã em que David partiu, senti um aperto no peito. No começo, mal era perceptível, mas, quanto mais pensava numa viagem rápida ao Per Se com Max, mais apertado meu peito ficava. Seria *culpa*?

Eu sabia que não. Tinha visto a culpa muitas vezes nos outros, principalmente em David. Como primogênito de pais católicos, era frequente que o levassem a se sentir culpado para fazer coisas contra sua vontade.

— Isso não faz sentido — falei certa vez, observando-o fazer as malas para uma visita aos pais. — Você diz que detesta passar o Natal na casa de seu tio. Diz que ele é um babaca e que, todo ano, inventa briga com sua mãe. Todo mundo sempre acaba chorando. Então, por que vai? Realmente, não entendo.

Ele parou de arrumar as malas e me olhou de modo afetuoso.

— Sei que você não entende — respondeu. — Sorte sua.

Naquele momento, deitada na cama, semidesejando estar num avião para atravessar o país, entendi o que ele queria dizer. Não decidi ficar em casa porque, se fosse, me sentiria culpada. Rejeitei o convite de Max porque escolhi meu relacionamento com David. Porém, com isso, me senti prejudicada. Fraca. Pensei no segundo filme de *Super-homem*, quando ele teve que desistir dos poderes para ficar com Lois Lane. Algo parecido estaria acontecendo comigo? *É isso que tenho que fazer para ficar com David?*, pensei. Ignorar meus "superpoderes" sociopáticos e viver como uma pessoa normal? Sempre fazer escolhas sensatas? *Ora, foda-se*, refleti. Arquivaria isso na pasta "Melhor na teoria".

Frustrada, me levantei e fui ao banheiro. Não gostava nem um pouco do modo como me sentia e esperava que um banho lavasse aquilo. Girei a torneira até a água mais quente e, quando jatos escaldantes tocaram meu couro cabeludo, me forcei a me estabilizar, mas o desconforto continuou aumentando.

Eu me sentia em conflito. Por um lado, sabia que queria passar o resto da vida com David. Sempre senti com ele um tipo de conexão sobrenatural, como se estivéssemos destinados a ficar juntos. Nos dias bons, nos encaixávamos perfeitamente. Ele era excelente em muitas coisas em que eu não era. E eu era excelente em muitas coisas em que *ele* não era. As coisas em que ambos éramos bons, éramos bons juntos. E as coisas em que ambos éramos ruins, éramos ruins juntos. Nos dias bons, ficávamos *conectados*. Era isso que tornava tão ruins os dias ruins. Os dias ruins eram aqueles em que eu não lhe dizia a verdade, em que ficávamos tão *des*conectados que nada parecia funcionar. Toda conversa era uma discussão, toda palavra era mal interpretada. Nos dias ruins, eu me sentia perdida. À deriva. Eram os dias em que eu questionava a razão de evoluir.

Respirei fundo, fechei a água e peguei uma toalha.

— Mas hoje será um dia bom — disse a mim mesma.

Mesmo assim, não consegui me livrar totalmente da sensação claustrofóbica. Não era algo acentuado, apenas uma mudança de percepção. Mesmo assim, ainda que leve, perturbava, como o movimento de um brinquedo elétrico havia muito considerado quebrado.

Estresse entalado.

A dra. Carlin tinha razão. Meus sentimentos por David nunca seriam uma solução permanente. Eu o estava usando. Sem perceber, vinha bordejando meu amor por ele enquanto conseguia evitar o enfrentamento de meus problemas. Porém, quando ficava impossível ignorar as rachaduras da relação, o ciclo de apatia e pressão tinha voltado. Só que eu não tinha mais como lidar com ele. Perdera a prática. Não sabia o que fazer, e a pressão — aquela vontade compulsiva de aprontar — começava novamente a surgir.

CAPÍTULO 22

Companhia

O chão do banheiro parecia o lugar mais seguro. Sentada lá, me senti menos uma aluna de doutorado com anos de pesquisa em psicologia e experiência clínica e mais a pessoa que era quando cheguei a Los Angeles. Em termos psicológicos, era como se eu me transportasse para o passado. *Mas não voltei no tempo*, lembrei a mim mesma. Respirei fundo e tentei me concentrar. *Isso é simplesmente a velha reação a um padrão conhecido*, pensei. *Só preciso mudá-la.*

Minhas pernas doíam quando me levantei do piso frio. Empurrei a porta e, instintivamente, protegi os olhos do sol, que atingia o chão do quarto com gigantescos raios brilhantes. Joguei o roupão sobre os ombros, fui até a estante e tirei um livro da prateleira. *Overcoming Destructive Beliefs, Feelings, and Behaviors: New Directions for Rational Emotive Behavior Therapy*. Tínhamos tratado disso em minha primeira aula de psicologia clínica. A terapia racional-emotiva comportamental (TREC), desenvolvida pelo psicólogo Albert Ellis, da Universidade de Columbia, é um tratamento que visa ajudar as pessoas a reconhecerem e reestruturarem crenças, sentimentos e comportamentos irracionais e destrutivos. O componente principal da TREC é o Modelo ABC. No exame das opções comportamentais, o modelo pede que o indivíduo identifique três coisas: o "evento ativador" (A), o "sistema de crenças" ligado ao evento (B)[*] e a "consequência" (C) que resulta daquela crença.

Decidi aplicar em mim mesma o Modelo ABC. Obviamente, o estresse entalado que tinha sentido mais cedo era o "evento ativador". A convicção de que precisava agir para combater essa ansiedade era, havia décadas, meu "sistema de crenças" ligado àquele evento. E a "consequência" desse sistema de crenças seria o comportamento destrutivo que eu então cometeria.

---

[*] "B" de *beliefs*, "crenças" em inglês. [N. E.]

Talvez eu fosse novata na intervenção terapêutica, mas esse modelo parecia uma solução viável para identificar — e, portanto, prevenir — minhas vontades malévolas. Tudo se resumia à atenção.

Os métodos destrutivos que sempre usei como "receita" para a apatia eram notavelmente eficazes e um poderoso testemunho do inconsciente. A vontade de aprontar (que, *naquele momento*, eu entendia como contraponto à apatia) começou quando eu era criança. Isso foi décadas antes de eu aprender o que acontecia nos bastidores psicológicos. Era algo que fazia por instinto, não uma verdadeira consciência. Assim, era lógico: se eu conseguisse arrastar esses processos psicológicos das sombras para a mente consciente, se conseguisse ficar atenta à interação entre a reação ansiosa à apatia e a crença de que tinha de fazer algo destrutivo para que ela fosse embora, conseguiria mudar meu sistema de crenças? Conseguiria alterar meu comportamento?

Fechei o livro, uma explosão súbita de determinação deixando tudo em foco nítido.

— Foda-se — disse em voz alta. — Se não consigo um profissional que me trate, vou me tornar profissional e me tratar.

Um mês depois, comecei um novo semestre na faculdade. Além de um capítulo inédito em minha carreira acadêmica, era também o início de mais um ano. Na sala de aula, um auditório sem janelas que oferecia um isolamento idílico do inverno chuvoso de Los Angeles, eu batucava o lápis na carteira. Como aluna do terceiro ano do doutorado, estava na hora de escolher o tema de minha dissertação. Embora já supusesse que a sociopatia seria meu tema geral, não decidira que aspecto do transtorno queria pesquisar. Pelo menos até que percebi o que era óbvio o tempo todo. Sobre a mesa, estava o formulário de candidatura ao doutorado. As palavras TÍTULO DA DISSERTAÇÃO estavam impressas ao lado de uma longa linha vazia. Ergui o lápis e escrevi: "Sociopatia: sua relação com a ansiedade e a reação à intervenção terapêutica". Recostei-me na cadeira e soltei o ar.

Alguns dias depois, fui à biblioteca e levei comigo toda a minha antiga pesquisa. Revisitei muitos artigos que tinha descoberto em meus anos de estudo independente e encontrei outros novos. O que achei me deu esperança.

O dr. Ben Karpman, um dos primeiros médicos a receber crédito por distinguir a psicopatia primária (a verdadeira psicopatia) da secundária (a verdadeira *socio*patia), argumentava que, com frequência, o comportamento antissocial demonstrado pelos sociopatas resultava do estresse. Karpman teorizava que, embora possam ter os mesmos sintomas que os psicopatas primários, os psicopatas secundários não são programados para buscar um estilo de vida antissocial e talvez respondam ao tratamento. Ele era otimista a respeito de seus achados sobre essa categoria secundária porque acreditava que ela englobava o maior número de pessoas geralmente incluídas no grupo da psicopatia.

Encontrei um estudo do dr. David Lykken com a mesma postura de Karpman sobre sociopatia. Como em Karpman, os achados de Lykken indicavam que abordar a ansiedade poderia reduzir as características destrutivas dos psicopatas secundários. Ele insistiu na importância da socialização (o processo pelo qual os sistemas de crenças e valores centrais da pessoa são programados para se alinhar ao resto da sociedade) no início do desenvolvimento infantil.

Linda Mealey, minha pesquisadora favorita, aprofundou essa teoria com a hipótese de que a sociopatia era produto de pressões biológicas e ambientais que levavam os afetados a buscar deliberadamente interações sociais manipuladoras e predatórias. Como expliquei à dra. Carlin, Mealey descrevia os sociopatas como pessoas com desvantagem psicológica que usavam táticas de logro para extrair o máximo de sua situação ruim. A hipótese dela era a que mais se alinhava à minha experiência.

Com base nessa pesquisa, decidi concentrar minha dissertação em planos de tratamento focados na ansiedade. Com o estresse entalado no primeiro plano da consciência, resisti à vontade de voltar às antigas "receitas". Em vez disso, redobrei o esforço na faculdade. Reorganizei a agenda para acomodar toda uma variedade de aulas e me inscrevi em todas as cadeiras possíveis, de sociologia a psicofarmacologia. Depois, enterrei o nariz na pesquisa sempre que podia. Não foi fácil. O dia tinha horas limitadas. E eu ainda precisava gerenciar outras responsabilidades.

Além da escola, continuava a trabalhar como produtora musical. Equilibrar esses objetivos conflitantes era dificílimo. Cada um exigia uma quantidade tremenda de energia e conjuntos de habilidades muito distintos. Eu sabia que chegaria a um ponto de virada e não conseguiria continuar fazendo os dois, principalmente porque as carreiras acadêmica e profissional me puxavam em direções bem diferentes.

Trabalhar como produtora me permitia usar minhas características sociopáticas com desenvoltura. Embora não fosse minha meta e, ironicamente, *por causa* de meu tipo de personalidade, consegui me destacar e ocupar, com sucesso, um nicho só meu no setor musical. Ser uma boa produtora de talentos exigia flexibilidade moral, que eu tinha em abundância. O mundo do entretenimento oferecia um ambiente relativamente seguro para treinar meus músculos sociopáticos, e eu relutava em abandoná-lo. Contudo, o lado que estava decidida a nutrir e desenvolver — meu "lado bom" — era reforçado por coisas como a pós-graduação e o relacionamento com David, que eu estava decidida a salvar. Quanto mais tempo passava na faculdade, mais entendia que muitas brigas que tínhamos estavam ligadas a aspectos de minha personalidade que eu não sabia mudar.

Queria mostrar minha pesquisa a ele. Se pudesse levá-lo a discutir a relação em termos científicos, e não emocionais, talvez o fizesse ver que essas coisas não tinham nada a ver com ele. Talvez conseguisse fazer que parasse de querer me mudar. Mas, com nós dois trabalhando o dia todo, raramente tínhamos tempo para jantar juntos, muito menos para discussões profundas sobre sociopatia.

Então, é claro, havia Max.

Apesar da carga pesada do curso, da pesquisa intensiva autodirigida, do emprego em tempo integral e do fato de que eu dividia a casa com meu namorado (por mais tensa que fosse a relação), minha amizade com o músico só cresceu. Eu não tinha previsto a força de nossa conexão platônica e nem sempre a apreciava. Na verdade, era comum eu me frustrar com a mesma facilidade com que era sugada para a órbita de Max. Quando se tratava de técnicas de distração, ele era magistral e incorrigível e aparecia com frequência em meu escritório depois do horário e sem se anunciar nos dias que sabia que eu estava tentando estudar.

— Pare com isso! — falei, empurrando a mão dele para longe da tela. — É sério. Preciso de mais quinze minutos.

Fiquei até tarde no escritório para estudar para uma prova, algo que fazia com frequência naqueles dias. Fazer isso em casa nunca dava certo. Sempre havia algo para limpar, cozinhar e organizar, ou com que brincar. Já meu escritório era como uma câmara de privação sensorial. Pelo menos, *era*... até Max começar a aparecer.

— Mas vou embora amanhã — reclamou ele. — Você vai passar meses sem me ver.

Max e sua banda fariam uma turnê por várias cidades das Américas do Norte e do Sul e da Europa para promover o álbum mais recente.

Meu telefone tocou, e o identificador de chamadas mostrou o número de seu empresário.

— Que porra é essa? — perguntei. — Por que Brian está me ligando?

Não era raro a equipe de produção de Max falar comigo quando não conseguia encontrá-lo. Ele deu de ombros, e o olhei com irritação resignada enquanto atendia com relutância.

— Alô?

— Oi, Patric. Preciso conferir detalhes de viagem para a turnê e não consigo falar com meu esquivo cliente. Se o vir, pode pedir para ele me ligar?

— Com prazer.

Desliguei e olhei Max com raiva.

— Fale com seu empresário para que ele possa finalizar os detalhes da viagem — ordenei. — Por que ele está me enchendo o saco? Não sou responsável por você.

Max fungou e se levantou para se encostar na minha mesa. Começou, então, a rearrumar minha coleção de canetas decorativas, algo que ele sabia que me deixava enfurecida.

— Talvez tenha medo de que eu procure um *novo* empresário — sussurrou ele, provocante.

— Não estou interessada — respondi com rispidez.

Não era a primeira vez que ele mencionava isso, e minha resposta sucinta, como tantas coisas ligadas a Max, não transmitia a história toda. A verdade era que eu não tinha vontade alguma de ser sua empresária. No ponto onde estava, meu relacionamento com Max me dava a única coisa que sempre quis: impunidade social. Sua rejeição dos limites e minha elasticidade ética se combinavam para criar uma tempestade perfeita de caos inspirado, ao mesmo tempo extasiante e inflamável. Mas eu sabia que só podia forçar os limites até certo ponto. Meu amor por David fazia com que meu tempo com Max fosse sempre finito. Eu preferia assim. Parecia seguro. Contido.

Dei um tapa em sua mão para fazê-lo parar de brincar com minhas canetas. Ele reagiu alongando os braços.

— Venha comigo — cantarolou ele, brincalhão, a música de *A fantástica fábrica de chocolate*. — E você estará... num mundo de pura imaginação...

— Céus — murmurei com horror fingido.

Max cruzou os braços.

— *Vamos lá* — disse ele com impaciência. — Você pode estudar amanhã.

Fechei o laptop.

— Tudo bem — respondi, recolhendo os livros e fingindo exasperação. — Você venceu. O que quer fazer?

A expressão dele mudou para alegria.

— Qualquer coisa — disse. — Tudo! Vamos sair numa aventura. O céu é o limite. Expanda sua mente sociopática.

— Bom — comecei devagar —, podemos ir a algum lugar *realmente* caro para jantar, e você paga.

— Ooooou — continuou Max, ignorando minha sugestão — podemos comer algo rápido no centro e depois explorar o Cecil.

O "Cecil" era um marco sabidamente macabro de Los Angeles, um infame hotel conhecido principalmente por sua associação com suicídios e crimes violentos.

— *Essa* é sua ideia de expansão de uma mente sociopática? — respondi, sem me impressionar. — Talvez devêssemos passar pela Galleria a caminho de lá. Você poderia comprar umas botas de combate e uma camiseta do uísque Jack Daniel's.

— E qual é *sua* ideia?

— Não tenho ideia nenhuma! — Ri. — Meu plano era estudar a noite toda, lembra?

Meu telefone tocou, e dei outra olhada agressiva para Max.

— Você falou com Brian? — perguntei. — É sério. Se ele vai passar a noite me ligando, vou dizer a ele que quero metade da comissão.

— Por mim, tudo bem — resmungou Max.

Vi *Número desconhecido* e soltei um suspiro. Só podia ser Ginny outra vez.

— O que houve? — perguntou Max, reagindo à minha mudança de humor.

Balancei a cabeça com nojo resignado.

— A mãe de Oliver Krusi.

— É *ela*? — perguntou, a curiosidade atiçada.

— É. Parou por um tempo, mas recomeçou. Deixa para lá. — Passei a mão pelo cabelo e forcei um sorriso tímido. — Provavelmente eu deveria ir à polícia neste momento. Que tal? Uma passadinha no Departamento de Polícia de Los Angeles?

Ele arregalou os olhos enquanto tentava decidir se eu estava sendo sincera.

— Falo com toda a seriedade — respondi.

Ele sorriu, uma expressão diabólica se espalhando pelo rosto.

— Na verdade — disse ele —, tenho uma ideia melhor.

Parei o carro numa vaga para visitantes no condomínio de Ginny. Max estava no banco do carona, eufórico de empolgação.

— Tudo bem — falei, muito séria. — Esta é sua última chance. Tem *certeza* de que quer fazer isso?

Ele revirou os olhos enquanto abria a porta. Sem esperar por mim, saiu andando pelo estacionamento. Saí do carro e fiquei ao lado dele, os braços apoiados no teto. Ele parou e se virou.

— Você não vem? — perguntou.

Dei um sorriso presunçoso.

— Depende — respondi. — Seu plano é ir à casa de Ginny ou quer fazer outra coisa? — Porque ela mora *pra lá*. — Apontei o outro lado do estacionamento.

Max mordeu o lábio para suprimir o sorriso enquanto voltava correndo.

Quando chegamos ao jardim dela, passei a mão pela parede externa enquanto meus pés esmagavam o cascalho. Fazia algum tempo desde a última visita e eu não sabia direito como reagir. Contudo, no momento em que chegamos, fiquei aliviada ao descobrir que estava agradavelmente eufórica. Deixar Max participar trouxe uma energia brincalhona à missão tóxica. E, quando chegamos aos fundos da propriedade, percebi que seria muito mais fácil pular a cerca com um cúmplice. Expliquei baixinho a Max como era o jardim.

— Então, vou levantar você — sussurrou ele.

Virei-me para a cerca e, com gestos, contei rapidamente até três. Max fez um apoio com as mãos, e eu coloquei um dos pés. Mas ele me levantou antes que eu estivesse preparada para saltar, o que resultou em uma semielevação que nos desequilibrou. Consegui passar uma perna por sobre as tábuas da cerca; a outra metade do corpo ficou pendurada para trás, enquanto Max fazia o possível para sustentar meu peso.

— Que merda — sussurrou entre risadas silenciosas. — Quebrou *alguma coisa*? Você tem a coordenação de um bebê girafa.

Respirei fundo e lentamente algumas vezes para me forçar a parar de rir.

— Cale a porra dessa boca e empurre!

Max obedeceu e me jogou por cima da cerca. Pousei com um ruído baixo perto da árvore e voltei minha atenção para a varanda dos fundos. Olhei as portas de correr e notei, com alívio, que a cortina estava aberta. A do quarto de Ginny também. Como sempre, todas as luzes estavam acesas. Depois de verificar para garantir que a barra estava limpa, fiz um sinal a Max. Ele pulou a cerca num único movimento rápido, com um sorriso malicioso de orgulho.

— Caso você queira saber — brincou ele —, é assim que se faz.

— Treinando seu discurso para o Grammy? — Dei um sorriso sarcástico. — Caso *você* queira saber, eu não ficaria aí onde todos podem vê-lo.

Max baixou a cabeça e correu para se unir a mim embaixo da árvore, a copa nos escondendo. Ele ficou logo atrás de mim, os olhos fixos nos fundos da casa.

— E agora? — sussurrou ele.

— Agora, esperamos.

Ficamos lá na escuridão, e uma brisa ocasional fazia as folhas farfalharem. Depois de alguns minutos de observação da janela, avistei Ginny entrando na sala. Ouvi Max inspirar com força quando ela chegou à luz, seu corpo plenamente visível de nossa posição no quintal.

— É *ela*? — perguntou Max. — Ela parece tão...

— Patética? — completei.

— É.

Era verdade. Embora eu não tivesse registrado, Ginny realmente parecia triste perambulando em sua casa pequena. Não parecia uma inimiga merecedora de sarcasmo... nem de nada, na verdade. Observamos enquanto ela andava de um lado para o outro; depois, foi para o quarto. Vimos que vasculhava as gavetas.

— Está procurando cigarros — sussurrei.

E estava. Alguns segundos depois, ela voltou à sala e foi até as portas de correr. Com um maço de cigarro mentolado e um isqueiro na mão, saiu para a varanda. Não mais separadas por barreiras físicas, senti um maremoto de expectativa, que ofereceu uma dose inesperada de liberação psicológica adicional. Soltei o ar, contente. *É isso o que quero*, pensei, *um plano de tratamento que faça eu me sentir* assim.

Olhei Max. Definitivamente, ele *não* estava satisfeito. Seus olhos estavam fixos em Ginny, a linha da mandíbula contraída. Todos os músculos de seu corpo estavam tensos, mas imóveis. Ginny tragava distraída seu cigarro. Observei a fumaça fazer círculos preguiçosos no ar e me lembrei de Absolem, a lagarta azul de *Alice no País das Maravilhas*. Inclinei-me para dizer isso a Max, mas ele ergueu a mão para me calar. Continuou fitando a mulher.

Ginny alongou os braços acima da cabeça e deu alguns passos rumo ao vaso que usava como cinzeiro. Saboreou outra longa tragada no cigarro e virou a cabeça lentamente na direção da árvore. Prendi a respiração. Em geral, era minha parte favorita: ela olhava diretamente para mim, mas não tinha ideia de que eu estava ali. Eu me preparei para a onda de sentimentos que costumava seguir essa sensação de invisibilidade. Só que ela não veio. Quando ela mudou o olhar, Max habilmente se inclinou de lado e me bloqueou completamente da linha de visão dela.

Por um momento, fiquei imóvel; a intensidade de estar na sombra de Max, fez eu me sentir, ao mesmo tempo, defendida e indefesa. Ele estava me protegendo. Seu instinto de me salvaguardar do que percebia como uma ameaça de exposição foi de um autossacrifício incrível. Deveria me deixar segura ou, no mínimo, agradecida. Em vez disso, fiquei inquieta. Um desconforto insinuante me inundou quando tentei identificar o que estava acontecendo. Lembrei-me de quando ele me convidou para ir a Nova York. Fiquei nervosa, desorientada e não sabia por quê.

Que merda é essa?, pensei.

Desesperada para me estabilizar, respirei fundo algumas vezes. Depois de vários segundos torturantes, Ginny terminou a guimba, jogou-a no vaso e voltou para dentro de casa. Por fim, ouvimos a porta de correr fazer um *clique* definitivo.

Virei-me para Max e disse:

— Vamos embora.

Era tarde e estávamos no estacionamento de meu escritório, onde ele tinha deixado o carro. Só que, depois que estacionei, ele não deu sinais de que ia sair.

— Isso foi inacreditável — falou virado para mim. — Nunca senti nada igual. Nem no palco. Foi como se cada parte minha pulsasse. É assim que *você* se sente? É por isso que vai lá?

Suspirei.

— Mais ou menos.

— Bom, *entendo*. — Ele me estudou com expectativa. — E agora, o que acontece?

— O que acontece agora é que eu vou à polícia — respondi. — Quer dizer, está na hora. Eu devia ter feito isso meses atrás... em vez de usá-la como válvula de pressão sociopática.

— Como assim? — perguntou ele.

Respirei fundo e, pela primeira vez, lhe expliquei os detalhes específicos de minha luta vitalícia. Ele escutou com atenção quando lhe contei minhas batalhas contra a pressão e como aprendi, ainda jovem, que medidas destrutivas traziam o alívio mais rápido. Contei minhas visitas ao jardim de Ginny, mas, naquele momento, especifiquei a felicidade que me traziam. E que ir à polícia significava abrir mão desse suprimento.

— Foi isso o que quis dizer quando falei que já é hora — falei. — Sei que denunciá-la é a coisa certa a fazer. Mas esse é o problema. Eu sempre soube. Só que não *sinto*.

Dei um sorriso fraco e olhei para Max. Tinha certeza de que ele concordaria. Sempre tinha sido assim. Minha mãe, meu pai, minha terapeuta, meu namorado... todos a quem confiei meu lado sombrio sempre disseram a mesma coisa, a coisa *certa*. Mas ele não era como todo mundo.

— Foda-se a polícia — disse ele, balançando a cabeça. — O que eles vão fazer?

Eu o encarei, perplexa.

— Estou falando sério — continuou, virando-se para me olhar nos olhos. — Eles não vão fazer merda nenhuma. Provavelmente, ela vai se safar com uma advertência, quando muito. Você sabe disso, não é?

— Ma-mas... — gaguejei, tentando fazer sentido. — Você não escutou? O problema não é ela. Sou *eu*. Não é seguro para *mim* ter essa pessoa aleatória por aí como alvo conveniente. É como o alcoólatra que guarda em casa uma garrafa de bebida "só para garantir". — Quero *entender* minhas vontades em vez de reagir a elas — continuei. — Nesses últimos meses, venho trabalhando nisso.

Parei por um minuto e brinquei com alguns elásticos de cabelo presos na marcha.

— Mas, agora, não sei — disse. — Preciso *lidar* com essa situação, sem dúvida. Preciso lidar com *Ginny*.

Max pensou por um instante, encarando o para-brisa.

— Concordo — disse ele, finalmente. — Acho que você *deveria* lidar com ela. Mas em seus termos. E vou ajudar.

Gemi, zangada comigo mesma.

— Foi burrice levar você lá — afirmei.

— Por quê? — perguntou ele. — Por que a vi? Por que agora entendo?

— Entende o quê? — estourei. — Como é sentir que você tem que perseguir e caçar pessoas? Quase a ataquei na última vez, esqueceu? — Balancei a cabeça e disse: — Aquela imbecil teve *sorte*.

— Aquela imbecil te provocou! Ela merece!

— *Todos* merecem — expliquei frustrada. — Você não entende? Não sou idiota. Escolho pessoas como ela *porque* merecem, porque fazem coisas que uso para justificar meu comportamento. Mas isso não é bom. Não me sentir culpada, as emoções que me faltam... nada dessa merda é *boa*, porra.

— Você está errada — insistiu Max. — Essas coisas de que você fala são *pontos fortes*, Patric. Você não devia amortecer seu tipo de personalidade. Devia acentuá-lo.

Era exatamente o contrário do que David diria.

— Corrija-me se eu estiver errado — continuou ele —, mas *ela* começou. E é *ela* que mantém a situação, não você. — Ele fez uma pausa. — Foda-se, até eu quero matar essa piranha.

Apoiei a cabeça no assento e encarei o teto.

— Não quero matá-la — afirmei.

— Eu sei — respondeu ele. — Mas, mesmo que quisesse, isso não a tornaria "má". — Ele fez uma pausa. — Invejo você. Você sabe quanto eu daria para não me importar com o que os outros pensam? Ser capaz de viver um dia que fosse sem essa necessidade constante de aprovação? Acho que a *maioria* adoraria ser assim.

— É porque você só vê um lado — expliquei. — Não conhece a história toda.

— E *você*, conhece? — perguntou Max. — Você passou a vida inteira tentando suprimir quem é. É como dizer que você sabe como é dirigir uma Ferrari se nunca a tirou da garagem. — Ele me olhou nos olhos. — Estou lhe dizendo, Patric, você precisa abraçar essa merda, porque é do caralho. Eu adoraria, se fosse você. Eu *adoro*.

Desviei o olhar e encarei a rua vazia, sem saber como responder.

Max inclinou a cabeça.

— Só para sermos claros, não estou dizendo que estou *apaixonado* por você.

—Ah, é? — Dei uma risadinha. — Porque, se eu a matasse, você definitivamente seria considerado cúmplice. Estaria ligado a mim pelo resto da vida, me amando ou não.

Ele sorriu.

— Consigo pensar em coisas piores. Mas, como disse, você não quer matá-la. É por isso que digo: há coisas que pode fazer além de ir à polícia. — Ele se interrompeu e corrigiu: — Coisas que *podemos* fazer.

Olhei-o de cima.

— *Nós?*

— Ora, é claro. Agora estou envolvido. Você vem gravando as ligações dela, não é? — Vi que as engrenagens giravam na cabeça dele. — Podemos começar a ligar para ela tarde da noite e tocá-las para ela. Podemos chantageá-la de volta... e isso é só o começo.

Sorri e disse a ele:

— Você precisa ir para casa.

— Admita — falou, sorrindo com malícia. — É divertido ser conspirador.

Olhei-o e, por um segundo, estava flutuando pela superfície do Grande Buraco Azul, meus dedos roçando a água, como isca para os monstros virem brincar. Sorri de leve de novo.

— Vá — repeti, dessa vez com mais intensidade.

Ele fez que sim com a cabeça e inspirou com força pelo nariz.

— É melhor me mandar mensagem enquanto eu estiver fora — disse ele.

Então, sem dizer nada, saiu.

CAPÍTULO 23

Transparência

Não dormi naquela noite. Fiquei deitada na cama, encarando o teto, até que, finalmente, raios suaves de luz do sol iluminaram os cantos do quarto. Preparei-me para o despertador de David. Quando tocou alto, fechei os olhos e fingi estar dormindo enquanto ele se levantava. Os minutos se passaram como horas: ele tomou banho, se vestiu, me beijou no rosto e foi trabalhar. Esperei seu carro se afastar pela rua, me levantei num pulo, vesti alguma roupa e fui para a casa de Everly. Ela enfiou uma xícara de café em minha mão quando passei pela soleira.

— Obrigada — disse eu, a voz grave de exaustão.

Ela me levou até a sala. A lenha já crepitava na lareira. Everly me puxou para perto dela no sofá e descansou o cotovelo numa almofada, os olhos cheios de preocupação.

— Estamos só nós duas aqui — falou. — Ben vai passar o dia todo no estúdio. Portanto, me conte. Que merda está acontecendo?

Respirei fundo e comecei a falar. Descrevi as brigas com David e minha frustração com ele. Contei que a pressão tinha voltado e o que vinha estudando na faculdade sobre minha personalidade. Por fim, revelei os detalhes de minha relação complicada com Max, a situação com Ginny e os eventos da noite anterior. Everly escutou enquanto eu confessava cada pensamento, impulso e comportamento. Quando terminei, ela se recostou no sofá.

— Jesus, Patric — disse ela.

— Não entendo que merda está acontecendo — lamentei. — Francamente, acho que estou perdendo a cabeça.

— Bom, uma coisa é certa — afirmou Everly. — Ginny Krusi é uma babaca do caralho.

O comentário me pegou de surpresa, e comecei a rir.

Então, ela soltou uma frase que me atingiu:

— E você tem sentimentos por Max.

Soou muito esquisito ouvir outra pessoa chamá-lo de Max, um respingo claro de desonestidade em uma tela confessional imaculada. O nome real dele era o único detalhe que eu tinha omitido.

— Ué, tenho mesmo — disse com um dar de ombros deliberado.
— Ele é meu amigo.
— Não se faça de boba. Todo esse tempo que você passa com ele... O fato de que nunca me falou dele... Até o modo como você descreve o jeito como o conheceu. Você *gosta* dele — afirmou. — Não estou julgando, mas o que você descreve é como a gente *sente* a atração. É como *sente* o amor.
— Eu sei como se sente amor, Everly — respondi, um pouco ríspida demais. — Não é isso.
— Então o que *é*?
— Não sei — admiti, descansando a cabeça no sofá. — É o que estou tentando lhe dizer: não processo certas emoções do mesmo jeito que todo mundo. Mesmo que compreenda que há uma emoção ocorrendo, nem sempre ela é igual comigo. Posso registrar intelectualmente, mas não internalizo o sentimento, *esse* é o problema. Esse sempre foi o problema. Mas, neste caso, é a solução. Não tenho de internalizar um sentimento para cortá-lo. Consigo desligar minhas emoções quando quero. O que me importa?
— Acontece que não é isso o que você quer — respondeu ela com paciência. — Você *quer* sentir coisas. Sei que tenta. — Ela me olhou com empatia. — Mas você não pode escolher. — Ela virou minha mão e a ergueu como uma balança. — Quando os sentimentos básicos ficam mais fortes — disse ela, erguendo minha outra mão —, as complexas também ficam.
— Meus sentimentos por Max não são complexos. — Parei e acrescentei: — É como você e o tênis.

Everly levantou o olhar em dúvida.

— Você adora jogar tênis — expliquei —, mas seu namorado, não. Então, você para de jogar? Não! Só joga com outra pessoa.
— Só que isso não é tênis — ralhou ela, pegando meu celular. — Me faça um favor, me mostre uma foto de Max.
— Não — respondi.
— Por que não? — indagou ela. — Quer dizer, você quer uma conversa de verdade sobre isso ou não? Porque ambas sabemos muito

bem que "Max" não é o nome dele de verdade. Toda essa situação é *no mínimo* duvidosa. E você sabe disso.

— Uau — disse eu, cruzando os braços. — A vida inteira me disseram que eu devia me sentir mal porque *não* sinto as coisas. Agora você me diz que eu devia me sentir mal porque *sinto*? Que merda. — Bufei.

— Não estou lhe dizendo como você *deveria* se sentir — explicou Everly, ignorando minha tentativa de desvio. — Estou lhe dizendo o que você *sente*. E, meu amor, é por isso, provavelmente, que agora você também sente o estresse claustrofóbico. Porque se sente presa. Presa pelo sentimento.

— Só estou cansada — admiti, curvando os ombros. — Amo David mais do que tudo no mundo, mais do que jamais conseguiria amar alguém. Mas você precisa entender que, *no máximo*, minha capacidade de amar é uma fração da capacidade de David. E ele espera que eu seja igual a ele o tempo *todo*. E, quando não consigo, ele leva para o lado pessoal, como se eu escolhesse de propósito não amá-lo do mesmo jeito que ele me ama. — Balancei a cabeça e suspirei. — Assim, me vejo fingindo sentimentos que não tenho, mas que, *na verdade*, tenho, só que não no nível que ele quer. É de enlouquecer.

— Então, por que você não *conversa* com ele sobre isso? — perguntou ela. — Por que não lhe diz o que acabou de me dizer? Vocês se amam muito. Todos os relacionamentos são difíceis em alguma...

— Não o que tenho com você — interrompi. — Também não o que tenho com Max. Ele não se importa se sou afetuosa ou emocionada. Não se importa, ponto. Por isso, nos divertimos. Nunca há pressão. Nunca há estresse. Ele só quer me entender.

— Acho que você quer dizer que ele só quer *comer* você — contrapôs ela. — Fazer o quê. Você sabe que Max, seja ele quem for, não é a resposta. É só uma nova receita. E tudo bem. A nova receita pode lhe dar o maior barato. Você pode fugir com sua distraçãozinha. Pode fazer o que quiser, quando quiser. Só lembre que seus problemas ainda estarão aí quando terminar. E não só seus problemas com David, inclusive.

— O que você quer dizer com isso?

— Quem é você, Patric? — perguntou Everly. — Sei quem você é comigo. Sei quem você é com David. Sei quem você *diz* que é com esse outro cara. Mas quem você é quando não há ninguém por perto?

Um tronco na lareira crepitou e rachou. Encarei a lenha: as chamas que a devoravam me hipnotizaram. Pensei de novo em *Alice no País das Maravilhas*. "Quem é você?", gostava de provocar o Gato Risonho.

— Não sei — respondi.

— Ah, acho que sabe — insistiu ela. — Acho que você sabe *exatamente* quem é. O problema é que você não se permite ser essa pessoa, essa pessoa *inteira*. Acho que nunca se permitiu. Então, como é que David ou qualquer outra pessoa vai te aceitar quando nem você se aceita plenamente?

Encarei o fogo. Everly seguiu meu olhar.

— Conclusão — falou —, você tem que parar com essa vida dupla. Está sofrendo. E sofre porque nunca é *Patric*. Você tem que aprender a só ser *você*. O tempo *todo*. Com *todo mundo*.

— E aí? — perguntei.

Everly sorriu e me cutucou afetuosamente com o pé.

— O que importa?

Naquela noite, me sentei diante de David à mesa da sala de jantar. Em todos os aspectos, tinha sido uma noite adorável. Cheguei em casa a tempo para preparar o jantar, e David, que recentemente terminara um grande projeto, estava de excelente humor. Pelo menos, a princípio.

— Decidi incluir meu diagnóstico de sociopatia em minha defesa da dissertação — anunciei durante a sobremesa.

Ele parou enquanto mastigava e teve a audácia de parecer confuso.

— Oi?

— Daqui para a frente, quero ser *mais* transparente sobre o fato de que sou sociopata — expliquei. — Não faz sentido esconder. Principalmente se quero defender outros como eu. Acho que pode ser o início de algo muito bom.

Parei para deixar minha empolgação se instalar.

Ele balançou a cabeça e engoliu em seco.

— Então você quer contar para *todo mundo*?

Suspirei. Era a reprise de uma briga que tínhamos havia anos. Ele não se sentia bem com meu desejo de "me apoiar" em meu tipo de personalidade. Além de rejeitar a decisão de revelar meu diagnóstico na dissertação, naquele momento, se recusava até a falar sobre isso.

A conversa só durou alguns minutos antes que ele se zangasse e fosse para o quarto pisando forte.

Encarei as velas altas que brilhavam no centro da mesa. Luminosas tremulações alaranjadas lançavam sombras escuras e calmantes na parede. *Everly tinha razão*, pensei. Eu amava David, mas estava cansada de me esforçar. Queria que nosso relacionamento desse certo, que fosse uma parceria genuína. Estava na hora de ser eu mesma. E era bom me sentir livre.

Observei as velas por mais alguns segundos e as apaguei com relutância. Tirei a mesa e organizei tudo. Levei um tempo enchendo a lava-louças, e, com cuidado, passei pano na ilha e nas bancadas. Só depois apaguei as luzes e subi para o quarto.

A porta estava fechada. Eu a abri devagar e vi que David já estava deitado.

— Querido — eu disse com calma —, amo você. Mas o que aconteceu agora é exatamente a *razão* pela qual preciso ser mais aberta sobre quem sou.

Ele virou a cabeça, e ficou olhando para o teto.

— Como assim? — perguntou com um suspiro pesado.

— Você se recusa a falar sobre o fato de que sou sociopata. Não posso nem tocar no assunto sem você se irritar. E entendo — afirmei. — Você não quer que eu seja sociopata porque os sociopatas têm fama de serem horríveis. E você não quer ver essas partes minhas.

Ele levantou o tronco.

— *Não* vejo essas partes suas — insistiu ele. — Quer dizer, já vi você fazer coisas más, mas não acho que *você* seja má, Patric. Me diz que sabe disso.

— *Sei* disso — respondi. — E nem consigo lhe dizer quanto aprecio ouvir. Nem consigo lhe dizer quanto *sua* percepção minha de algo além de "menina má" configurou minha autoconsciência. Você mudou minha vida. — Dei um sorriso fraco. — Mas nem todo mundo tem uma pessoa como você na vida, querido. Nem todo mundo tem um David. E quero ajudar quem não tem a mesma sorte que eu.

Ele pensou um pouco.

— Ouço você — disse ele finalmente. — E entendo. É claro que acho que ajudar os outros é admirável. Acho mesmo. Mas como isso vai dar certo se você fica contando a todo mundo que é sociopata?

No segundo em que diz isso, ninguém ouve mais nada do que você tem a dizer. Todos os dados serão conferidos. Todas as histórias que contar serão questionadas. Historicamente, os sociopatas não são vistos como fontes confiáveis, muito menos como terapeutas. — Ele fez uma pausa. — Só vão odiar você.

— Quem se importa? — respondi. — No fim das contas, a única coisa que posso fazer é contar a verdade. O modo como os outros escolhem aceitar a verdade está fora de meu controle. Os outros sociopatas não vão me odiar. Vão se ver. Finalmente.

Ele ficou alguns segundos em silêncio.

— Isso eu não sei, querida — disse ele finalmente.

Balancei a cabeça.

— Essa é a questão — falei. — Você não tem que saber. Não importa se você concorda comigo. A decisão é *minha*, David. — Cruzei as mãos sobre o colo. — E ela já está tomada.

Pude ver a compaixão sumir do rosto dele assim que as palavras saíram de minha boca.

— Então, como me sinto não importa — disse ele, balançando a cabeça.

Fechei a cara, desapontada. Tínhamos chegado tão perto.

Ele franziu os lábios.

— Por que estamos juntos? — perguntou ele retoricamente.

— Diga você — respondi baixinho.

David arregalou os olhos e quase gritou:

— Não sei! Praticamente não nos vemos mais. Trabalho feito louco e, ao que me parece, à toa. Não podemos nem ter uma merda de jantar sem brigar sobre a mesma bosta. — Ele soltou o ar com força. — Por que não podemos ter problemas *normais*, sabe? Como um casal normal de merda!

— *Normal?* — Eu estava furiosa e fiz força para não gritar. — De onde você tirou essa ideia? De quando nos conhecemos? Quando eu furtava mapas e me escondia no porão? Ou de todas as vezes no telefone em que lhe disse que achava que era sociopata? — Estendi as mãos com curiosidade fingida. — Talvez seja o MALDITO CHAVEIRO QUE ACHEI NA CASA DO OUTRO LADO DA RUA PARA VOCÊ SABER QUANDO APRONTO UMA MERDA! — Apontei o dedo para David. — Não. Você sabia *exatamente* quem eu era quando veio para cá. Sabia que eu ficava a CARALHOS DE DISTÂNCIA de ser normal. É só que, quando me teve, decidiu que não me queria!

— Isso não é verdade! — Ele se defendeu. — Só quero a Patric *real*. Quero que você seja quem sei que é, por *dentro*. — Ele balançou a cabeça com tristeza. — Sei que ela está aí dentro. Eu sei, Patric.

Fitei o chão.

— Meu Deus, David — disse, colocando a mão no peito. — Não vou mais fazer isso com você. Pela última vez. Eu sou só *uma. Isso* é quem sou. E não posso continuar me suprimindo porque você não gosta. — Balancei a cabeça, desamparada. — Não posso mudar minha personalidade, querido. Mas *você* pode mudar o modo como reage a mim. E, se não entende, se não pode ou não quer, então não sei o que lhe dizer. Para mim, chega. Não me importo mais.

— Você deixou isso muitíssimo claro — resmungou ele.

Não soube o que dizer. Eu *realmente* me importava com David. Eu me importava com ele mais do que jamais me importei com algo ou alguém. Contudo, se ele não sabia... Se ainda não conseguia entender...

— Talvez você tenha razão — disse ele, a voz muito mais baixa. — Talvez não devêssemos mais fazer isso.

Eu o olhei nos olhos. Ele estava muito triste e zangado. Devagar, balancei a cabeça, confusa.

— Eu nunca disse isso.

Ele fez um muxoxo.

— Foi como se dissesse.

— Mas não disse — respondi friamente. — Portanto, se é assim que *você* se sente, se *você* acha que não deveríamos estar juntos, precisa dizer. Precisa assumir seus sentimentos, em vez de projetá-los em mim.

— Tudo bem. É assim que me *sinto. Sinto* que não importo. *Sinto* que você não se importa. — Então ele me olhou nos olhos, furioso. — Estou errado?

Foi uma última provocação, uma última deixa para eu intervir e resolver a situação como sempre fiz. Uma última exigência passivo-agressiva para que eu o fizesse se sentir melhor, para lhe dizer que tudo ficaria bem, que eu mudaria, que conseguiríamos resolver. Mas não me senti nem um pouco tentada a concordar. Assim, só fiquei ali sentada. Foi bom me sentir insensível.

David, aparentemente frustrado porque não respondi, piscou para não chorar e fumegou em silêncio. Inclinou-se, desligou o abajur da mesinha de cabeceira e mergulhou o quarto na escuridão. Com uma expiração audível, rolou agressivamente para o lado e puxou o edredom sobre o ombro. Enquanto isso, eu encarava com olhos vazios a parede à minha frente.

Poucos segundos depois, me levantei. Troquei de roupa, escovei os dentes e me deitei. Estudei o teto, o silêncio ensurdecedor dentro da casa me envolvendo em seu abraço. Tive a sensação de que deveria estar triste, mas não estava. Na verdade, estava relaxada.

Era bom não sentir nada.

CAPÍTULO 24

Killer Queen

David se mudou naquele fim de semana. Detestei vê-lo fazer as malas. Sabia que deveria estar aborrecida. E *estava*. Só não conseguia sentir. Era como mastigar alguma coisa sem sentir o sabor, o que só aumentava minha frustração.

— Tem certeza de que é o que quer? — perguntou ele, depois de colocar suas últimas coisas no carro.

— Não.

Ele parecia arrasado. Lembrei a primeira vez que rompemos, quando éramos adolescentes.

— Amo você, Patric — disse ele.

Ele pôs as mãos em minha cintura e tocou minha testa com a dele. Por um segundo, achei que ia chorar. Não chorei. A sensação apareceu e sumiu antes que eu a vivenciasse, como tinha acontecido inúmeras vezes. Finalmente, David entrou no carro e foi embora.

Em pé, observando sua partida, eu sabia que estava na hora. Se alguma coisa me faria sentir, seria assistir à partida de David. *É agora ou nunca*. Plantei os pés no chão e me forcei a cair em prantos. Fiquei uns vinte minutos na calçada até desistir. Não havia nenhuma emoção nos bastidores esperando o momento certo de explodir. Senti como sempre me sentia. Ambivalente. Dei meia-volta e entrei em casa.

Fechei a porta e dei boas-vindas à imobilidade de meu lar vazio. Era pesado como um cobertor, e eu estava cansada. Sentei no sofá e fitei o chão até as pálpebras relaxarem. Pensei nos cartazes com imagens ocultas que havia antigamente nos shoppings, estereogramas. Céus, aqueles cartazes me irritavam. Por mais que tentasse, nunca conseguia ajustar o olhar para revelar o tigre ou a rosa. Várias e várias vezes, não via nada além de um mosaico de formas sem sentido.

O contrário acontecia naquele momento. Enquanto fitava as tábuas de madeira sem padrões, me senti separada dos pensamentos. Permiti que flutuassem, enquanto os climas interno e externo se alinhavam. Em vez de me incomodar com minha incapacidade de ver algo oculto, me permiti aceitar que não havia nada para ver.

Quem é você, Patric?, perguntou minha mente desconectada. Eu ainda não tinha certeza, mas *tinha* certeza de que não procuraria mais a resposta nos outros. Fosse o anseio por amigos que pensassem como eu, fossem os relacionamentos com boas pessoas que servissem de amarras a uma existência "normal", fossem substitutos que pudesse usar para minha própria autoaceitação, sempre supus ingenuamente que não poderia fazer sozinha a jornada "da sociopatia à iluminação". Naquele momento, *sozinha*, percebi o que era óbvio o tempo todo.

— Não me importo.

Eu não me importava se não houvesse outra pessoa como eu em minha vida. Eu não me importava de estar sozinha.

Enquanto todo mundo passava a vida tentando evitar os sociopatas, sempre esperei encontrá-los. Enquanto as outras crianças na escola praticavam esportes, eu invadia casas. Enquanto as outras meninas brincavam de casinha e sonhavam com o dia em que ouviriam aquelas "três palavrinhas", percorri um caminho diferente. Eu também queria aceitar "três palavrinhas". Só que as minhas eram um pouco diferentes.

— Não me importo!

Um mês depois, eu estava na secretaria da faculdade examinando, com meu supervisor, as exigências do PhD. Notei uma exigência "clínica" na papelada do doutorado alguns dias antes e liguei para pedir detalhes à secretaria. O dr. Robert Hernandez, diretor do departamento, explicou que, além do trabalho do curso e da dissertação, eu precisava de quinhentas horas como estagiária para obter o título de doutor. Em outras palavras, tinha que "treinar" como terapeuta durante quinhentas horas não pagas. Não fiquei satisfeita.

— Ora, vamos, Patric — insistiu ele. O dr. Hernandez era um clínico tranquilo com um senso de humor seco. Ele me deu aulas de psicanálise, e sempre nos entendemos bem. — Pense nisso como uma experiência empolgante de aprendizado.

— Só que não *quero* aprender — disse eu, cruzando os braços. — Prefiro abrir uma veia do que escutar um monte de moradores de Beverly

Hills e adjacências se queixarem de seus problemas de primeiro mundo. Sem brincadeira. Vou sangrar até a morte aqui mesmo.

O doutor se esforçou para não rir.

— Então, por favor, fique lá no corredor — disse ele —, porque não há nada que possamos fazer. É obrigatório. Você pode obter essas horas em qualquer clínica autorizada que escolher. Mas, se eu fosse você, só desceria a rua.

Eu o fitei com olhos vazios.

— O centro de orientação — explicou ele, como se eu não tivesse entendido.

— Sei o que é "descer a rua" — respondi, e mudei de tática. — Desculpe. Esqueceu? Sou uma sociopata diagnosticada — expliquei. — Vocês não deveriam deixar que pessoas como eu trabalhassem como terapeutas... Não de pessoas normais, pelo menos.

— Por que não? — perguntou ele. — Você disse uma dúzia de vezes que quer ajudar os outros, não é?

— Quero ajudar os *sociopatas* — esclareci. — Idealmente, a distância.

— Olhe pelo lado bom. Metade da briga no treinamento clínico é ajudar os treinandos a compartimentalizar seus *próprios* apegos emocionais — continuou ele, claramente se divertindo. — Mas você não tem nenhum!

— Fico contente por você achar isso tão divertido — comentei, pegando a bolsa de baixo da cadeira. — Que fique registrado que não assumo nenhuma responsabilidade aqui. Aconteça o que acontecer, a culpa é sua.

Virei-me e saí pela porta.

Mais tarde, liguei para David para reclamar. Vínhamos conversando bastante desde o rompimento — mais do que nos últimos anos. Nossa separação física, perturbadora a princípio, levou a um tipo de conexão mais profunda. Por estranho que pareça, era como se, na verdade, estivéssemos nos conhecendo. A saída dele, em certo sentido, foi libertadora para nós dois. Por estarmos separados, era difícil para ele se sentir responsável por minhas ações. Assim, foi capaz de conversar comigo como a pessoa que eu era, em vez da pessoa que ele queria que eu fosse. Por outro lado, depois de anos escondendo dele aspectos meus, voltei a querer lhe contar as coisas. Foi legal.

— Isso é má conduta psicológica! — falei, me servindo de uísque. — Ele sabe que sou sociopata, mas não se importa! Ele só vai me atirar contra vítimas inocentes.

— Acho que será bom para você — disse David. — Embora qualquer coisa seja melhor do que a merda do setor musical.

— Só que, idealmente, o terapeuta deveria se *importar* com a vida dos pacientes, não acha?

— Ora, por favor. Você é a pessoa que mais se interessa pela vida dos outros que conheço. Capitã Apatia uma ova.

Ri.

— É engraçado conversar com você — comentei. Eu falava sério.

Voltar a passar horas no telefone com David era como fazer um novo amigo. Comecei a me perguntar se talvez tivéssemos cometido um erro quando ele veio para Los Angeles e decidimos morar juntos tão rápido. Excessivamente dependentes do laço que forjamos quando crianças, desperdiçamos a oportunidade de formar um laço diferente quando adultos. Perguntei a David se ele concordava.

— Provavelmente, você tem razão — concordou. — Gostaria que pudéssemos recomeçar, sabe? Do nada. Assim, gostaria de só me encontrar com você num bar.

Sorri.

— Tipo, pela primeira vez?

— É. Juro, se eu só visse você tomando um martíni — ouvi sua inspiração profunda —, me aproximaria e diria: "Oi, eu me chamo David. Trabalho com TI e sou de câncer".

— Certo. E eu diria: "Sou Patric. Trabalho no setor musical e sou sociopata".

Ele riu.

— Então, imagino que você ainda não contou a Everly.

Suspirei.

— Não.

De qualquer forma, estava na hora. Depois de quase um ano fazendo espetáculos semanais no Roxy, essa etapa na vida de Everly estava chegando ao fim. Embora todos ficassem abatidos, ninguém se surpreendeu. A música sempre foi um passatempo para a maioria do grupo, algo para fazer nas pausas da carreira real. No entanto, não era assim com Everly.

Ela era de verdade e precisava de um produtor de verdade, alguém que pudesse exibir seu talento e ajudá-la a fazer o que deveria ter feito desde o início: largar a banda e se apresentar como artista solo. Tinha chegado a hora de eu admitir que não era essa pessoa. A verdade é que eu não queria mais ser produtora. Nem da minha melhor amiga. Nem de ninguém. Depois de anos em cima do muro, decidi largar. Infelizmente, ainda não sabia como dar a notícia a Everly.

David tinha razão. O setor musical, lucrativo e sensacional, não era um ambiente saudável para alguém como eu. Dos almoços alcoólicos à contabilidade criativa, havia algo sem lei no setor de entretenimento. Deixada por conta própria, não havia como saber onde eu acabaria ou que receitas insalubres encontraria. Por outro lado, a psicologia era mais significativa. A ciência da sociopatia era importante, não só para mim, mas para todos *como* eu. Em termos cármicos, era um resultado líquido positivo, em vez de negativo. Quanto mais tempo passava no centro de orientação, mais óbvio isso ficava.

O Aloe Center oferecia serviço psicológico a pessoas que não tinham seguro de saúde ou não podiam pagar a terapia individual, geralmente cara. Em muitos casos, as consultas eram gratuitas. O que significava que os pacientes eram extremamente diversificados em termos demográficos e psicológicos. Recebíamos todo tipo de gente: de veteranos de guerra empobrecidos com transtorno de estresse pós-traumático a pessoas de classe alta vítimas de violência doméstica que não queriam ser vistas fazendo terapia perto de seu endereço em Beverly Hills. Em essência, os alunos eram jogados na parte funda da piscina, num curso rápido de tratamento de todos os problemas imagináveis.

Com poucas semanas de residência, comecei a ver um padrão. Como estagiária mais recente, eu estava no nível mais baixo da escala de atribuição de casos, recebendo, em geral, os pacientes que ninguém queria. Isso incluía pessoas rotuladas como "excesso de comorbidades", com vários sintomas sobrepostos que dificultavam o diagnóstico. Eram os pacientes que não podiam ser colocados em nenhuma caixinha. A fórmula do centro era simples: avalie, diagnostique, trate, repita.

Os pacientes cujos sintomas não levavam a um diagnóstico claro e específico eram filtrados até mim. Na mesma hora, comecei a ver características de personalidade que reconhecia. Embora, a princípio, relutassem em falar francamente, muitos acabaram admitindo sentimentos de "vazio emocional" e vontade de fazer "coisas ruins". Falavam de comportamento desviante e de incapacidade acentuada de se conectar com a culpa. Esses pacientes descreviam atos de violência e dificuldade de controlar impulsos. Admitiam mentir para se misturar. Contavam histórias e mais histórias sobre tentativas de saciar a dormência emocional com a dor e os atos destrutivos. Falavam de segredos sombrios e comportamento compulsivo. Embora alguns confessassem múltiplos crimes, nenhum tinha ficha criminal. Alguns eram casados, com filhos. A maioria tinha terminado a faculdade. Todos viviam uma mentira.

Assim como eu, esses pacientes exibiam várias características da lista de Cleckley. Tinham dificuldade com o remorso. Sentiam-se desconectados de suas emoções. Encontravam paz no caos. Tinham prazer com o confronto. Contudo, apesar de suas trevas, descreviam sentimentos intensos de amor e afeição. Eram capazes de entender o conceito de empatia e expressar compaixão. Conseguiam falar abertamente comigo sobre o desejo de se entender e interromper o ciclo de comportamento negativo. Demonstravam atos de bondade e disposição de cooperar. Eram amistosos. Doavam para caridade. Eram conscienciosos. Autoconscientes. E apavorados.

A maior parte desses pacientes conhecia a palavra "sociopata". Também se viam na descrição do termo na cultura popular e ficavam com medo. Medo de serem monstros. Achavam que o tempo estava se esgotando. Muitos tinham visitado vários terapeutas só para acabar largando-os, se sentindo sozinhos e desamparados, exatamente como eu. Também lutavam com compulsões prejudiciais que, muitas vezes, ficavam cada vez mais difíceis de controlar. Essas pessoas precisavam de alguém que pudesse lhes dar empatia, uma pessoa capaz de escutar sem julgamento. Precisavam de ajuda. Precisavam de esperança. Precisavam de um defensor. O que conseguiram fui eu.

— Patric — avisou a recepcionista no consultório. — O das 16 horas acabou de cancelar.

Eu estava sentada, fitando o teto. "O das 16 horas" era Teri. Ela foi a primeira de meus clientes a descrever o que chamava de "forças do mal". Rica e inteligente, sofria com a apatia e as fantasias violentas. Começou a vir ao centro de orientação quando notou uma acentuação do comportamento destrutivo. Seu alvo principal eram os guardas de trânsito. Esses servidores públicos eram o escape perfeito para sua ira. Ser multada por uma pequena infração, da qual ela quase sempre se admitia culpada, provocava uma raiva fria. Passava horas obcecada com controladores de tráfego, homens ou mulheres, e até os perseguia nas rondas e os seguia até em casa. Depois de quase ser pega jogando um tijolo na janela da viatura de um de seus "adversários", Teri decidiu que precisava buscar ajuda. Ela foi encaminhada a mim por puro acaso.

Olhei o relógio e suspirei. Não era típico dela perder uma consulta. Liguei para ela.

— Por que você cancelou? — perguntei quando ela atendeu.

— Dormi demais — disse ela, embora parecesse bem desperta. — Sinto muito. Depois que voltei da academia, despenquei no sofá.

— Então, você está em casa?

— Estou.

— Me mande uma foto da sua sala.

Esse pedido era extremamente não ortodoxo. Meu trabalho como terapeuta era observar e avaliar *na consulta*. Pedir a um paciente que me mandasse a prova de sua localização física era inadequado, principalmente para uma terapeuta inexperiente. Se descobrisse, meu supervisor ficaria aborrecido. Contudo, ele não sabia. E eu não me importava.

— Teri? — insisti quando ela não respondeu. — Gostaria de me dizer onde realmente está?

— Não — respondeu ela. — Mas estou saindo.

— Ótimo — disse eu. — Podemos conversar enquanto você dirige.

Uma hora depois, desliguei e me recostei na cadeira. *Guardas de trânsito, durmam bem hoje*, pensei, contente. O sol do fim da tarde lançava longas sombras em torno do consultório, e dei um suspiro de felicidade. Teri era a última paciente, e eu estava contente de encerrar o dia.

O que será que aconteceria se eu ficasse uma noite aqui?, pensei. A ideia era tentadora. *Não é exatamente uma suíte no Ambassador.*

Por outro lado, talvez fosse interessante. O celular zumbiu e vi uma mensagem de Max.

Toc, toc

Ele tinha voltado a Los Angeles havia algumas semanas, embora mal parecesse que tínhamos passado tanto tempo separados. Na verdade, trocávamos mensagens quase sem parar desde que ele viajara. Era uma forma de comunicação que eu percebia como simultaneamente libertadora e limitada. Passava horas trocando mensagens com ele sobre tudo, de minha tentativa de psicoterapia aos vários interesses amorosos dele. Permitia o tipo de engajamento unilateral que eu preferia. Gostava da companhia de alguém que não queria me mudar, se casar comigo, pensar no "futuro" nem nada mais complicado do que a próxima progressão de acordes.

Mas, com a volta dele, a dinâmica mudou. Estávamos nos encontrando com mais frequência, e eu não sabia como me sentia. Antes de me separar de David, sabia exatamente onde Max se encaixava em minha vida e a dosagem precisa de minha receita. Tinha um namorado, que não era Max. Naquele momento, a situação era diferente. Nossa relação era difícil de definir. As linhas estavam pouco nítidas. Talvez nunca tivessem sido. Mais uma vez, eu não saberia dizer.

A porta do consultório se abriu, e Max enfiou a cabeça.

— Toc, toc — disse ele.

— Caramba! — exclamei. Os consultórios só eram acessíveis através de várias portas trancadas. — Como você chegou aqui?

— A garota na porta me deixou passar.

Ele se sentou no sofá à minha frente.

— Tenho certeza de que sim — respondi secamente.

— Então, o que há? — perguntou ele. — Aonde vamos?

Tínhamos planejado tomar um drinque depois do trabalho. Porém, na verdade, eu não queria beber. Torci o nariz para ele.

— Não sei — respondi. — Não estou a fim de bar.

— Minha casa, então — respondeu ele com excesso de rapidez. — É perfeito. Tenho uma faixa que quero lhe mostrar na sala de música.

Uma caverna sem janelas, a "sala de música" de Max era um estúdio improvisado, com uma coleção impressionante de lembranças e instrumentos musicais. Era impossível entrar na sala de música sem perder instantaneamente a noção do tempo, característica que ele usava a seu favor com frequência.

— Cinema para reféns — disse eu com uma careta.

Era assim que eu descrevia a experiência, frequentemente parecida com a de um prisioneiro, de ser forçada a escutar músicas novas. Sempre foi a parte que eu menos gostava do trabalho de produtora.

— Vá se foder! — respondeu ele, rindo.

— Juro por Deus, todos vocês, artistas, são iguais — reclamei. — Não importa se venderam uma música ou dez milhões. Quando querem tocar alguma coisa para a gente, é como estar sob a mira de uma arma. Minha sorte é que não preciso mais fazer isso. Não sou mais produtora, esqueceu?

Ao contrário de David, Max discordava com veemência de minha decisão de parar. Ele fez um muxoxo rápido.

— Não é verdade — lembrou ele. — Amanhã à noite não é o último show da sua amiga?

Com relutância, fiz que sim com a cabeça. A última apresentação de Everly no Roxy marcaria o fim oficial de seu período com a banda. Era agridoce, porque, embora eu estivesse pronta para largar o setor musical de uma vez por todas, ainda não sabia direito como Everly se sentiria.

— É — respondi.

— Então, tecnicamente, você ainda é produtora musical. Não que isso importe. Não estou interessado em sua opinião *profissional*. — Ele deu um sorriso triunfante e se levantou do sofá. — Vamos, você pode me seguir.

Olhei pela janela do consultório, e meu olhar recaiu sobre as montanhas que emolduravam o lado norte de Beverly Hills. Tive uma ideia.

— Na verdade — disse —, você pode me seguir.

Sentei no banco do piano da casinha perto de Mulholland Drive, olhando o pôr do sol pelo buraco no telhado. Uma placa na frente do terreno declarava que a propriedade estava oficialmente à venda. Ouvi passos lá em cima e vi Max descer a escada aos pulos.

— Este lugar é louco — disse ele. — Já foi lá em cima?

Max não esperou que eu respondesse e se sentou de forma desconfortável a meu lado no banco.

— É melhor garantir que esta coisa esteja incluída na venda.

Levantei-me e comecei a perambular pela sala, enquanto ele erguia a tampa do piano e brincava com as teclas. — Já fez uma proposta?

Balancei a cabeça.

— Ainda não.

— Bom, é melhor se apressar — respondeu ele —, senão chego na frente.

Ele tocou alguns acordes.

— Deve ser legal não ter restrições materiais — brinquei.

— Deve ser legal não ter restrições morais — devolveu ele.

Revirei os olhos e me afundei numa namoradeira detonada no canto.

— Agora você quer uma casa aconchegante com uma cerquinha branca. É isso? — perguntei.

— Estou disposto a dividir — respondeu, dando uma piscadinha.

Fiz que sim sem comprometimento e senti as pálpebras pesarem, as notas de blues que ele tocava me deixando levemente inebriada.

— Não vá dormir na minha frente — gritou ele.

— Não consigo evitar.

Com isso, ele mudou de rumo e começou a socar o refrão cheio de energia de "Killer Queen", de Freddie Mercury.

Ri.

— Adoro essa música.

— Nenhuma surpresa.

Ele continuou tocando piano. Suavizou a cadência e parecia quase exploratório enquanto pulava de tecla em tecla. Finalmente, chegou a uma melodia de andamento mediano. Depois de alguns segundos tentando localizar as notas, inclinei a cabeça.

— Isso é novo — observei. — O que é?

Em vez de responder, ele começou a cantar. O ritmo melódico tinha um contraste perfeito com a letra, que era nítida e prosaica. Era uma carta de amor a um sociopata. A mim. Esperei que ele terminasse.

— O que acha? — perguntou.

Balancei a cabeça devagar, tentando, levemente, esconder meu desconforto.

— É diferente — comentei. — Não soa como você, como algo que comporia. É mais... certeira.

Ele sorriu e se virou de lado no banco para ficar de frente para mim.

— O que posso dizer? — perguntou ele. — Talvez eu esteja evoluindo.

Fixei o olhar numa das tábuas do assoalho. A madeira estava rachada, e uma aranha se deslocava por dentro e em torno de um espaço mais perto do centro. Eu a observei desaparecer para sempre sob a escuridão e dei um suspiro admirado. *Gostaria de ser uma aranha*, pensei.

Depois de um silêncio desajeitado, Max se levantou e veio até onde eu estava sentada. Curvou-se e pegou uma de minhas mãos para me levantar do pequeno sofá. Me puxando para ele, descansou a palma da mão em minha cintura e encostou o rosto no meu. Lá fora, ouvi o vento começar a assoviar, enquanto balançávamos de um lado para o outro. Quis gritar, mas não gritei.

Em vez disso, resignada, descansei a testa no ombro dele, tentando saborear os últimos segundos de uma amizade que, no fundo, sempre soube que estava condenada.

— Por quê? — perguntei finalmente. — Por que você tocou aquela música para mim?

Eu já sabia a resposta.

— Porque amo você — assumiu ele.

Lá estavam elas. As palavrinhas. Céus, como minha vida seria muito mais simples se elas fossem as mesmas que as minhas.

Eu sabia como seria estar com Max. Seria divertido. Divertido, imaginoso, irresponsável, extremo, descontrolado e inculpável. Nunca mais teria que trabalhar um dia na vida — em termos literais ou figurativos. Poderia sumir naquilo que meu lado sombrio preferia. Na verdade, ele me puxava naquele momento, praticamente salivando com a jugular egocêntrica que Max expunha. *Faça isso*, insistia. *Sangre Max. Use-o.* Pensei que seria muito fácil pegar as três palavrinhas de Max e usá-las para esconder as minhas.

Não havia ansiedade na voz dele quando as disse. Só confiança. Ele virou o rosto para mim, seus lábios roçando minha têmpora. Ergui o queixo para olhá-lo. Fitando seus olhos, me lembrei mais uma vez do Grande Buraco Azul. E, quando ele me beijou, tive vontade de afundar.

O sabor de Max, uma mistura dolorosa de sal, alcaçuz e uísque, era tudo o que meu eu sombrio tinha me convencido de que sempre quisera. Um abismo sedutor. Liberdade, perdões e espólio, céus! Por apenas um segundo, me senti insegura com a química combustível que era inegável que tínhamos.

Max ergueu as mãos para segurar meu rosto. Fechei os olhos com força. *Céus, pensei. Por que isso não é suficiente?*

A vida com um cara como ele era o caminho de menor resistência. Max não se deleitava com a virtude e se alegrava nas trevas. E lá, naquelas trevas, eu sabia que poderia me esconder. A verdade era que eu *realmente* amava Max, mas não de um jeito saudável. Não de um jeito que fosse bom. Com ele, eu ficaria exatamente como era. Nunca seria julgada por ser má nem incentivada a evoluir. Contudo, eu não queria um relacionamento assim. O que eu queria era uma parceria. Bela, cooperativa, desafiadora, viciante. Era o que eu queria com David. Era tudo o que sempre quis, ponto-final. E se não pudesse ter o que queria com o homem que queria?

Pus a mão no peito dele e me afastei suavemente.

— Não — disse.

A princípio, ele ficou confuso. Olhou para o lado e trincou os dentes, calado por vários segundos.

— Por quê? — indagou.

— Porque não é o que quero.

— Bobagem — vociferou ele. — Se não quisesse, não estaríamos aqui!

Ele estava zangado. Por um momento, quase vi minha apatia se expandir para envolver a casa; minha falta de emoção inchando e negando a raiva dele.

— O que você achava? — explodi, igualando seu estado de espírito. — Que ia compor uma música, dizer que me ama e viveríamos felizes para sempre?

— Talvez sim! — gritou ele. — Qual é o problema?

— O problema é que não amo você desse jeito. Não amo ninguém desse jeito, lembra?

— É, lembro — retorquiu. — É o que mais gosto em você.

Bingo. Max não estava apaixonado por mim. Estava apaixonado pelo fato de que achava que eu *não podia* amar, não de verdade. Não normalmente. Ele sabia que eu nunca o julgaria e nunca seria ciumenta ou grudenta. Não me importava que ele viajasse por meses a fio. Isso me deixava segura. Para ele, eu era uma promessa que ele não teria que cumprir. E, para mim, ele era um esconderijo de onde eu não teria que sair. Uma caverna escura e tenebrosa onde o tempo não passava e as consequências não importavam. Enquanto tivesse Max, poderia ficar nas sombras. Poderia continuar procurando novas receitas e ficar parada, fingindo que me movia.

— Ora, *vamos*. Não faça de mim a vilã por dizer a verdade. Você sabe tão bem quanto eu. Isso — mostrei vagamente com o braço o espaço entre nós — só funciona porque somos *amigos*.

— Amigos? — retorquiu Max com um muxoxo. — Que gracinha.

— Não seja panaca — afirmei. — Sempre fomos amigos.

Max foi até o piano e fechou a tampa. Depois, se virou para me encarar.

— Idas a casas abandonadas — disse, a voz densa de sarcasmo. — Visitas tarde da noite ao quintal de desconhecidos, confissões sociopáticas. Diga lá — zombou ele —, é esse o tipo de coisa que você faz com os *amigos*?

Fiz que sim. Realmente era.

Ele apontou o dedo para mim e cuspiu:

— Então não me admira que você não tenha nenhum!

Ele me encarou com raiva por um momento. Depois, girou nos calcanhares e saiu. Escancarou a porta e marchou até o carro, quase tropeçando em alguma coisa na grama. Era a cadeira de madeira onde o senhor costumava se sentar, fazendo companhia à esposa no lado de fora. A xícara de café ao lado estava quebrada e desbotada pelo sol.

Esperei até ele ir embora e, então, em silêncio, fechei a porta. Um tempo depois, subi a escada e entrei no quarto principal. Havia uma cama de dossel encostada na parede do outro lado, e desmoronei nela. Acima da cabeceira, uma janela dava para a rua. Fiquei algum tempo olhando através das cortinas de musseline, observando em segredo as pessoas que passavam. Então, adormeci.

CAPÍTULO 25

Rorschach

Acordei com o celular zumbindo no chão. Pisquei várias vezes para focalizar as paredes desconhecidas que me cercavam. Por um momento, me deleitei por não fazer ideia de onde estava. Então, lembrei tudo. O celular zumbiu de novo. Suspirei e rolei no colchão. Molas de décadas atrás gemeram em protesto quando me inclinei pela borda. Toquei "Atender" sem olhar a tela e levei o celular à orelha.

— Que horas são? — perguntei.

— É hoje! — cantou Everly. — Dá para acreditar? Meu *último* show no Roxy. Estou apavorada. A que horas você acha que consegue vir? Sei que geralmente vamos à tarde, mas hoje você devia vir mais cedo. Tipo agora.

Pus a mão sobre os olhos e amaldiçoei o sol da manhã que já inundava o quartinho branco.

— Não posso — disse, incomodada comigo por dormir até tão tarde. — Tenho um turno no centro de orientação e, depois, vou para o show com papai.

Everly gemeu.

— Não se preocupe — falei. — Terei bastante tempo para chegar ao Roxy antes que a loucura se instale.

— Tudo bem, mas depois você vai à casa de Dorian — disse ela. — Sem desculpas.

Concordei, desliguei, rolei de bruços e olhei pela janela. Uma mulher andava com o cachorro pelo Benedict Canyon, e gostei de saber que ela não conseguia me ver. Sozinha na cama de estranhos, com minha existência desconhecida para o mundo lá fora, fazia tempo que eu não me sentia tão em casa. Adorava ficar escondida, e, com as palavras de despedida de Max soando nos ouvidos, começava a pensar que, provavelmente, era melhor assim.

— *Não me admira* que eu não tenha nenhum amigo — disse.

Ele tinha razão. As coisas que eu gostava de fazer, minha relutância em dividir, minha aversão ao afeto: nada disso favorecia os relacionamentos. Não no sentido tradicional, de qualquer modo. Eu adorava as pessoas. Adorava mesmo. Contudo, meu modo de amar era diferente do da maioria. E, para ser franca, não muito compatível. Não precisava receber amor para dar amor. Nunca precisei. Preferia que meus afetos fossem anônimos. Independentes. Não porque não me importasse, mas porque me importava *de um jeito diferente*. Sabia melhor do que ninguém que minha versão mais palatável era aquela vista a distância.

Fiquei deitada por mais tempo, absorvendo o silêncio, contente e encapsulada em minha apatia. Então, me levantei e fui até o closet.

— Não faz sentido passar em casa — disse eu ao espaço vazio quando abri a porta.

Uma sapateira pendia ali dentro e fez um ruído suave ao balançar. As roupas eram principalmente masculinas. Afastando cabide após cabide, praticamente me resignei a usar calças e uma camisa de botão. Mas, então, notei o vestido. Era um evasê simples, de cintura baixa e gola de renda. Sorri tristemente ao passar o polegar pelo decote e imaginei a senhora que antes morava ali. *Ela devia ficar linda com esse vestido*, pensei.

Voltei minha atenção para a sapateira. Ao ver um par perfeito de *scarpins* de couro, franzi a testa com desalento. Sabia que meus pés eram grandes demais. Então, optei por um par de oxfords masculinos, um pouco grande, com meias grossas. Demorei-me trocando de roupa. Quando terminei, olhei o espelho. Ali em pé, no velho vestido de estampa floral e silhueta antiga, eu parecia mais uma dona de casa da década de 1950 do que uma sociopata do século XXI.

Invisível, pensei. O que eu mais gostava de ser. No entanto, a invisibilidade era uma faca de dois gumes. *Uma coisa é usar o disfarce que criei*, pensei, alisando as pregas do vestido, *e outra é me atribuírem um figurino*.

Eu tinha visto isso acontecer até com quem conhecia meu diagnóstico. Inquietas com aspectos de minha personalidade que não podiam ou não queriam ver, as pessoas tendiam a "me vestir", em geral, com suas próprias ideias de como um sociopata deveria sentir, se comportar ou reagir. O resultado era um tipo de decepção por procuração. As pessoas inventavam para si uma versão minha e me culpavam quando sua invenção desmoronava. Era inquietante e desestabilizador.

Desci a escada devagar. Na sala, a luz do sol se empoçava como uma cascata pelo buraco do teto. Meu olhar recaiu sobre o piano, e meus pensamentos ficaram obscuros. A verdade era que eu ficava melhor sozinha. Não porque não gostasse de pessoas ou de companhia, mas porque achava quase impossível impedir que me tornasse quem eles achavam que eu era. Incapaz de me conectar por meios tradicionais, aprendera, havia muito tempo, que meu tipo de personalidade podia funcionar como espelho. Também sabia que, ao usar isso em proveito próprio, eu poderia oferecer aos outros o que sempre quiseram. Que lugar melhor para se esconder do que em plena vista? As pessoas ficavam tão encantadas com meu reflexo de seus interesses que mal notavam quando eu cantava desafinada. Ou ria demais. Ou chorava de menos. Ou encarava sem piscar.

Encanto superficial, pensei. Era o número um da lista de Cleckley, considerado a característica primária do sociopata "clássico", a prova de um estilo interpessoal volúvel e desonesto. Corretíssimo. No entanto, o que ninguém parecia entender era que isso não brotava de um acordo voluntário com o diabo. Era um mecanismo de enfrentamento nascido da necessidade. Eu raramente usava o encanto como truque. Imaginei que, como outros do meu grupo, eu o usava para esconder, para ocultar minha sociopatia, levada pela necessidade de sobreviver. Não porque *eu* tivesse medo, mas porque sabia que os outros tinham. E o que temem, as pessoas eliminam. *Ou cultivam*, pensei.

Meu celular zumbiu de novo, e me preparei para uma mensagem de Max. Mas, quando olhei a tela, vi que era de meu pai.

Pego você às 21.

A visão dessa mensagem me deixou à vontade. Meu pai saberia o que fazer. Sua paciência infinita e o estilo sem julgamentos sempre foram uma bênção. Ele tinha uma capacidade inigualável de ser sincero comigo e permanecer objetivo. Não conseguia se identificar, mas raciocinava. E era disso que eu precisava: uma pessoa capaz de raciocinar sem paixão. Sem emoção. Sem pauta.

Eu me sentei em minha varanda da frente depois de um dia tranquilo no centro de orientação. Papai estava a caminho, mas me sentia inquieta. Contei os tijolos da varanda enquanto os minutos se passavam, até que, finalmente, faróis iluminaram o jardim. Pulei para encontrá-lo na entrada de carros.

— Desculpe o atraso — disse ele, quando abri a porta.

Fiz que sim com a cabeça ao me enfiar no banco do carona e descansar a cabeça na janela. Papai me olhou com curiosidade.

— Está tudo bem?

Ele mal voltou para a rua e comecei a falar. Como sempre, com ele, nada estava fora de questão. Comecei explicando que tinha decidido largar o setor musical. As palavras se despejaram da boca quando confessei os riscos que via em permanecer nessa linha de trabalho. Contei o que estava aprendendo na faculdade, o centro de orientação e minha esperança de que, embora de maneira não ortodoxa, eu realmente fosse capaz de ajudar os outros.

— Sei que parece loucura, pai, mas, quando trabalho lá, não importa que eu seja sociopata. Caceta, pode até ser uma vantagem. — Pensativa, puxei o cinto de segurança. — Com meus pacientes, não há expectativa de que eu sinta, me identifique, me conecte nem sequer fale. Não tenho de fazer nada além de observar. É como o equivalente psicológico de arrombar e invadir. Só que, em vez de perambular pela casa dos outros, perambulo pela mente deles — completei, fazendo uma analogia que passara por minha cabeça.

Papai quase não falou, mas escutou com atenção. Quando terminei, ele respirou fundo.

— Tudo bem — disse. — Vamos começar pelo trabalho. Entendo sua preocupação, Patric. Mesmo. — Ele fez uma pausa. — Mas largar o emprego é um problema. É irresponsável.

Discordei.

— Irresponsável é ficar num lugar que sei que é insalubre para mim — respondi. — Você precisa entender: ficar num setor como esse é como deixar a raposa tomar conta do galinheiro. As tentações são intermináveis, e, *na melhor das hipóteses*, meu autocontrole é horrível.

Pensei na melhor maneira de fazer a revelação seguinte.

— Você se lembra de Ginny Krusi?

Papai ficou calado enquanto eu contava a história de suas sacanagens. Contei a ele sobre os e-mails e telefonemas de chantagem, sem poupar detalhes. Confessei minhas idas ao jardim dela, a vontade de violência e o raciocínio por trás da relutância em denunciá-la.

— Sei que o que fiz foi imprudente — concluí, soltando o ar com alívio —, e por isso decidi ir à polícia.

Momentaneamente, papai ficou mal, mas acabou respondendo.

— Patric — disse ele baixinho, a voz tensa —, há quanto tempo isso está acontecendo?

— Cerca de um ano.

Ele balançou a cabeça, tentando entender. Então, cansado, esfregou os olhos, como costumava fazer em São Francisco. Sempre que ele fazia isso, eu sentia que havia algo que deveria entender. Mas, até hoje, nunca descobri o que seria.

— Pai — falei com calma. — Respire fundo. Está tudo bem.

— *Tudo bem?* — gritou ele, me olhando como se eu estivesse maluca. — Como pode dizer isso se está lidando com essa mulher, essa...

A voz dele sumiu. Balancei a cabeça para confortá-lo.

— Sociopata? — falei, rindo.

— Não era o que eu ia dizer — retorquiu papai.

— Por que não? — perguntei, suavemente acusadora. — Não é isso que são os sociopatas? Pessoas que usam os outros sem conceito de consequência ou compaixão?

Ele se remexeu pouco à vontade no assento.

— Não é isso que você é — afirmou.

— Tem certeza? — perguntei. — Porque, depois do que acabei de lhe contar, parece mesmo que é. — Cruzei os braços. — Viu? Esse é o problema. Não sei quem sou, e *você* também não sabe.

Ele franziu a testa e tirou os olhos da rua por um instante para me olhar.

— Não, Patric — discordou ele, a voz calma. — Isso não é verdade. — Ele balançou a cabeça com tristeza, mas com amor. — Vejo você, querida — continuou. — Você é forte, inteligente e leal. Mais do que tudo, é corajosa.

Dei de ombros.

— É fácil ser corajosa quando a gente não se importa com as coisas.

— Sabe o que mais é fácil? — perguntou. — Fazer a coisa errada o tempo todo. Seguir o caminho de menor resistência. Mas não é isso que você faz. — Ele estendeu a mão para apertar a minha. — Pelo que vejo, você sempre escolheu o caminho de *maior* resistência. E isso pode ser difícil, querida. Eu sei. Por isso estou lhe dizendo que você não está sozinha. — Papai balançou a cabeça. — Enquanto eu viver, Patric, você nunca será invisível para mim. — Ele se virou para mim outra vez. — Entre nós dois, juro que sempre daremos um jeito.

Só por um momento, eu soube o que era gratidão. Quem era eu para ser abençoada com um aliado desses? Quem era eu para ser abençoada com qualquer coisa?

— Amo você, pai — falei, a voz baixa.

— Amo você também. — Ele sorriu ao espremer meus dedos novamente e, depois, pôs a mão de volta no volante. — É por isso que vou com você à polícia.

Franzi a testa e rejeitei a oferta.

— Isso é... desnecessário — falei. — Acho que você não deveria se envolver.

Ele me olhou de soslaio.

— Você não vai contar a eles o que *fez*, não é?

— Não — respondi, zombando. — Por que me incriminaria?

— Bom, era o que *eu* estava pensando. Quer dizer, é óbvio que essa mulher é maluca, não é? *Você* é a vítima aqui. — Ele esperou um pouco demais para acrescentar: — Então, talvez, você tenha razão. Talvez possamos deixar meu nome fora disso.

Fixei o olhar no painel. A textura do couro me lembrou um quadro de Mark Rothko de que sempre gostei.

— Como assim? — ouvi minha voz perguntar.

— Bom, você é que foi chantageada — explicou papai, com preocupação na voz. — Se me envolver, a situação só vai complicar, entende?

— Não — falei diretamente.

Ele suspirou. Deu para ver que estava incomodado com minha resposta e esperava que eu fizesse a conexão sozinha.

— Só acho que é melhor lhes dizer que as fotos que ela diz que tem são *suas* — explicou ele. — Quer dizer, isso faz mais sentido, não é? Por que ela tentaria chantagear *você* com fotos *minhas*?

O ar no carro ficou pesado. Meu ritmo cardíaco desacelerou enquanto meu olhar se aprofundava nas dobras do couro.

— Não sei — respondi com cuidado. — Mas foi o que ela fez.

— Certo — disse ele, a voz excessivamente casual. — Mas se você disser que as fotos que ela *afirma* ter são suas, então fico de fora. Tudo acaba em você e não terei que responder perguntas idiotas.

Fiquei imóvel por alguns segundos antes de responder.

— Então você quer que eu minta por você.

— Querida — insistiu ele —, você disse que não ia mesmo lhes contar toda a verdade. — Papai me olhou com expressão de expectativa. — É óbvio que, se isso a deixa constrangida, não lhe pedirei que faça. Mas sei que coisas assim *não* deixam você constrangida. Além disso, você estará me ajudando. — Ele sorriu e me deu uma piscadela. — Agora, chega disso, o show vai começar!

Abri a boca para responder, mas minha porta se escancarou de repente.

— Bem-vindos ao Roxy — disse o manobrista.

Levei um segundo para registrar o que estava acontecendo. Protegi os olhos das lâmpadas que piscavam na marquise. Não fazia ideia de que tínhamos chegado. Fiquei desorientada. Desorientada, dormente e, naquele momento, desesperada para me afastar de meu pai, que não percebia a audácia de seu pedido.

O manobrista me estendeu a mão e saí do carro. Sem olhar para trás, segui para a bilheteria e passei por uma fila de pessoas que dava a volta no quarteirão. Cumprimentei o segurança rapidamente com a cabeça quando ele soltou a corda de veludo para me deixar entrar. Lá dentro, fiquei cercada de gente. Apertei os olhos no escuro enquanto avançava pelo saguão. Eu me sentia invisível, mas não do jeito que preferia. Estava confusa. O chão sob meus pés parecia instável. Enquanto seguia para o bar, examinei a multidão atrás de um rosto que eu reconhecesse — ou mesmo algum que simplesmente registrasse minha existência. Mas estava sozinha.

Por um segundo, pensei em gritar. Ou empurrar a moça à minha frente com tanta força que sua cabeça fosse jogada para trás. Ou arrancar o grampo de seu coque e enfiá-lo no pescoço do sujeito que estava a seu lado. Qualquer coisa para aquilo parar. O estresse crescente. A dormência criminosa. A pobreza emocional.

Então o vi.

— David! — gritei.

Ele estava em pé ao lado de uma mesa no bar, o cotovelo elegantemente apoiado ao lado do que eu sabia que era seu gim com tônica clássico.

— David! — gritei de novo, quase guinchando ao acenar para ele acima da multidão.

Uma onda de corpos me desequilibrou, e fui jogada para o lado. Contudo, não antes de nossos olhares se cruzarem. Ele deu um passo à frente e segurou minha mão. Permiti que me salvasse da onda e levei um segundo para me recobrar. Então, joguei meus braços em torno dele.

Lá em pé, me segurando para não morrer, não disse uma palavra sequer. Só me deixei ser apoiada, puxada da corrente e temporariamente ressuscitada pela existência de David.

— Ei — disse ele depois de alguns segundos. — Você está bem?

— Não — cochichei em seu pescoço. — Não. Não. Não. Não.

Mas o barulho da multidão afogou minha voz.

David se afastou para me olhar.

— Você está bem? — perguntou de novo.

Quando ergui os olhos para ele, com as luzes de neon do bar lançando sombras em seu rosto, precisei de toda a força da alma para não confessar, cair nos braços dele e implorar que me salvasse. Dizer-lhe a verdade. Que o amava e precisava dele. Que morria por ele. E não só porque era a única pessoa que verdadeiramente me dava segurança. E não só porque estar em seus braços era como estar em casa. Mas porque ele *era* minha casa. David era a melhor pessoa que já conheci. A melhor pessoa que viria a conhecer. E quem eu era?

— Não sei — disse baixinho.

Esse era o problema. A realidade era que não havia realidade, a menos que eu escolhesse inventá-la. A verdade era que eu nunca dizia a verdade, não a verdade plena. De que adiantava começar naquele momento?

— Ei — repetiu ele, o rosto cheio de preocupação. — Como assim, não sabe? — Ele pousou a mão em minha cintura. — O que há de errado?

Eu o encarei, a boca levemente aberta enquanto elaborava como reagir. Como os setores do círculo cromático, as opções emocionais se apresentaram para meu exame. Numa versão, eu estava triste e vulnerável, meu rosto em seu ombro, e lhe pedia com voz fraca que me levasse para casa. Em outra, eu era encantadora e sedutora, atraía-o para um escritório próximo para distraí-lo com desejo e incutia em nós dois uma performance primitiva que eu poderia desfrutar fisicamente, mas temia que nunca sentiria de verdade.

Pobreza geral nas principais reações afetivas, pensei. Número dez da lista de Cleckley, que pretendia descrever a incapacidade do sociopata de vivenciar determinadas emoções. Pela primeira vez, percebi a gravidade de sua precisão. Era assim que eu sempre "escolhia" sentimentos. Não tinha consciência que me puxasse para algum dos setores. Eles eram meras opções disponíveis para mim. Como as roupas furtadas do guarda-roupa de desconhecidos, pendiam moles e sem vida, sem fagulha natural própria. Essa era minha experiência de emoção: um cardápio colorido de reações afetivas, selecionadas, sem dúvida, por uma vida inteira de observações.

David franziu a testa, e era claro que eu estava levando tempo demais para decidir. Ainda mais claro era o nível de negação dele. Ele caíra sob o mesmo feitiço de todos os que me conheciam e se projetava em mim, em vez de me ver. Afinal de contas, David *era* uma boa pessoa. Queria que eu também fosse uma boa pessoa. E o que eu fazia com as boas pessoas? Eu as enfraquecia. Manchava-as. Corrompia-as. Mas não faria isso com ele. Não mais.

Forcei um sorriso tímido e escolhi um setor no extremo oposto do espectro de David, inclinado agressivamente para a indiferença.

— Não há nada errado — disse, de repente, a voz relaxada. — Estava tentando recordar a contagem dos produtos. — Apontei o balcão que brilhava de forma conveniente num canto do salão. — Sempre esqueço — acrescentei casualmente.

David franziu a testa. Percebi que não estava convencido e joguei mais desonestidade para suavizar as arestas.

— Desculpe se pareci perdida. Acabamos de chegar da casa de Everly, passei o dia bebendo.

Sorri e balancei a cabeça como se reagisse a alguma piada interna. Naquele momento, eu o feria, escolhendo palavras específicas para provocar as emoções que eu sabia que ele mais temia: Exclusão. Confusão. Irrelevância.

Ele respirou fundo.

— Achei que você trabalhasse no centro de orientação nas quintas-feiras.

A mensagem era claríssima. Ele estava dizendo que me amava. Com seu modo sutil, estava me avisando que prestara atenção quando mencionei minha programação ao telefone. Tentava me mostrar que, mesmo naquele momento, se dispunha a tentar me *aceitar*. Mas, para mim, já bastava. E eu não me importava.

Ausência de reação nas relações interpessoais gerais, pensei. Décimo segundo item da lista de Cleckley, que pretendia descrever a relutância do sociopata a responder do mesmo modo ao afeto e à confiança.

Revirei os olhos.

— Pois é, não fui — respondi, fingindo exasperação. — Decidi faltar ao trabalho para vir ao show — menti sem esforço. Então, preparei outro míssil contra suas defesas avariadas. — O que *você* está fazendo aqui?

O sangue sumiu de seu rosto, e achei que ele poderia desmoronar. Mesmo assim, David persistiu.

— Conversamos sobre isso semanas atrás — disse ele, tentando de novo. — É o último show de Everly. Sei que é importante. Queria estar aqui. Sabe? Por *você*.

Fiz que sim, pensativa, e dei um muxoxo, como se estivesse decepcionada comigo.

— Hmmm. Não me lembro disso. — Dei de ombros. — Mas é muito fofo da sua parte.

Então, observei ele lutar para decidir o que fazer com meu logro, que o matava muito mais lentamente do que previ. Eu o vi afundar, mas não fiz nada para ajudar.

Com o maior sorriso que consegui, abri os braços e avancei para abraçá-lo. Eu tinha certeza de que essa exibição claramente esquisita de afeição pública faria duas coisas: marcaria minha desonestidade como autêntica e apagaria qualquer sinceridade mostrada pelo primeiro abraço. Mas, quando senti os braços dele envolverem minha cintura com força, enfrentei uma torrente de tristeza. Descansei a cabeça em seu ombro e respirei fundo várias vezes. Era tão *bom* estar nos braços dele. Tão sincero. Tão seguro.

— Amo você — falei, baixinho demais para ele ouvir.

Era uma tranquilidade que eu nunca conseguia manter, mas, às vezes, sentia quando ele me abraçava. O futuro com David era *minha* versão da síndrome do membro fantasma, ao mesmo tempo tão real e irreal que era enlouquecedor. Queria ficar lá para sempre, suspensa naquela imobilidade, mas sabia que não podia.

David, como todo o resto do mundo, precisava de mais do que imobilidade. Precisava de mais do que pobreza emocional e reações imitadas. Precisava de alguém para quem o amor não fosse só inerente, mas abrangente, com raízes profundas no tecido de seu ser.

Convoquei toda a minha força e o soltei, assinalando que estava prestes a ir embora. Porém, ele continuou apertando, questionando meu blefe com um último ato de afeto. E quase conseguiu.

Por um momento, imaginei o que significaria nunca mais deixar que ele me soltasse, ceder a nosso sonho de uma vida inteira juntos, uma vida inteira de amor e risadas, de música e livros, de tudo de bom no universo. Minha determinação estava sumindo — eu queria tanto isso — quando algo me chamou a atenção.

Foi um relâmpago de movimento no outro lado do salão, algo que minha visão periférica registrou imediatamente, mas demorou para incorporar à realidade até que fosse inevitável. Max estava lá, me encarando. Parecia torto, um braço largado ao acaso nos ombros de uma loira magra que eu nunca vira. Pelo jeito que olhava, eu soube que ele nos observava.

— Jesus Cristo — sibilei. Tirei os braços do pescoço de David e dei um passo para trás. — Volto já.

Atravessei a sala violentamente.

— O que você está fazendo aqui? — perguntei, sem me esforçar para disfarçar a raiva.

Max deu um sorriso afetado.

— Vim assistir a um show — falou com voz arrastada, erguendo uma garrafa de cerveja para David no outro lado da sala —, embora pareça que já começou.

Max deu uma risadinha e se inclinou para a frente, torcendo o pescoço da loira de forma desconfortável sob seu peso. Estava visivelmente bêbado.

Consegui dar um sorriso tímido à garota e inclinei a cabeça na direção do bar.

— Pode nos dar um segundo? — pedi.

Ela fez que sim e se afastou, parecendo agradecida, rumo ao bar do saguão. Enquanto isso, Max começou um discurso.

— Eu era *chato*? — provocou. — Foi isso? Você se cansou de vadiar por aí comigo e voltou a vadiar por aí com o sr. Maravilha?

Ele fez questão de apontar para mim com uma das mãos e erguer a outra numa falsa saudação a David. Enojada, me virei a tempo de vislumbrar a nuca de David sumindo na multidão. O coquetel ficou abandonado na mesa.

— Vá se foder — sibilei entre dentes.

— Tenho bastante certeza de que isso está fora de questão — disse ele com uma risadinha.

— Nunca esteve *em* questão, seu babaca ferido — rosnei. — Se olha no espelho! Céus, eu deveria saber que você faria algo assim.

— Não, *eu* deveria saber! — gritou ele, atraindo muito mais atenção do que eu sabia que ele queria. — Não sei por que estou surpreso. Você me disse desde o princípio. É uma sociopata de merda! — Ele riu. — Você não ama ninguém. Você não se *importa* com ninguém... nem mesmo com você.

A tentativa de provocação era patética. Era como se ele pensasse que, me jogando uma isca, me forçaria a agir como sua versão de sociopata. Sua versão prosaica, banal, estereotipada.

— Olhe o lado bom — disse eu, engolindo o insulto. — Pelo menos você terá material decente para um álbum.

Ele revirou os olhos e contrapôs:

— Não se lisonjeie.

— Ahh, coitadinho — respondi numa voz horrenda, cantarolada e brincalhona. — Bajulação é *seu* vício, lembra-se?

— Vá se foder — cuspiu ele, aproximando o dedo indicador de meu rosto. — Eu *amava* você pra caralho.

— Me poupe. — Afastei sua mão com força. — Você sabia *exatamente* em que estava se metendo.

Ele se inclinou tão perto que consegui sentir o cheiro de uísque por trás da cerveja em seu hálito.

— Não, *você* sabia — grasnou ele, o tom estranhamente calmo. Ele balançou a cabeça devagar. — Você pode ser péssima em ter emoções, mas é especialista em usá-las. Pega o que vê e usa. *Observei* você. — Ele se afastou para me ver melhor. — Você *sabia* pra caralho o que eu sentia por você. Sabia onde isso ia dar, e me usou... como *todos* os sociopatas usam as pessoas. Mas você não queria dinheiro, fama nem poder. — Ele se aproximou de novo. — Você estava atrás de *sentimento*. E se alimentou de mim como uma vampira de merda.

Fiquei imóvel, enquanto uma sensação estranha me inundava. O que era aquilo? Não conseguia identificar. Era algo de muito longe, um aroma inesperado que trazia uma lembrança havia muito esquecida. Comecei a girar freneticamente meu círculo cromático emocional, desesperada para encontrar o setor correspondente. Raramente encontrava uma combinação perfeita, mas, em geral, caía em alguma coisa próxima o bastante para esconder o que faltava. Tinha feito isso inúmeras vezes. Por que naquele momento não conseguia encontrar? Então, de repente, percebi. Fitei Max enquanto a compreensão do remorso se chocou contra minha consciência.

— Sinto... muito — consegui gaguejar.

Max tinha razão. Eu era culpada. Não desempenhei o papel que me deram. Desempenhei o mais conveniente para mim. Como fiz a vida inteira.

— Sinto muito — repeti. E falava sério.

Ele só me fitou. Depois de alguns segundos, desviou o olhar. Levou a garrafa aos lábios, esvaziou-a e se virou para me encarar.

— Até parece — disse baixinho, me olhando nos olhos. — Mas você consegue fingir muito bem.

Ele se afastou, me deixando sozinha para apreciar a ironia de sua farpa final.

De algum modo, em meio ao povo e às luzes que giravam, consegui me recobrar. Fui em linha reta para a porta dos bastidores, cortando diretamente a multidão, empurrando as pessoas com um pouco mais de força do que o necessário. Subi a escada até o camarim de Everly. Ela me lançou um olhar impaciente quando desmoronei no sofá ao lado da penteadeira.

— Cara — disse ela, me estudando de cima a baixo. — O que aconteceu com você?

Ergui as mãos.

— Sério, nem consigo começar a descrever o que acabou de acontecer — respondi, balançando a cabeça.

— Bom, eu adoraria ouvir *tudo* — começou ela com curiosidade verdadeira —, só que tenho que fazer um show de rock! — Ela pulou da cadeira e sorriu para mim. — Quer assistir?

Com expressão vazia, indiquei com a cabeça um nicho no corredor que dava para o palco.

— Posso assistir dali?

Everly riu.

— É claro! Gosto quando você fica aqui em cima. É como meu anjo da guarda.

Com dificuldade, me levantei do sofá.

— Desculpe — disse. — Não queria ser uma estraga-prazeres em sua grande noite.

— Não seja ridícula. Estou pronta para acabar com isso, na verdade. — Ela sorriu. — Quanto mais cedo terminar, mais cedo poderemos comemorar.

Aceitei um abraço enquanto Everly se preparava para sair. Foi quando avistei meu reflexo no espelho da penteadeira.

— Argh — disse, me encolhendo diante da imagem. — Parece que passei por um exorcismo. Sério, sinto que deveria ser batizada ou coisa assim.

O rosto de Everly surgiu sobre meu ombro. Ela inclinou a cabeça e sorriu.

— Que ideia maravilhosa.

A piscina de Dorian na encosta flutuava sobre suportes acima de Hollywood Hills, a cidade espalhada como um cobertor de estrelas invertidas além do perímetro de um deque de bordas infinitas. Respirei fundo e mergulhei, fatiando a superfície da água antes de finalmente descansar no fundo da piscina. Céus, como eu queria ficar ali.

Contei até o máximo que consegui. Depois, rompi a superfície e nadei até Everly, sentada na borda da hidromassagem anexa. Parecia triste.

— Não consigo acreditar em você.

Fiz um beicinho de desgosto. Eram quase três da manhã. Everly e eu, depois do fim agridoce de seu último show oficial, fomos até a casa de seu colega de banda para desfrutar o crepúsculo. A princípio, o clima estava animado. Empolgada com a animação do espetáculo, Everly e a banda estavam exultantes e contentes. E eu, feliz por estar perto da esteira de suas emoções. Porém, conforme a adrenalina ia diminuindo, o mesmo aconteceu com meu humor. Pouco depois de pularmos na piscina para um mergulho ao luar, percebi que voltava ao conhecido estado de apatia. Assim, aproveitei a oportunidade para arrancar o Band-Aid e confessar a Everly que largaria o trabalho.

— Eu sabia que você ficaria chateada — disse, erguendo o olhar para minha amiga. — Mas simplesmente não consigo mais. — Fiz uma pausa e acrescentei: — Compreendo se você não quiser manter a amizade.

Everly me olhou como se eu estivesse maluca.

— Que *merda* é essa, Patric? Acha que eu não quero mais ser sua amiga?

Ela me cutucou com o pé para conseguir toda a minha atenção.

— Seja franca — disse ela. — Você não *sente* como me sinto por você? Não sabe que, lá no fundo, mais do que tudo, você é minha melhor amiga e eu a amo?

— Não é que eu não sinta — respondi. — É que não confio nisso. Você não entende... Não é só *minha* interpretação do amor que é desarticulada. A das outras pessoas também. — Balancei a cabeça. — As pessoas nunca me amaram, Everly. Elas amam a escuridão que há *em* mim. Veem a escuridão, a temeridade e a liberdade emocional e são atraídas por elas. Querem isso para si. Portanto, pegam. Elas me usam. Furtam a força de meu ego. Pegam carona em minha esteira malvada. E eu as uso de volta.

Inclinei a cabeça.

— Mas aí, depois de algum tempo, uma de duas coisas sempre acontece. Ou me incomodo e fecho a torneira, ou a culpa delas aparece e viro o bode expiatório. — Fiz uma careta quando senti uma indignação sutil se agitando na base da garganta. Fitei Everly com desafio. — E quer saber de uma coisa? Estou cagando e andando pra isso.

— Para o quê? — perguntou ela.

— Quer dizer, não aguento mais ser invisível — continuei, minha ira crescendo. — É sério. Por que eu é que deveria me esconder atrás de alguma merda de "máscara de sanidade"? Não sou *eu* a insana. — Apontei a cidade lá embaixo. — Aquelas pessoas lá? *Elas* é que são insanas. As que negam suas trevas. As que agem como se a sociopatia fosse uma doença nojenta com a qual não seria possível se identificarem. As que falam merda sobre essa palavra como se não fosse o nome da garota reservada da escola que, secretamente, todos tentam foder. Ou imitar.

Olhei de novo para Everly e zombei:

— Posso ser sociopata, mas, pelo menos, aceito isso. E aquelas pessoas lá? — Apontei novamente o horizonte. — Elas não chegam a ter opinião a respeito. Como não chegam a ter uma opinião sobre depressão, ansiedade ou estresse pós-traumático. Sabe por quê? Porque não sou a bosta de um teste de Rorschach. Não estou aqui para ser a projeção de suas merdas básicas. Não sou um auto-objeto para a interpretação maluca de amor que decidiram que é a única que existe.

— Mas nem todos são loucos, Patric — insistiu Everly. — Acredite se quiser, *há* pessoas no mundo que amam você. Pessoas como eu. Pessoas como David.

Baixei a cabeça e pensei nesse fato inegável, momentaneamente distraída pelo reflexo cintilante da lua na superfície da água.

— Eu sei — admiti, dando de ombros, desamparada. — E, lá no fundo do coração, sei que você me ama. E sei que David me ama, também. Mas ele não me aceita.

— Você disse que Max a aceitou — ressaltou Everly. — E não deu certo.

— Porque ele só aceitou minha escuridão — respondi e ergui as mãos. — É como se David estivesse demais para a esquerda e Max, demais para a direita. Preciso encontrar o meio.

Everly ficou confusa.

— E o que é isso?

— Sou eu. — Calei-me enquanto o peso de minha afirmativa se instalava. — Sou sociopata e estou bem no meio do espectro. Mas durante a vida inteira usei os *não* sociopatas como bússola. — Balancei a cabeça. — Primeiro, quis ser boa para minha mãe. Depois, quis ser boa para David. Mas todas as vezes essa estratégia fracassou. — Inspirei lentamente. — A realidade é que preciso querer ser boa para *mim*.

Preciso querer escolhas saudáveis porque *eu* vejo o benefício delas, não porque alguém está me forçando.

Dei as costas para Everly e descansei a cabeça na borda da piscina. Fitei a gigantesca laje de concreto que emoldurava um dos lados da casa e pensei novamente em Rothko e seus campos de cor expressionistas.

— É como você disse. Sou uma pessoa com David. Uma pessoa diferente com você. E invisível para praticamente todo o resto. Isso tem que acabar. Preciso aceitar quem sou o tempo todo. Preciso *ser* quem sou o tempo todo. É a única maneira de estabilizar minha vida. — Fiz uma pausa e acrescentei: — É a única maneira de dividir minha vida.

Olhei de novo a água e percebi: seria difícil desistir completamente da invisibilidade. Em vários quesitos, aquele aspecto ultravioleta de minha personalidade configurou minha existência. Foi ele que me deu acesso a pessoas, lugares e aventuras que a maioria daria tudo para vivenciar.

Um caleidoscópio de lembranças me passou pela mente. A textura dos tijolos de um túnel subterrâneo, a vista da varanda de um hotel abandonado. Sorri ao recordar a vez que passei a mão no pelo de Samson, a cabeça dele em meu colo enquanto desfrutávamos de uma tarde furtada. Ou as noites em que senti a reverberação do trompete de Miles Davis berrando em caixas de som emprestadas e ecoando nas rochas do Laurel Canyon enquanto eu corria pelos morros. Fechei os olhos e implorei a mim mesma que ficasse agradecida — pelo fato de nunca me incomodar com a grande extensão de solidão nem com a sensação do vestido de uma desconhecida em minha pele. Com certeza, era uma existência extraordinária. Não ortodoxa, mas extraordinária.

— Então, quando acha que vai começar? — perguntou Everly, interrompendo brincalhona meu devaneio.

— Amanhã — respondi. Então berrei ao som de Jane's Addiction: — Vou começar amanhã!

Everly riu.

— Bom, tenho uma notícia para você, querida — disse ela. — Já é amanhã.

Inclinei-me em desafio sobre a lateral da piscina e dei um sorriso malicioso.

— Bom, então acho que é melhor começar logo.

Everly riu e me empurrou para trás, até eu afundar na água.

Eu já estava embaixo d'água antes de me lembrar que tinha esquecido de respirar. Um sentimento, percebi, que fazia muito tempo que se tornara minha linha de base. A água correu sobre meu rosto e entrou em meus olhos, obscurecendo a visão panorâmica da cidade. Sob a superfície, a paisagem artificial piscou mais uma vez contra minhas pálpebras. As bordas faiscaram uma última vez e se apagaram lentamente na escuridão aquática até que também não passavam de uma lembrança.

EPÍLOGO

EPÍLOGO

Amor moderno

— Tia Patric? — perguntou o menino. — Posso fazer uma pergunta?

Mais de uma década tinha se passado, e eu estava na casa de minha irmã. Tínhamos acabado a ceia de Ação de Graças, e meu sobrinho Harrison veio até a sala de jantar e se sentou. Ele me encarava com curiosidade, os olhos arregalados incapazes de esconder o mesmo brilho que vi inúmeras vezes nos de Harlowe com o passar dos anos.

— Não sei — brinquei. — Será que *pode*?

Ele franziu a testa, o cabelo castanho e macio caindo sobre o rosto como um toldo.

— Alô? — impliquei com sarcasmo. — Não tenho o dia inteiro.

— O dia inteiro para quê? — perguntou Harlowe, quando ela e o marido Gibson vieram se unir a nós. Ela desmoronou sobre a cadeira a meu lado e estendeu a mão para minha taça de vinho. — Do que vocês dois estão falando?

— É o que eu gostaria de saber — respondi. — Seu filho diz que tem uma pergunta para mim.

— Ah, é? — incentivou Gibson.

Harrison, se esforçando para não sorrir, só me olhava de soslaio. A cabeça dele estava um pouquinho inclinada.

— Tia Patric — começou, espiando hesitante a mãe —, você é mesmo ladra?

Fiquei boquiaberta, com choque fingido, e pus a mão no peito.

— Uma *ladra*? — Puxei-o para meu colo. — Não, não sou ladra! — Então, cochichei em seu ouvido, em volume suficiente para só minha irmã ouvir: — Mas *sou* mentirosa...

— Minha nossa — bufou Harlowe e deu um longo gole de vinho. Ela revirou os olhos e me deu um olhar de compreensão, enquanto o filho ria e se remexia para sair de meu colo. — É o artigo — explicou. — Todo mundo está comentando...

O "artigo" era um ensaio que escrevi para o *New York Times* intitulado "Ele se casou com uma sociopata: eu". O texto, no qual revelei o diagnóstico de sociopatia e um vislumbre sugestivo de meu casamento, tinha sido publicado um mês antes e causou um certo burburinho.

— Está falando da coluna? — perguntou minha mãe ao entrar na sala.

Meu pai, voltando da cozinha, apareceu ao lado dela. Apesar do divórcio, sempre apreciei que conseguissem manter a proximidade. Porém, nunca tanto quanto nas últimas semanas.

— Adorei — disse mamãe. — Foi muito interessante.

— Já leu todos os comentários? — perguntou papai, sentando-se ao lado de Harlowe.

Fiz que não.

— *Não leu?* — Harlowe estava incrédula. — Foram milhares! As redes sociais estão em polvorosa.

— Ah, eu sei! — gritou meu marido na cozinha. Passado um momento, ele se uniu a nós, um pano de prato jogado sobre o ombro. — Estou tentando ficar calmo — disse David —, mas quero muito dar uma baita surra em alguns daqueles panacas.

Sorri para ele.

— Meu homem sensível — disse eu. — O que eu faria sem você?

Era uma pergunta, tinha percebido havia muito tempo, cuja resposta nunca quis saber.

— Foda-se esse barulho — resmunguei.

Fazia algumas semanas desde o último show de Everly no Roxy, e eu estava no quintal dos vizinhos, encarando a varanda do segundo andar. Sabia que tinham partido recentemente numa "viagem de última hora para esquiar". Na manhã em que partiram, fiz questão de sorrir e acenar quando se afastaram.

Havia anos que a casa deles estava na minha lista de coisas para fazer antes de morrer. Podia ver a varanda do quarto deles da janela de meu quarto e passei muitas noites me imaginando lá. Logo além do caixilho, um grande limoeiro dividia as propriedades. Tarde da noite, eu ouvia os galhos roçarem o vidro. *Tap-tap-tap*. Era como um amante batendo de leve em minha janela, me tentando a ceder. E eu queria muito obedecer.

Minha inquietude subia sem parar desde a apresentação final de Everly. Apesar de minha decisão, estava com muita dificuldade de manter a disciplina. Uma ida à varanda, imaginei, seria bastante simples — bastante *inofensiva*. Ninguém se machucaria e, depois, eu teria um espaço limpo para trabalhar, em termos psicológicos. Recordei o esvaziamento da caixa de objetos furtados quando criança. Então, em pé no quintal, fitando aquela varanda, percebi.

— Não sou mais a merda de uma criança.

Incomodada, me virei e voltei para casa. Catei o celular e liguei para o número de emergência da dra. Carlin.

Uma semana depois, eu estava no consultório dela.

— Não quero mais viver assim — disse. — Não quero sentir o tempo todo que tenho de recorrer a receitas destrutivas, soluções comportamentais que encontrei quando *criança*, puta merda. — Suspirei. — Mas o mais importante é que não quero sentir que coisas como relacionamentos, amor e família estão fora do alcance só porque não "internalizo emoções" do mesmo jeito que todo mundo. Ninguém diagnosticado com sociopatia deveria se sentir assim. Ninguém diagnosticado com *qualquer coisa* deveria se sentir assim.

Eu não aguentava mais perder tempo. Queria ter uma vida "normal". Queria ajudar pessoas como eu a fazer o mesmo. Portanto, concordamos. Assinei um novo "contrato de tratamento" e prometi não adotar mais nenhum comportamento ilegal. Só que, dessa vez, eu estava ansiosa para obedecer. Esperava encontrar mecanismos mais saudáveis de enfrentamento. Eu me preparei para aguentar o peso da apatia e, então, começamos a trabalhar.

Eu chegava ao consultório da terapeuta para nossas sessões semanais (às vezes, bissemanais) com os braços cheios de livros e cópias de todos os estudos de pesquisa que encontrava relacionados ao tratamento da sociopatia, da psicopatia e do transtorno de personalidade antissocial. Juntas, nos debruçamos sobre meus achados e discutimos vários tratamentos e métodos de terapia.

A dra. Carlin, cuja formação se baseava na psicodinâmica, acreditava que o comportamento é movido por nossos pensamentos e nossas lembranças e compulsões mais íntimos.

— Você não conseguirá alterar seu comportamento — disse ela — se não entender e explorar seu inconsciente.

Embora eficaz, essa abordagem tradicional se chocava com meu desejo bem impaciente de uma solução. Argumentei que reduzir o comportamento destrutivo precisava ser o primeiro passo em qualquer plano de tratamento sociopático.

— Concordo com o que você está dizendo — contrapus, não pela primeira vez —, mas não é sensato esperar que um sociopata passe por psicanálise. Droga, *eu* não passei! — Ergui a palma das mãos para o teto. — É um jogo divertido até aparecer um pico de estresse; então, juro, não importa o que você combinou na terapia nem os contratos que assinou, blá-blá-blá.

Balancei a cabeça.

— A psicanálise pode levar anos. E tudo bem, mas só se o *comportamento* estiver sob controle. Acredite em mim — insisti —, é preciso abordar o comportamento primeiro.

Com isso em mente, decidi investigar o campo da terapia cognitivo-comportamental (TCC). Em vez de apenas identificar as maquinações inconscientes, os pacientes da TCC abordam as ações e os pensamentos conscientes quando eles acontecem. É uma abordagem do mundo real, baseada em metas, que exige objetivos muito claros e tarefas bem definidas para minimizar os mecanismos insalubres de enfrentamento. A TCC se concentra em controlar primeiro os comportamentos problemáticos e deixa para depois a compreensão de por que acontecem.

— É uma abordagem de bom senso na psicologia — raciocinei —, perfeitamente adequada ao sociopata.

A dra. Carlin era inflexível na crença de que examinar o inconsciente com um terapeuta era a melhor maneira de tratar a sociopatia com eficácia. Contudo, reconheceu que seria útil abordar ao mesmo tempo meus problemas imediatos. Do mesmo modo, concordei que explorar o inconsciente era valiosíssimo no tratamento eficaz a longo prazo da sociopatia. No final, unimos forças.

Os dias se transformaram em semanas. Entupi meu cronograma acadêmico com todas as cadeiras ligadas à formação psicanalítica e cognitivo-comportamental que encontrei. Isso, combinado à minha pesquisa independente sobre sociopatia e ao trabalho no centro de orientação, deixava pouco tempo para outras coisas.

Durante meses, me enfiei nesse buraco terapêutico. Eu só fazia comer, dormir e respirar psicologia. Quando não me ocupava com a faculdade ou a formação clínica, estava na terapia. As técnicas psicodinâmicas da dra. Carlin, em conjunto com as intervenções cognitivo-comportamentais, foram extremamente eficazes para reduzir minha ansiedade sociopática. Como suspeitava, entender as causas e aceitar meus sintomas foi um fator importantíssimo.

Embora supusesse havia muito tempo que a "pressão" e a compulsão subsequente de agir de forma destrutiva fosse um ciclo sociopático comum, nunca dei o passo seguinte de investigar sua origem. No entanto, com a ajuda da dra. Carlin comecei a desencaixotar minhas experiências. Começamos a refazer meus passos mentalmente, enquanto eu tentava lembrar as primeiras vezes que senti a pressão.

Recordei que observava crianças responderem emocionalmente às coisas e sentia que tinha que agir do mesmo modo. Essa ansiedade estava presente desde o jardim de infância. Sempre havia uma sensação inquieta na barriga quando eu enfrentava uma situação que pressupunha uma resposta emocional. As datas marcantes eram dificílimas. As circunstâncias que, tipicamente, provocavam felicidade nos outros vinham com a expectativa inevitável de alguma demonstração emocional. O pior, contudo, era que eu sempre me frustrava.

Na terapia, contei como me senti no dia em que me formei no Ensino Médio. *Talvez o dia seja hoje*, me lembro de pensar. Porém, não foi. Quando a cerimônia acabou, todos queriam saber: "Como você se *sente*?". E não tive coragem de responder: "Na verdade, não sinto nada. Toda essa coisa foi pouco mais do que um lembrete agudo de que, provavelmente, nunca sentirei nada. Portanto, se não se importa, vou pular a festa para invadir um hospital psiquiátrico abandonado no centro da cidade que venho guardando para um choque de emoção numa ocasião especial".

Essas recordações lançaram as bases de meu entendimento crescente. Abordei minhas lembranças como se fossem um estudo de pesquisa; compilei os indícios e os organizei como um mapa que me levasse a quem me tornei. Depois, usei o diário cognitivo para conectar o passado ao presente.

O diário cognitivo é uma técnica da TCC na qual os pacientes registram ações, crenças e reações para isolar padrões, vontades e estados de espírito. Usei um caderno para manter um registro meticuloso, em tempo real, de quando notava sentimentos de ansiedade, o que precedia esses sentimentos e que compulsões eles provocavam. Quanto mais consciente ficava sobre meus próprios padrões psicológicos destrutivos passados e presentes, mais hábil me tornava ao abordá-los. A TCC me ofereceu um jeito melhor de lidar com as compulsões. Nas ocasiões (cada vez mais raras) em que tinha a sensação de pressão (e a vontade subsequente de aprontar), consegui empregar métodos mais saudáveis de redução do estresse.

Uma técnica da TCC especialmente útil nesse aspecto foi a terapia de exposição. Essa tática incentiva os pacientes a se exporem conscientemente a estressores que induzem ansiedade para enfrentar de forma intencional as situações estressantes. É usada para ajudar as pessoas a examinarem as fontes da ansiedade, em vez de apenas reagirem a ela. Contudo, decidi usar essa técnica de um modo um pouquinho diferente.

Eu sabia que a ansiedade era uma só peça do quebra-cabeça sociopático. Meu desejo de aprontar (voluntário ou compulsório) era outra coisa que eu precisava entender e, mais ainda, controlar. Imaginei que a melhor maneira seria com a exposição repetida a coisas e lugares que provocavam minhas vontades. A casa de Ginny, por exemplo, era um lugar que ativava facilmente minha compulsão de aprontar. A dra. Carlin discordou de meu desejo de voltar lá, mas fui categórica: a reexposição àquele ambiente me permitiria testemunhar as compulsões, em vez de ser serva delas. Assim, mais uma vez, comecei a ir semanalmente ao sonolento subúrbio de Ginny.

Desde a primeira visita, fiquei espantada com as coisas que observei. Notei a barriga começar a se contrair assim que saí da estrada. Estendi a mão instintivamente para desligar o rádio, de modo a obter foco sensorial completo. Quando passei pelos portões do condomínio, a apatia me inundou, enquanto todos os vestígios de emoção sumiam. Parei numa vaga do já conhecido estacionamento e estudei meu reflexo no retrovisor. A primeira coisa que vi foi o relevo sutil da veia jugular. Era leve, mas pude perceber com clareza o movimento sob a pele enquanto o sangue era constantemente bombeado sob a superfície. As bochechas estavam coradas. No carro, o único som vinha dos meus lábios, como se minha respiração entrasse e saísse com rapidez. Embora nunca tivesse prestado atenção, via, naquele momento, que minha reação física ao aumento da apatia e à proximidade da escuridão era de excitação. *Eu estava tão ocupada reagindo*, pensei, *que nunca percebi.*

Deixei a mão cair na porta do lado do motorista e envolvi com os dedos a maçaneta de metal frio.

— Sessenta minutos — disse. — Você vai ficar aqui sentada sessenta minutos e irá para casa.

E assim fiz.

Cada segundo pareceu uma eternidade. Fitei o relógio enquanto os minutos passavam, me forçando a monitorar os padrões de pensamento e as vontades inconscientes que surgiam das profundezas de meu abismo psicológico. As coisas que notei, escrevi no caderno. No entanto, depois de algum tempo, não consegui mais me concentrar. *Não consigo*, pensei. Eu me sentia presa e frustrada. Não faria o que mais queria, que era sair do carro e eliminar a sensação de claustrofobia psicológica com um passeio pelo quintal de Ginny. Quanto mais tempo permanecia ali, maior se tornava a vontade. Quando a hora terminou, fui embora depressa.

Após repetidas visitas como essa, fiquei aliviada ao descobrir que a reação diminuía. A vontade, embora presente com frequência, lembrava mais a dor da fome, um puxão biológico benigno em vez de uma compulsão sociopática complexa. Por meio do diário cognitivo, comecei a desenrolar meu histórico de estresse entalado e percebi que a sensação de claustrofobia psicológica (e a vontade subsequente de aprontar) era um ciclo antiquíssimo. Eu reagia de forma destrutiva a sensações semelhantes desde que lembrava.

Então, por que ainda faço isso?, me perguntei. Não precisava mais do comportamento destrutivo para neutralizar minha ansiedade, assim como não precisava mais de boias para não me afogar na piscina. *Só preciso aprender a nadar, porra*, pensei.

Aprender a nadar nas águas apáticas foi um aspecto fundamental de meu tratamento sociopático. A vida inteira, tentei evitar a apatia, essa característica sociopática primária, por boas razões. Quanto mais prestava atenção, mais notava a frequência com que "apatia", "falta de sentimento" e a palavra "sociopata" eram associadas ao mal. Em toda parte. De livros famosos como *A leste do Éden* e *The Sociopath Next Door* a filmes premiados como *O silêncio dos inocentes* e *Psicopata americano*, o personagem "sociopata" era quase exclusivamente reservado para os vilões (e vilãs). E esses retratos unidimensionais não se limitavam à ficção. Sempre que havia um crime chocante, que chamava a atenção do país, ou um político que demonstrava indiferença empedernida pelos eleitores, até jornalistas respeitados se apressavam a lembrar o diagnóstico de "sociopatia" — apesar de não terem formação nem qualificação para isso.

As crianças sociopatas também eram condenadas, até por muitos clínicos colegas meus, bastante eloquentes sobre seus transtornos pediátricos "preferidos". Numa reunião de supervisão em grupo, uma estagiária anunciou:

— Prefiro que meu filho tenha câncer a ser sociopata.

Os outros concordaram com relutância. Enquanto isso, eu ficava ali paralisada, tomada de uma sensação pouco conhecida: tristeza profunda.

A confissão dela era o sentimento *exato* que tive a vida inteira. Não importava se meus pais, amigos, professores, amantes percebiam; todos, em algum nível, sentiam-se pouco à vontade com minha emoção limitada. Porque significava algo sinistro. Porque, como o resto do mundo, foram programados para acreditar que os sociopatas são atrozes. O pior dos casos para os pais.

Naquele momento, quis voltar correndo no tempo até a criança que fui e pegar seu rosto nas mãos.

— Você não é má — eu lhe diria. — Juro por Deus que você é uma boa menina, uma menina *bondosa*. Não permita que ninguém lhe diga outra coisa. Espere por mim — quis implorar. — Espere por mim e vou lhe provar.

Contudo, eu sabia que não podia voltar no tempo. A única coisa que *pude* fazer foi ir até a casa dessa colega estagiária naquela noite para queimar as letras "D-E-S-O-N-R-A" no gramado da frente com sal de cozinha. Mais tarde, em casa, fiz um balanço de minha autopercepção. O que notei, depois de alguma reflexão, foi que, em geral, eu era tão culpada quanto as pessoas à minha volta de ter pensamentos negativos sobre a sociopatia. *Preciso ser mais consciente da maneira como me percebo*, pensei. Era o único modo de reformular minha noção adulta de identidade: desprogramar as décadas de um sistema de crenças, uma narrativa falsa criada com todo tipo de informação subliminar errada que eu não podia deixar de receber.

Na tentativa de fazer isso, recorri à técnica da reestruturação cognitiva, na qual se pede aos pacientes que registrem os pensamentos negativos indesejados e os refutem. Comecei a marcar toda vez que notava um desses pensamentos negativos automáticos e, depois, me forçava a escrever um contrapensamento baseado em fatos.

"Não sinto nada", dizia um registro. "E se não fizer alguma coisa para provocar um sentimento, isso só vai piorar. A apatia me levará a fazer algo terrível."

"Não sinto nada", escrevi como contrapensamento, "mas não há provas de que a apatia seja um estado de espírito perigoso. As pessoas fazem ioga e gastam milhares de dólares em aulas de meditação para aprender a desapegar e não sentir coisa alguma. Mas consigo fazer isso todo dia. De graça."

"Detesto pessoas", dizia outro registro.

"Não detesto pessoas", respondi a mim mesma. "Detesto que as pessoas projetem em mim seus sentimentos, suas inseguranças e seus julgamentos. Não tenho que aceitar a entrega da projeção dos outros nem suportar interações falsas para esconder minha sociopatia. Estou muito contente sendo antissocial. Quem tiver algum problema com isso, que se foda."

Sorri e risquei as últimas três palavras.

"Que vá ficar com outra pessoa", corrigi.

Quanto mais eu reestruturava esses e outros padrões de pensamento negativo, mais avançava pelo mundo sem o peso da negatividade pendurado em minha identidade central. Essa autolibertação foi deliciosa. Era como aprender a andar depois de décadas engatinhando.

Portanto, minhas idas ao condomínio de Ginny foram uma experiência de evolução. Ainda não me sentia culpada por estar lá. Nem sentia vergonha ou preocupação. Não sentia nada. Só que, naquele momento, *gostava* de não sentir nada.

— É relaxante — confessei à dra. Carlin. — Só vou e fico sentada no estacionamento. Não sinto nada e é maravilhoso, como sempre foi. Só que agora não estou agindo como uma lunática de merda.

Ela apertou os lábios, e eu ri.

— Você sabe o que quero dizer.

Fazia seis meses que eu tinha voltado à terapia e estava em minha sessão regular no fim da tarde. A dra. Carlin estava satisfeita com meu progresso, mas ainda incomodada com as visitas a Ginny.

— E é por isso que você não precisa mais ir lá — insistiu ela. — Acho que podemos concordar que você venceu esse gatilho específico.

Concordei.

— Mas é melhor do que isso. Acabei aproveitando. — Parei para pensar antes de continuar. — Gosto de não sentir as coisas. Mesmo. Acho que sempre gostei. Eu só tinha muito medo do que significava não sentir e ser sociopata. E a única razão do medo eram as reações dos *outros* à minha apatia. Minha ansiedade com o medo *deles* me levou a fazer coisas que eu não queria, que não *precisava*. — Olhei pela janela o contorno conhecido das árvores que emolduravam o parque e balancei a cabeça. — Que puta desperdício de tempo.

— Ainda assim — respondeu a dra. Carlin. — Você se esforçou muito para superar seu desafio. Deveria se orgulhar de si mesma, Patric. — Ela fechou o caderno e perguntou: — Você se *orgulha*?

Não soube responder. Em geral, eu estava empolgada por ter avançado tanto. Sentia que finalmente tinha um controle funcional de meu transtorno de personalidade. Lidava com os desafios dos sintomas de forma eficaz usando mecanismos saudáveis de enfrentamento. O único problema era que ainda não tinha testado esse progresso no mundo real.

Minha experiência terapêutica mais recente era como passar um período numa clínica de reabilitação luxuosa. Em termos psicológicos, o ambiente em que fiz todo o progresso recente era hermeticamente fechado. Trancada em minha bolha de faculdade, pesquisa e terapia, não enfrentava as tentações da vida cotidiana nem fora obrigada a confrontar os demônios que me esperavam no mundo real.

A dra. Carlin ficou em silêncio enquanto eu explicava minha preocupação.

— Então, qual é seu maior medo? — perguntou, quando terminei. — Qual é a prova do mundo real em que você tem mais medo de fracassar?

O nome saiu de minha boca antes que eu tivesse a oportunidade de pensar.

— David.

Quanto mais avançava na terapia, mais certa eu ficava: ele era o homem com quem eu queria passar a vida. Soube que voltaria para David quase na mesma hora em que me afastei dele. Mas também sabia que querer ser "boazinha" para alguém era o gatilho mais antigo — e, de longe, o mais forte — de minha ansiedade.

— Por isso é tão fundamental enfrentá-lo — disse a dra. Carlin para me tranquilizar. — Dê um pouco de crédito a si mesma *e* a David. Você teve *algum* contato com ele depois daquela noite?

Balancei a cabeça.

— Não.

Ela sorriu.

— O que acha que ele dirá?

Na noite em que decidi descobrir, cheguei sem avisar. Depois de vários dias de reconhecimento, esperei até ter certeza de que ele estava sozinho em casa. Então, fui até a porta e toquei a campainha.

— Prazer em te conhecer — disse, quando ele abriu a porta. David começou a responder, mas o interrompi. — Meu nome é Patric e sou sociopata.

Ele cruzou os braços, mas percebi uma insinuação de sorriso.

— Não sinto como os outros — continuei. — Não sou boa em empatia e preciso me esforçar para dizer a verdade. Gosto de ficar sozinha. Não gosto muito de afeto. Não gosto nem um pouco, na verdade. Eu me excito quando faço travessuras e tenho que escolher ativamente não fazê-las. Todos os dias. Como um alcoólatra. Na maioria das vezes que choro, estou fingindo. — Levantei o dedo porque, com ele, sabia que precisava de um acréscimo. — A não ser quando ouço "Sailing", de Christopher Cross, porque me lembro de minha primeira casa em São Francisco, que dava para a ponte Golden Gate.

Respirei fundo.

— As pessoas que precisam ser amadas me incomodam pra caralho, e, sim, sei que você acha que são todas as pessoas e que estou no lado errado da discussão. De qualquer forma, não há nada que eu possa fazer para evitar. — Respirei fundo de novo. — Já que estamos falando sobre isso, ser amistosa não é algo natural para mim. Consigo fingir, mas não por muito tempo, porque me deixa cansada. Não gosto de cachorros. Nem de crianças. Nunca serei uma daquelas mulheres que querem "pegar o bebê", se é que isso faz sentido.

David mordeu a língua para esconder o sorriso. Eu não conseguia parar.

— Ah! Fico muito impaciente com pessoas que baseiam suas decisões nas opiniões dos outros. Não tenho vergonha, tenho muito pouco remorso e não sentir absolutamente nada é meu estado-padrão. — Engoli em seco, nervosa. — E provavelmente há um milhão de outras coisas que estou esquecendo. Mas é o que sou, e, para mim, tudo bem — afirmei. — Gosto de *mim*. E espero que talvez você goste também, porque eu realmente preferia não passar o resto da vida sem você.

David me puxou para seus braços e me beijou. Meu corpo relaxou contra seu peito. Segundos antes, meus pensamentos eram um quebra-cabeça bagunçado. Naquele momento, tudo se encaixava perfeitamente no lugar. Ele pressionou a testa contra a minha, enquanto ficávamos alguns segundos em silêncio. Depois, me deu outro abraço, este muito mais forte.

— Amo você — sussurrou em meu ouvido.

Beijei seu pescoço.

— Amo você também — respondi, e deixei que me segurasse por mais alguns segundos. — Mas odeio abraços.

Os braços dele relaxaram, mas ele não me soltou; encarou meus olhos e perguntou:

— É sério?

— É! — falei, tentando deixar a situação leve enquanto saía de seus braços. — É disso que estou falando. Amo você, mas há coisas em mim que são apenas diferentes. Não *erradas*. E não menores. Só diferentes.

Distraído, David olhava por sobre meu ombro.

— De quem é aquele carro? — perguntou.

Suspirei.

— Você ouviu o que acabei de dizer?

— Ouvi. De quem é aquele carro? — repetiu.

Olhei para a rua e dei de ombros.

— De alguém — respondi. — Não sei, peguei ontem à noite.

David me encarou com raiva.

— O *quê?!*

— É meu — admiti secamente. — Comprei faz alguns meses.

— Céus, Patric. — Ele soltou o ar. — Por que você tem que me assustar?

— Porque detesto quando você muda de assunto desse jeito! Estávamos no meio de uma conversa!

Ele balançou a cabeça.

— Na verdade, isso não é justo.

Suspirei.

— Eu sei — respondi, pegando a mão dele. — E vou trabalhar nisso. Mas preciso que você trabalhe, também. Acho que somos perfeitos um para o outro. Mas, se quisermos *ficar* juntos, acho que precisamos de alguém que nos ajude.

— Quer dizer, um terapeuta?

— Sim.

Em dúvida, David ergueu as sobrancelhas.

— Que tipo de terapeuta vai me ajudar a saber se você realmente furtou um carro ou se está só brincando sobre furtar carros?

— Um tipo de terapeuta muito *especial* — respondi com um sorriso maroto. — E mal posso esperar para você conhecê-la.

David examinou a sala.

— Ouvi falar muito deste lugar — disse ele.

Estávamos no consultório da dra. Carlin para nossa primeira sessão de terapia de casal. Ela concordou em trabalhar conosco, com uma restrição.

— Para eu continuar como sua terapeuta pessoal, David também terá que arranjar tempo para sessões individuais — avisou. — É importante que ele não se sinta marginalizado.

David ficou entusiasmado com o sistema, confiante de que a dra. Carlin teria seu mesmo ponto de vista pró-social. Ele começou empolgado naquele primeiro dia.

— Estou bem — respondeu, apertando minha mão, quando a terapeuta lhe perguntou como se sentia. — Amo muito Patric e quero que isso dê certo. Vejo o bem nela. *Sempre* vi. Farei qualquer coisa para que ela também veja.

Ela respirou fundo, e mordi o lábio para sufocar um muxoxo. Baixei os olhos para o colo, mas senti David estudar tanto eu quanto a terapeuta.

— O que foi? — perguntou, finalmente.

Ela lhe fez um sinal de cabeça simpático.

— Sei que você a ama — começou —, mas o propósito da terapia de casais não é ajudar *Patric*.

A dra. Carlin esperou que a informação fosse compreendida.

— Estamos aqui para nos concentrar no relacionamento de vocês — continuou. — Quero que vocês dois prosperem como casal, com uma dinâmica feliz e saudável.

— Eu também! — insistiu David. — É o que sempre quis.

— Desde que eu seja uma garota boazinha — comentei.

A dra. Carlin me lançou um olhar severo.

— David — falou —, você disse que ama Patric e que vê o bem nela.

— Isso — respondeu David. — É verdade. Sempre foi.

Ela fez que sim com a cabeça e me perguntou:

— Então, Patric, o que você ouve quando David diz isso?

Soltei o ar com força.

— Ouço que você me ama *apesar* do que sabe sobre mim. Ouço que seus sentimentos por mim são condicionais. Que você me ama pelo que sou *capaz* ou tenho o potencial de ser, de acordo com você, e não por quem sou agora.

— Isso não é verdade — disse. Então, virou-se para a dra. Carlin. — Olhe, sei que ela se esforça. Quero ajudá-la. Quero que ela acredite em si mesma do jeito que eu...

— Eu *acredito* em mim! — explodi, espantando-o. — Só que não "acredito" do mesmo jeito que *você*. Não preciso de sua ajuda para ser boa, melhor ou a merda que você acha que eu "deveria" ser. Sou sociopata, David. Nenhum "apoio" ou "ajuda" sua vai mudar isso. E, mesmo que *pudesse*, eu não quero!

Ele cruzou os braços e, zangado, olhou para a dra. Carlin.

— David — perguntou ela —, o que você ouviu Patric dizer?

— Que ela não quer mudar — revelou ele, zangado. — E que o que eu quero não importa. Que *eu* não importo. Sou irrelevante, e não faz diferença quanto a amo ou me importo com ela. Porque só o que vale é que ela *não* liga. Ela é "sociopata", e só vai fazer o que quer, de qualquer modo.

A terapeuta esperou minha reação, mas eu simplesmente olhava para a frente. Ela voltou o olhar para David, depois para mim.

— Bom — falou —, parece que o trabalho está claro para nós.

David estendeu a mão pelo sofá e segurou a minha.

— Então, vamos lá.

— Tudo bem — respondi, respirando fundo. — Tudo bem.

Não foi fácil. Durante meses, parecia que só discutíamos na terapia. David, preciso admitir, se esforçou muito nas sessões particulares com a dra. Carlin e ficou mais consciente de suas contribuições à nossa disfunção anterior. Finalmente, reconheceu seus problemas com minha apatia e admitiu que, muitas vezes, era crítico e paternalista quando eu não reagia a seu amor do modo que ele precisava e esperava que eu reagisse.

— Acho que o que acontece é que projeto minhas emoções em você porque você é uma tela em branco e evita que eu assuma a responsabilidade por como me sinto — confessou. — Então, quando me irrito com você, ajo como se *você* fosse maluca. Quando estou aborrecido, pergunto a *você* o que está errado.

Foi fascinante vê-lo processar essas coisas. Ele disse à dra. Carlin:

— Acho que uso o tipo de personalidade dela como desculpa. Quero que ela se importe tanto quanto eu, e fico puto quando isso não acontece.

— É porque você ainda entende isso como uma *escolha* — comentei —, o que *me* deixa puta. E aí, levo você a discutir. Sei quando você não está sendo sincero consigo mesmo e uso isso para provocar brigas. Fico destrutiva, porque sei que você vai se culpar.

David ficou triste.

— Eu me culpo *mesmo*.

— Eu sei — respondi, mas prometi: — Vou tentar não fazer mais isso.

Confissões como essa, embora, a princípio, só acontecessem nas consultas, acabaram se tornando parte de nossa linguagem cotidiana. Fiel à sua palavra, David se esforçou bastante, não só para entender melhor meu tipo de personalidade como para demonstrar empatia por outros que também lutavam com isso. Por sugestão da dra. Carlin, ele começou a pesquisar sociopatia na internet. No início, se ofereceu para me ajudar a analisar os dados do doutorado. Quando concluí a dissertação, ele revisou todas as centenas de páginas das inúmeras versões. Após a formatura, ele continuou fazendo sua pesquisa.

Como eu desconfiava havia tempos, os dados empíricos sobre a sociopatia se tornaram o portal de David para a compreensão. Quanto mais lia e aprendia, mais acolhedor ficava. Em vez de me ver como prejudicada, passou a me ver como diferente. O mais importante foi que parou de falar em termos pessoais de nossas diferenças. A compreensão de meu tipo de personalidade lhe permitiu lidar com a situação de um ponto de vista imparcial. Ele ficou menos reativo e, portanto, mais empático.

Quanto a mim, redobrei o esforço para me tornar uma parceira com comportamento pró-social. Afinal de contas, David era uma pessoa emocional. Social. Afetuosa. Gentil. Portanto, fiz o possível para me igualar a ele. Com isso, tomei consciência de que tinha meu conjunto próprio de preconceitos, julgamentos subconscientes de pessoas que *não* eram como eu.

— Não confio em gente boazinha demais — observei, certo dia na terapia. — *Realmente* não confio nelas. Quando alguém é superbonzinho comigo, quero lhe dar um soco.

— Até *eu*? — perguntou ele.

— Às vezes — admiti. — Acho que é porque meu instinto é perceber os atos de gentileza como manipulação.

David foi paciente e escolheu as palavras com cuidado.

— Mas quando sou bom é porque *amo* você. Faço coisas legais porque quero lhe mostrar isso.

— Não — argumentei. — Você faz coisas para mim porque quer que *eu* ame você. É transacional.

Desamparado, David olhou para a dra. Carlin.

— Não sei o que dizer.

Ela fez que sim com a cabeça.

— Esse é um caso em que acho que as duas coisas podem ser verdadeiras — comentou ela. — Patric não processa a gentileza e a confiança como a maioria. É uma característica sociopática comum. Lembre, David, o amor é uma emoção aprendida e Patric *ainda* está aprendendo. Não só a dar essa emoção, mas também a receber. Para ela, atos declarados de gentileza são sempre toma lá, dá cá. — Ela, então, passou a atenção para mim. — Mas nem sempre é assim. David faz coisas legais para você porque ele a ama genuinamente. Seu desejo de gentileza *em troca* de gentileza não é egoísta. É como a maioria dá e recebe amor.

Para mim, isso foi uma revelação.

— Ah — respondi.

David riu.

— Céus, Patric!

— Que idiota! — disse eu, espantada com minha ignorância vitalícia.

— Não! — disse David. — Estou contente de falarmos sobre isso. Agora *entendo*. — Ele olhou para a dra. Carlin. — É por isso que ela detesta presentes de Natal.

Isso era um eufemismo.

— Argh — gemi. — Ele está certo. A não ser que venham de alguém que seja muito íntimo, *odeeeeeeio*. A coisa toda é só uma punheta de culpa grupal.

A dra. Carlin riu.

— Admita! Você sabe o que a prima que lhe manda uma merda de uma luva de cozinha no Natal quer? Ela quer que você se sinta obrigado a enviar algo em troca ou que tenha direito a um favor no futuro. Não importa. É completamente transacional.

— Mas nem sempre é assim, Patric — explicou a terapeuta. — Às vezes, as pessoas lhe dão presentes porque amam você, porque querem se *conectar*.

— Bom, elas que se conectem com outra pessoa — murmurei.

— David ama você — continuou ela —, e ser gentil é uma das maneiras de demonstrar. Acho que você precisa se esforçar para reconfigurar sua interpretação da gentileza.

Concordei em tentar. Comecei a prestar atenção ao modo como minha noção abafada de coisas como confiança e generosidade embasava minha percepção torta das ações dos outros. Trabalhei com a dra. Carlin para aumentar minha sensibilidade a coisas como empatia e vergonha. Talvez esses conceitos nunca sejam naturais para mim, mas, com tempo e treino, consegui internalizá-los melhor.

— Não quero Simon no casamento — declarei alguns meses depois, quando ficamos noivos discretamente.

Com cuidado, David me passou a lista de convidados sobre a mesa da cozinha.

— Querida, eu o conheço desde o Ensino Médio.

— É, mas a mulher dele é uma puta babaca. Não quero nenhum babaca em meu casamento.

Ele respirou com paciência e perguntou:

— E se eu fosse como Simon? — Ergui as sobrancelhas. — Um cara legal casado com uma babaca? E se eu fosse excluído das coisas porque minha mulher é sociopata? Você acha que seria justo?

Fiz uma careta e não respondi, mas, taciturna, acrescentei o nome de Simon à lista curtíssima.

David apertou minha mão.

— Essa, meu amor, foi uma reação empática. Se eu não te conhecesse tão bem, diria que você está se tornando uma sociopatazinha sensível.

Eu não tinha tanta certeza. Durante minha reabilitação psicológica autoimposta com a dra. Carlin, eu tinha toda a confiança do mundo. Contudo, essa convicção era inconstante. David, com seu suprimento aparentemente inesgotável de amor, paciência, compreensão e compaixão, era um lembrete constante de tudo o que eu não era — e, provavelmente, *nunca* seria. Era comum ter dificuldade de acreditar que algum dia eu realmente poderia ser uma boa pessoa, quem dirá uma boa parceira.

Mesmo depois de nos casarmos, continuei a ter minhas dúvidas. Briguei com meu desejo de solidão. Enfrentei a preferência de David por afeição extrema. Lutei contra meu anseio periódico de invisibilidade e ocasionais relapsos destrutivos. Eram os mesmos problemas que sempre tive — que sempre *teria*. Sorte minha que meu marido era um aliado feroz.

— Tudo bem você não ser como eu, querida — disse David, depois de um revés especialmente difícil. — Não preciso que você seja nada além do que já é. Perdi muito tempo desejando que você mudasse, mas estava errado. Eu era inseguro. Mas *você* não é. Você não é como mais ninguém. — Ele me puxou para perto e sorriu. — E daí que não gosta de abraços? E daí que não borbulha de emoções? Quem liga? — perguntou ele. — Você é uma baita desbravadora, feroz, ousada, inteligente, observadora e brilhante. As pessoas a conhecem e não a esquecem, Patric. Porque você as *vê*. Você é como Neo, só que decifrou a Matrix *psicológica*.

A capacidade de David de aceitar meus sintomas sociopáticos — ver a menininha que ainda se encolhia com frequência, perdida e solitária na casa vazia da própria mente — foi algo que praticamente mudou minha vida. Sem minha dose prática de receitas de comportamento e atalhos psicológicos, havia vezes que sentia que ia quebrar sob a pressão apática. Minha falta de sentimento era como um complexo absolutamente escuro de cavernas só acessível com uma queda psicológica drástica — o lugar mais vazio da Terra. Nesse momento, a voz de David ressoava pela câmara.

— É só escuridão — dizia ele. — Agora, você se sente desconfortável em sua apatia. Está cansada e não quer lutar. Tudo bem. É só relaxar e deixar que passe.

Nessas ocasiões, era ele que me incentivava a manter o diário e, finalmente, continuar a escrever. Sua confiança me ajudou a me orientar na escuridão. Ele me manteve acreditando que poderia ter uma vida emocionalmente plena, que poderia ser uma boa parceira... uma esposa amorosa... uma mãe empática.

Claro, minha jornada da maternidade não foi exatamente ortodoxa. Também não foi nada como li nos livros nem vi na televisão. Quando nosso filho nasceu, não fui inundada pela emoção. Não tive o jorro profundo de amor "perfeito" que me prometeram. E me zanguei. Embora não percebesse na época, eu alimentava (mais uma vez) a esperança de que também seria inundada por aquele sentimento avassalador ao pôr os olhos em meu filho pela primeira vez. Durante a gravidez, sonhei em silêncio que, ao contrário de todos os outros eventos "importantes" da vida, essa naturalíssima experiência emocional humana não me seria roubada. Assim, quando meu filho nasceu e, mais uma vez, fui incapaz de me conectar com meus sentimentos, fiquei furiosa.

— Quer segurá-lo? — perguntou a enfermeira obstétrica.

— Não — respondi, enfurecida com a loucura de minha esperança.

David quis. Momentos depois de nosso filho nascer, foi ele quem tirou a camisa para o bebê ter seu primeiro contato pele com pele. Foi David que aprendeu a trocar fraldas, a dar banho e o levava em longos passeios. Fez tudo naquelas primeiras semanas de licença-paternidade. E foi David que me convenceu que nem tudo estava perdido.

— Patric, nada disso é fácil — disse ele enquanto se preparava para voltar ao trabalho. — Todos os livros e filmes, nada disso nos prepara. — Ele fez um gesto para mostrar nosso quarto transformado em quarto do bebê. — Ser sociopata, agora, provavelmente, é uma vantagem. Você está muito calma e organizada. Estou tão exausto que nem consigo pensar direito. — Ele deu um sorriso suave para o menino minúsculo adormecido em meu colo. — Sei que você ama esse bebê. Só porque é diferente não significa que seu amor não conte.

Quando David saiu para trabalhar naquele dia, me coloquei no nível de meu filho pequeno.

— Você tem uma esquisitona como mãe, filhote. Portanto, não posso prometer que sua infância será inteiramente normal. — Fiz uma pausa e admiti: — Também não posso prometer que, na próxima vez que formos ao supermercado, se virmos aquele cachorrinho trancado outra vez no carro quente, eu não vá arrombar o veículo, tirá-lo de lá e dizer ao papai que o pegamos no abrigo.

Gentilmente, pus a tartaruga de brinquedo sobre seu peitinho como se fizesse um juramento.

— Mas *posso* prometer que nunca porei você em perigo. Você nunca estará mais seguro do que quando estiver comigo — prometi. — E nunca mentirei para você.

Foi uma promessa que conseguia cumprir.

Mais uma vez, no ponto exato da vida em que eu mais precisava, a fé de David em minha capacidade de amar criou espaço para minha própria confiança crescer. Não foi fácil, mas o que descobri com o tempo foi que aqueles sentimentos fundamentais por meu filho não eram inexistentes. Só não eram *intrínsecos*. Tive que me esforçar para senti-los. Foi preciso esforço, por exemplo, para conhecer a personalidade única de meu filho. Depois, tive que trabalhar um pouco mais quando percebi como era parecida com a minha. Antes mesmo de começar a pré-escola, ele proclamou:

— Posso me safar sempre que quiser.

— Ah, é? — perguntei. Por quê?

— Porque posso fazer o que quiser, pedir desculpas e dar amor. O amor faz as pessoas esquecerem.

Eu o beijei.

— O amor também faz as pessoas perdoarem.

Na verdade, sua malícia era tão dominante quanto a esperteza. Contudo, nunca temi que fosse sociopata. Embora abençoado com minha tenacidade e notável destemor, nosso filho também possuía a gama completa de emoções profundas do pai. Precisei me esforçar para acompanhá-lo.

Quando ele foi para a escola, precisei me esforçar ainda mais — para não ir atrás dos colegas que lhe criavam dificuldade.

— Sabe como ele arranhou a perna? — perguntei a David depois de uma ligação da enfermeira da escola. — Aquela merdinha da Casielle o empurrou do brinquedo de escalada. Juro por Deus que vou ao recreio amanhã lhe dar um empurrão.

— Por favor, não machuque uma *criança* — respondeu David secamente.

— Não vou machucar. Só vou jogá-la no chão. Vai parecer um acidente.

E pareceu.

Quando fiquei grávida do meu segundo filho, tive que me esforçar de novo. Só que aí foi para imaginar como conseguiria amar outra pessoa tanto quanto amava meu primogênito. Um conceito que antes me parecia tão estranho, naquele momento, era tão sem esforço quanto respirar. Muitíssimo abaixo do perfeito.

Hoje em dia, fico feliz em dizer que não preciso me esforçar tanto. Passei a aceitar que minha versão de amor é um mosaico: minúsculos caquinhos de vidro unidos pelo destino para serem atravessados pela luz em diversas cores. Não é perfeito. Perfeito, temo dizer, é manso demais.

O amor mais puro não nasce da felicidade. É retirado da pira. É feroz e muda de forma, um pouco torto e delicioso. Tolerante, entendível e compreensivelmente falho, meu tipo de amor é a coisa mais distante da perfeição que há. A coisa mais próxima de mim.

— Mamãe? — perguntou o mais velho, ao vir ficar conosco na sala de jantar de Harlowe. — Quando vamos começar o Turkey Bowl?

Ele estava ansioso para dar o pontapé inicial em nossa tradição familiar anual, a partida de futebol americano que jogávamos todo ano depois da ceia de Ação de Graças.

Sorri e o coloquei no colo. Meu filho tinha crescido como uma combinação idílica de mim e David: partes iguais de ferocidade e insuportável compaixão. Beijei o alto de sua cabeça e inspirei. O cabelo tinha cheiro de suor e magnólia.

— *Mamãe* — reclamou ele, amolecendo o corpo para escapar de meus braços. — Podemos, por favor, fazer o Turkey Bowl?

Era mais uma ordem do que uma pergunta.

— Cinco minutos — respondeu minha irmã, dando uma olhada em seu próprio garotinho. — Vocês dois, busquem seus irmãos e estejam aqui em cinco minutos. Então, partiu parque!

Eles saíram correndo da sala, gritando para os irmãos se aprontarem. Harlowe terminou o vinho e perguntou:

— Então, o que você vai fazer?

— Você devia escrever um livro! — sugeriu minha mãe. — *Autoajuda para sociopatas*!

Não seria má ideia. Eu sabia que não existia nada parecido quando mais precisei, e nem naquele momento havia algo que eu conseguisse encontrar. Eu não era a única. Quando publicaram meu ensaio, a maioria das mensagens que recebi pedia ajuda ou mais recursos, e eu tinha pouco a oferecer em resposta.

— De jeito nenhum — contribuiu meu cunhado. — Melhor que sejam memórias.

— *Por quê?* — perguntou mamãe. — Fica pessoal demais!

— Terá que ser — Harlowe respondeu por mim. — É a única maneira de lhe darem ouvidos.

— Exatamente — acrescentou David. — Afinal de contas, foi pela franqueza que publicaram o ensaio.

Papai me perguntou:

— Você já quis fazer algo assim?

Troquei um olhar rápido com David. A verdade é que eu já tinha escrito minhas memórias. Achava que era uma narrativa muito crua e reveladora de minha vida, na qual consegui tecer um sortimento de pesquisas e fatos psicológicos sobre a sociopatia. Minhas memórias quase completas estavam em meu computador havia mais de um ano, só que eu não sabia o que fazer com elas. Sabia que minha história tinha o potencial de ajudar muita gente. Por outro lado, também sabia que "ajudar sociopatas" não era exatamente um conceito bem recebido.

Apesar dos numerosos avanços da conscientização sobre saúde mental e das opções de tratamento, a sociopatia ainda era ignorada. "Onde os sociopatas procurariam ajuda?" Eu ainda não tinha a resposta, mas fiz o que pude para preencher a lacuna.

Depois do doutorado, continuei a trabalhar como terapeuta. Vários colegas meus sabiam de meu diagnóstico e de minha crença de que era possível ajudar os sociopatas. E começaram a me mandar seus pacientes problemáticos. Aluguei um consultório, onde obtive a reputação discreta de "terapeuta sociopata", disposta e capaz de trabalhar com pessoas que desanimavam meus pares. O consultório parecia um boteco da psicologia. Sem regras nem ortodoxia, eu recebia os desajustados que mais ninguém queria atender. David até me ajudou a criar um site onde os pacientes (e candidatos a pacientes que morassem fora de minha área) tivessem acesso às pesquisas e aos ensaios que eu publicava.

Às vezes, minha decisão de trabalhar no campo da saúde mental parecia perversamente anti-intuitiva. Afinal de contas, espera-se que os terapeutas tenham uma compreensão rudimentar da compaixão. Apesar de todo o meu esforço para acessá-la, a empatia (na maior parte das vezes) sempre esteve firmemente fora de meu alcance. Porém, quando expandi minha prática, a situação começou a se consolidar. Depois de inúmeras horas escutando a história de meus pacientes — muitas extremamente parecidas com a minha —, me vi inundada de compreensão. Depois, de raiva.

— Que *merda*! — reclamava com David. — Todos odeiam os sociopatas por não terem empatia e compaixão... Mas quem tem empatia e compaixão por *eles*?

Os sociopatas eram vilanizados por não exibir a mesma emoção que lhes negavam.

— Como esperar que alguém domine uma emoção *aprendida* que nunca sente por conta própria? — continuei.

A hipocrisia era enlouquecedora. Eram seres humanos que mereciam uma atenção clínica séria. Em vez disso, eram tratados com maldade e exilados.

Fiz o que pude para ajudar, mas sabia que não oferecia nada perto do suficiente. Minhas intervenções psicológicas eram apenas isso: *minhas*. Eram uma colcha de retalhos psicológicos baseada em minha abordagem pessoal de tentativa e erro e indícios anedóticos — um Band-Aid numa ferida de bala.

Sabia que a melhor maneira de causar algum impacto em escala seria contar minha história. Isso permitiria que pessoas como eu se vissem em situações cotidianas saudáveis e lhes daria o que eu sabia que mais precisavam: esperança.

Sorri para papai e dei de ombros, sem compromisso.

— Algum dia, talvez

David aproveitou a oportunidade de mudar de assunto e se levantou.

— Tudo bem — disse, batendo as mãos. — A luz do dia está acabando. Vamos embora daqui.

Todos concordaram, e saímos em fila da sala de jantar. Notei que Harlowe parecia desconfiada, então lhe perguntei:

— Qual é o problema?

Ela me ignorou e assoviou para as crianças saberem que estava na hora. Seguiu-se um turbilhão de atividade, com amarração de cadarços e exigência de casacos. Os meninos correram porta afora como se atirados de um canhão, e, alguns minutos depois, saímos da casa na tarde fresca. Harlowe ficou para trás para trancar a porta da frente. Quando todos se afastaram, virou-se para mim e pediu:

— Posso ler?

A pergunta me pegou de surpresa. É claro que eu sabia o que ela queria dizer, mas fiz o possível para mostrar meu mais convincente olhar "confuso".

— O livro — esclareceu ela, erguendo uma sobrancelha. — Você já escreveu, não é?

Incapaz de conter o riso, respondi como o Gato de Alice:

— Talvez — ronronei, virando-me para o parque.

Harlowe veio guinchando atrás de mim.

— Eu sabia! — disse ela, correndo a meu lado. — Quem mais sabe?

— David — respondi. — E Everly.

— Estou nele? — perguntou ela, empolgada.

— É claro!

Minha irmã caçula riu e começou a dar pulinhos.

— Posso ler? — implorou. — Você usou nosso nome real? Se não usou, quero que meu nome seja Harlowe. — Ela puxou meu braço, brincando. — Tudo bem, não é? Sempre adorei o nome Harlowe.
— Claro.
— E pode incluir esta cena? — Ela falava depressa, empolgada com a possibilidade. — Em que estamos indo ao parque e pergunto a você se meu nome pode ser Harlowe?
— Vou pensar.
— Ah, Kaat — disse ela, acrescentando um saltinho a seu andar. — Isso é tão empolgante! Já lhe falei que você é a melhor pessoa para ajudar os outros a saírem da escuridão?
— *Já*, na verdade — ri. — Não tema! —- gritei. — A Capitã Apatia não se importa!

Harlowe pôs o braço em meu ombro e fomos para o parque. Atrás das árvores, a lua espiava entre as folhas. Na rua à frente, eu ouvia o som do riso de nossos filhos. A luz do outono lançava sombras longas e deliciosas, e o tempo das bruxas estava fresco e familiar.

— Você se importa quando é importante — sussurrou ela. — E é só isso que importa.

Agradecimentos

Obrigada a Dan Jones e Miya Lee do *New York Times*. Se não fossem vocês, este livro nunca seria publicado. Bom, isso não é verdade. Provavelmente seria (auto)publicado, mas, com certeza, não com a orientação e a sabedoria de minha deusa-agente Melissa Flashman. Obrigada, Mel, por me levar nessa aventura e ser a única pessoa (além de minha irmã) a apreciar plenamente a referência à escada da Sears. E à precoce paladina Allison Hunter, por acreditar em mim mesmo *depois* de ler o primeiro rascunho.

Um agradecimento incrível a meu super-revisor Eamon Dolan, por me ajudar a encontrar o modo mais claro de contar minha história. Obrigada, Eamon, por sua precisão cirúrgica. Sempre soa melhor do jeito que você diz.

Serei para sempre grata à equipe maravilhosa da Simon & Schuster, incluindo Morgan Hart e Lara M. Robbins, pela atenção insana aos detalhes. A Carolyn Levin pelos conhecimentos jurídicos. A Paul Dippolito, Bri Scharfenberg, Alyssa diPierro e Tzipora Baitch. A Rodrigo Corral pela capa incrível.

Obrigada a James Molesky por me manter longe de problemas (jurídicos) a vida inteira. Se não fosse você, cada passo dessa jornada seria muito menos divertido. Cindy Farrelly, você não tem o benefício da história para alterar a balança. Você me conheceu por minhas páginas, e sua fé em mim significou tudo.

Amor especial e obrigada a Pete Nowalk, que leu cada página da versão não resumida deste livro (duas vezes) e ainda me convidou para as férias, e a Stan Parish pela introdução à mediunidade. Fico muito feliz de termos nos conhecido.

Aos incríveis tia Tricia "Daisy" Talley, a magnólia de aço, e tio Steve Lolli: obrigada por estarem a meu lado a vida toda. E a David e Jenny Snyder por ajudarem a defender cada um de meus impulsos criativos. Obrigada a todos vocês por darem meu nome ao quarto de hóspedes (não o de David, só o meu). Seu espaço sempre foi o mais seguro para pousar.

Obrigada a Michelle Gagne por existir. A Steve Ross por me mostrar como viver. ESK, obrigada por me fazer sair e me elevar. Matt Cook, espero que, quando estiver lendo isso, você tenha concluído o maldito livro. Seja como for, obrigada por ser meu amigo, mesmo que eu pusesse você em "situações malucas". Alison Dunbar, trinta segundos depois de nos conhecermos, você me perguntou se eu já tinha sido presa. Desde então, você é uma aliada. Obrigada pela leitura antecipada e pelo incentivo inabalável.

Amanda, você comemorou cada passo desse processo (e me serviu Viktor Benês com champanhe). Fico muito agradecida. A Gilbert, obrigada pelas brincadeiras, pelo bourbon e pelas cartas póstumas de Pop-Pop. Seu pai e eu temos a mesma idade, e sou rica e tenho trios de Barracudas. Minha mais antiga e querida amiga: Ava, você sempre foi um exemplo impecável de empatia. Obrigada por cada grama. Desculpe tirar um pedaço de seu joelho naquela vez e empurrar você contra o arame farpado na outra.

RL. Que amizade querida. Que maravilhosa pedra de toque. Amo você mais do que a marina. Obrigada pelos desejos de canudinhos de atum e sonhos pelo beco da vergonha. A CB por salvar minha vida. MD, KAG, SP, FJS e JCM: obrigada por fazerem parte de minha história e permitir que eu fizesse parte da de vocês.

Meus pais sempre se orgulharam de mim, mesmo quando não era fácil. Como agora, provavelmente. Pai, obrigada por sempre me incluir em suas aventuras. Amo muito você. Mãe: a única razão para eu saber que tudo é possível é que você me ensinou a acreditar nisso. Este livro existe por sua causa.

Os mais profundos, intermináveis e formidáveis agradecimentos a minha amada irmã. Você é meu alfa e meu ômega. Minha bruxa boa e graça salvadora. Simplesmente não há palavras para transmitir a profundeza de seu apoio. Ganhei a loteria eterna no dia em que você nasceu.

A meus meninos, obrigada por me permitirem o espaço e a inspiração para contar esta história. Sei que não foi fácil, principalmente para você, Urso. Porém, vejo você. E você me vê. Melhor do que ninguém. E a você, Perinha, obrigada por acender seu rastro de fósforo. É difícil se perder na escuridão quando sua sombra é um facho de luz.

David. Você leu cada página. Cada artigo. Cada piada. Cada ensaio. Cada história. Cada palavra (inclusive esta). Você foi, é e será para sempre meu verdadeiro Norte. Obrigada, querido. Amo você loucamente.

Este livro foi impresso pela Vozes, em 2024, para a HarperCollins Brasil.
O papel do miolo é avena 70g/m², e o da capa é cartão 250g/m².